中國學術思想

研究輯刊

十 編

林慶彰 主編

第 26 冊

黃梨洲思想旨歸探析（下）

林于盛 著

花木蘭文化出版社

國家圖書館出版品預行編目資料

黃梨洲思想旨歸探析（下）／林于盛 著─初版─台北縣永
和市：花木蘭文化出版社，2010〔民99〕

目 2+184 面；19×26 公分

（中國學術思想研究輯刊 十編：第26冊）

ISBN：978-986-254-355-9（精裝）

1.（清）黃宗羲 2.學術思想

127.11 99016463

ISBN - 978-986-2543-55-9

9 789862 543559

中國學術思想研究輯刊

十 編 第二六冊　　　　　ISBN：978-986-254-355-9

黃梨洲思想旨歸探析（下）

作　　者　林于盛
主　　編　林慶彰
總 編 輯　杜潔祥
出　　版　花木蘭文化出版社
發 行 所　花木蘭文化出版社
發 行 人　高小娟
聯絡地址　台北縣永和市中正路五九五號七樓之三
　　　　　電話：02-2923-1455／傳真：02-2923-1452
網　　址　http://www.huamulan.tw 信箱 sut81518@ms59.hinet.net
印　　刷　普羅文化出版廣告事業
封面設計　劉開工作室
初　　版　2010年9月
定　　價　十編40冊（精裝）新台幣 62,000 元

黃梨洲思想旨歸探析（下）

林于盛　著

目

次

第四章　梨洲思想的基本義蘊

全祖望曾說：

> 當是時，北方則孫先生夏峰，南方則黃先生梨洲，西方則先生（李顒），時論以為三大儒。（《鮚埼亭集·卷十二·二曲先生窆石文》）〔註1〕

可見當初之人十分看重梨洲的理學成就。而黃百家說：

> 府君之學，原本蕺山，而深造必由乎自得……如此種種□□□□□，又多蕺山之所未發者。□□博極群言，□□今□，□述文章，翼補經史，以逮□□、地理、九流□□之學無不精，野乘稗官之說靡不究。（《南雷詩文集附錄·先遺獻文孝公梨洲府君行略》，《全集》冊11，頁429、432～433）

此則觀察到梨洲學問有超越師承、突出傳統理學之處，非僅理學而已。對於此一現象，陳汝咸、全祖望分別又說：

> 梨洲黃子之教人，頗泛溢諸家，然其意在乎博學詳說以集其成，而其究歸於蕺山慎獨之旨，乍聽之似駁，而實未嘗不醇。（《鮚埼亭集·卷十六·大理悔廬陳公神道碑銘》）

> 先生之學極博，其於象緯圖數，無所不工，以至二氏之藏，亦披抉殆盡，淺學之徒遂有妄詆以駁雜者，不知先生格物務極其至，要其歸宿，一衷以聖人之旨，醇如也。（《鮚埼亭集外編·卷十六·甬上證人書院記》）

〔註1〕 另外《鮚埼亭集·卷十一·梨洲先生神道碑文》中亦謂梨洲「理學文章」「固當炳炳百世」，亦以此三人並稱。

他們認爲梨洲博綜之學以理學的道德心性爲其要本。據以上諸人的陳述，我們對於梨洲的理學造詣、博綜涉獵、及此兩者的關聯，這三方面皆不能輕忽。是故前文既已分述梨洲理學及諸領域的要義，接著即當進究二者間的理論關聯，以顯豁其學的義蘊所在。

第一節　梨洲對傳統心學的繼承與轉變

我們要探討梨洲思想的內部關聯與歸宿，應當先釐清其理學言論的眞正所指爲何，才能不致有所差池。而欲釐清其所指，則不妨藉由其說與前此理學諸家的對舉比較，更能收簡明之捷效。按江藩說：「宗羲之學出於蕺山，雖姚江之派，然以愼獨爲宗、實踐爲主，不恣言心性、墮入禪門，乃姚江之諍子也。」（《國朝漢學師承記・卷八》，頁 127）是故以下對梨洲理學的考察即以其與陽明、蕺山的異同比較爲發展的主線。

一、梨洲對陽明四句教的本體批評

（一）梨洲對陽明學說的評論

我們由前文第二章的討論，知道梨洲的理學主張基本上認爲心即理，因此其屬於陽明心學的大立場當可無疑，故本文於此部分不再討論，然而是否即與陽明心學密合一致呢？關於這一問題，本應全盤詳細地解析陽明學派的思想，但是如此一來勢必篇幅方面難以允許，所幸梨洲對於陽明後學的基本立場係以江右一系爲正宗、以浙中一系頗有偏弊，〔註2〕而其議論主要集中於「知行合一」、「致良知」、「四句教」的問題上，〔註3〕因此由此切入即應足可

〔註 2〕 詳見《明儒學案》〈浙中王門學案一〉、〈江右王門學案〉（《全集》冊 7 頁 254、377）。

〔註 3〕 關於四句教的問題，學界已有相當不錯的研究成果，基本上可謂已形成某種共識。比如唐君毅：《中國哲學原論：原性篇》（台北：學生書局，1989 年），頁 453〜469、475〜482；及《中國哲學原論：原教篇》（台北：學生書局，1990年），頁 365〜369、377〜383。又如牟宗三《從陸象山到劉蕺山》頁 190〜196、218〜232、陳來《有無之境——王陽明哲學的精神》頁 290〜350、蔡仁厚：《王陽明哲學》（台北：三民書局，1992 年）頁 121〜141 等等；此外，曾陽晴：《無善無惡的理想道德主義——王龍溪思想的的詮釋研究》（台北：台灣大學中文所碩士論文，1989 年）、王財貴：《王龍溪四無說良知析論》（台北：台灣師範大學國研所碩士論文，1918 年）、高瑋謙：《王門天泉證道研究——從實踐的觀點衡定「四無」、「四有」與「四句教」》（中壢：中央大學哲學所碩士論文，

揭示二者間的根本差異。

梨洲曾大段爲文以評論陽明學說，其言謂：

> 有明學術，從前習熟先儒之成說……此亦一述朱，彼亦一述朱……
> 自姚江指點出「良知人人現在，一反觀而自得」，便人人有個作聖之
> 路，故無姚江，則古來之學脈絕矣。然「致良知」一語，發自晚年，
> 未及與學者深究其旨，後來門下各以意見攙和，說玄說妙，幾同射
> 覆，非復立言之本意。先生之格物，謂致吾心良知之天理於事事物
> 物，則事事物物皆得其理。以聖人教人只是一個行，如博學、審問、
> 慎思、明辨皆是行也。篤行之者，行此數者不已是也。先生致之於
> 事物，「致」字即是「行」字，以救空空窮理，只在知上討個分曉之
> 非。乃後之學者測度想像，求見本體，只在知識上立家儅，以爲良
> 知，則先生何不仍窮理格物之訓，先知後行，而必欲自爲一說邪？
> （《明儒學案‧姚江學案》，《全集》冊 7，頁 197）
>
> 先生憫宋儒之後，學者以知識爲知，謂「人心之所有者不過明覺，
> 而理爲天地萬物之所公共，故必窮盡天地萬物之理，然後吾心之明
> 覺與之渾合而無間」，說是無内外，其實全靠外來聞見以填補其靈明
> 者也。先生以聖人之學，心學也，心即理也，故於致知格物之訓，
> 不得不言「致吾心良知之天理於事事物物，則事事物物皆得其理」。
> 夫以知識爲知，則輕浮而不實，故必以力行爲工夫。良知感應神速，
> 無有等待，本心之明即知，不欺本心之明即行也，不得不言「知行
> 合一」。此其立言之大旨，不出於是。（同上，頁 201～202）

又說：

> 天泉問答：「無善無惡者心之體，有善有惡者意之動，知善知惡是良

1993 年）、蔡淑閔：《王陽明四句教之開展與衍化》（台北：政治大學中文所碩
士論文，1998 年）等學位論文，都有極豐富而深入的討論。據眾人的觀察，
大抵四句教乃爲陽明學中之義理應無可疑，梨洲對之的懷疑與駁斥則不能成
立。而陳熙遠：〈黃梨洲對陽明「心體無善無惡」說的疏解與其在思想史上的
意涵〉，《鵝湖》1990 年 3 月第 15 卷第 9 期，頁 11～26 又指出梨洲既以四句
教非陽明思想，卻又爲之疏解，在此二種矛盾的進路中，企圖糾正王學末流
的失卻宗旨與東林學者攻王的武斷，只是實際上卻仍是對陽明學的一種失眞
與錯會。本文對此問題的看法亦無異議，唯爲行文論述脈絡的連貫與明快起
見，將直接引用原典，分析梨洲批評的重點，以足敷我們往下討論梨洲與傳
統心學異同之需爲目的，故不再詳細徵引學者們已有的論述過程及其結論。

知，爲善去惡是格物。」今之解者曰：「心體無善無惡是性，由是而發之爲有善有惡之意，由是而有分別其善惡之知，由是而有爲善去惡之格物。」層層自內而之外，一切皆是粗機，則良知已落後著，非不慮之本然，故鄧定宇以爲權論也。其實，無善無惡者，無善念惡念耳，非謂性無善無惡也。下句意之有善有惡，亦是有善念有惡念耳。兩句只完得動靜二字，他日語薛侃曰：「無善無惡者理之靜，有善有惡者氣之動」，即此兩句也。所謂知善知惡者，非意動於善惡，從而分別之爲知，知亦只是誠意中之好惡，好必於善，惡必於惡，孰是孰非而不容已者，虛靈不昧之性體也。爲善去惡，只是率性而行，自然無善惡之夾雜。先生所謂「致吾心之良知於事事物物也」四句，本是無病，學者錯會文致。彼以無善無惡言性者，謂無善無惡斯爲至善。善一也，而有有善之善，有無善之善，無乃斷滅性種乎？彼在發用處求良知者，認已發作未發，教人在致和上著力，是指月者不指天上之月，而指地下之光，愈求愈遠矣。得義說而存之，而後知先生之無弊也。（同上，頁197～198）〔註4〕

以上梨洲的說法，大致可整理成四項意見：（1）人心本具的良知即是天理，此乃成就道德的根本，故程朱一系之窮理於外物乃是錯誤；（2）工夫在於率此良知，而力行於生活事物之中，故須倡「致良知」、「知行合一」以強調身體實踐，禁絕僅在理智上去設想虛無玄妙的良知本體；（3）「四句教」中的無善無惡、有善有惡不過是指有無具體念慮生起的狀態，至於人心良知的體性乃是至善無惡的，決非無善無惡；（4）念慮既不是良知體性，則工夫必須直接依循良知體性，不得在已經生成的念慮上去操作。這四項意見，第一項顯係針對程朱學派而發，對於我們此刻的討論較不相關，可以暫且排除；其餘三項則指向王門的後學，代表梨洲對陽明心學的體會程度，故有必要予以探究。其中第二、三項實際所指涉的對象，係對王畿、泰州學派諸人，指斥其失於玩弄本體、不做工夫，蓋肇因於誤以心體無善無惡而導致無有道德堅持、行爲規範。第四項實際所針對的對象，則是對錢德洪、歐陽德等人，指責其不解良知之體性、未能扣緊心體用功，工夫再深再久亦終不會有重大成果。梨洲的批評看似簡單明白，然而細繹之餘，則可發現當中頗有難解之處。例

〔註4〕梨洲類似的說法，又可見於《明儒學案·東林學案一》（《全集》冊 8 頁 732～733）。

如，錢德洪一類的主張豈不是梨洲所標舉的力行良知於事物嗎？而王畿之類的思想豈不是扣緊本體體性、率順良知而行嗎？且梨洲既謂工夫必須扣緊心體，不得在念慮發用處求良知，則何以「致良知」、「知行合一」又只是親身力行、專治輕浮不實的病症，而竟無默會本體體性的一方面呢？其實這些難解處正暗示梨洲理學有其特殊立場，以下即逐層討論。

（二）「知行合一」的問題

首先關於知行合一方面，梨洲向以真知力行來解釋。〔註5〕然而，《傳習錄》載：

> 愛曰：「如今人儘有知父當孝、兄當弟者，卻不能孝、不能弟，便是知與行分明是兩件。」先生曰：「此已被私欲間斷，不是知行本體了。未有知而不行者，知而不行，只是未知。聖賢教人知行，正是要復那本體，不是著你只恁的便罷。故《大學》指箇真知行與人看，說如好好色、如惡惡臭。見好色屬知，好好色屬行，只見那好色時已自好了，不是見了後又立箇心去好。聞惡臭屬知，惡惡臭屬行，只聞惡臭時已自惡了，不是聞了後別立箇心去惡。……」愛曰：「古人說知行做兩箇，亦是要人見箇分曉。一行做知的功夫，一行做行的功夫，即功夫始有下落。」先生曰：「此卻失了古人宗旨也。某嘗說知是行的主意，行是知的工夫，知是行之始，行是知之成。若會得時，只說一箇知，已自有行在；只說一箇行，已自有知在。古人所以既說一箇知、又說一箇行者，只為世間有一種人，懵懵懂懂的任意去做，全不解思維省察，也只是箇冥行妄作，所以必說箇知，方纔行得是；又有一種人，茫茫蕩蕩，懸空去思索，全不肯著實躬行，也只是箇揣摸影響，所以必說一箇行，方纔知得真。此是古人不得已補偏救弊的說話。……某今說箇知行合一，正是對病的藥，又不是某鑿空杜撰，知行本體原是如此。今若知得宗旨時，即說兩箇亦不妨，亦只是一箇；若不會宗旨，便說一箇，亦濟得甚事？只是閒

〔註5〕此由上文引語已可見之，茲再補記一條資料於此以證之。如《宋元學案·伊川學案上》（《全集》冊3頁725）載梨洲對於程頤之語錄：「如眼前諸人，要特立獨行，煞不難得，只要一箇知見難。人只被知見不通透。人謂要力行，亦只是淺近語。人既能知見，豈有不能行？一切事皆所當為，不待著意做，纔著意做，便有箇私心。這一點意氣，能得幾時了。」一條，所下案語云：「伊川先生已有『知行合一』之言矣」。

說話。」(《王陽明全書・語錄・卷一・傳習錄上》，冊 1 頁 3～4)
由此可見「知行合一」有二層意義：一是本體上的知行合一，一是現象工夫
上的知行合一。前者指的是道德根源獨立具足，持續在不同的生命情境中，
當下地主導人的心智進行道德活動，當惻隱則即惻隱、當是非則即是非，在
此道德心的內部一直都是持續著即知即行、無有爽失延遲的運作，猶如見聞
好色惡臭已自好惡般，陽明所謂「知良能是良知，能良知是良能，此知行合
一之本旨也」，〔註6〕即指此義。〔註7〕後者指的則是事實世界裏的道德表現，
凡有眞知者必能力行，凡已力行者必有眞知，所謂知而不行的空談者或行而
不知的愚行者，皆是其心智爲私欲之故，而與道德根源有所間隔所致。在這
兩層意義中，顯然前者是後者成立的原因與基礎，唯有因爲道德根源對人心
的作用是必知必行的，才可確保人的意念與言行能達到眞知力行一體無二，
所以陽明要說前者乃是「宗旨」所在。於是可知梨洲對陽明「知行合一」只
特取其現象層次之一面而已，而不強調本體義，亦即陽明重在「良知」，梨洲
則在重「力行」，論述焦點誠已有所偏轉。〔註8〕專就陽明學的義理來看，既
然知行合一有此二義，則致良知的工夫自必可由此二義分別開出而兼容靜存
與動察，不必僅如梨洲所特重的力行於生活間，此點即須再討論四句教中的
工夫問題始克明朗。不過在討論工夫之前，仍當先對本體再予以更充分的說
明，以完備討論的基礎。

（三）「無善無惡」與「至善無惡」的問題

關於四句教方面，梨洲甚爲反對，其說分別從文本證據、工夫論、本體

〔註6〕 引語見《明儒學案・浙中王門學案三》，《全集》冊 7，頁 315。

〔註7〕 此處所說的本體上與現象工夫上的知行合一，係參考勞思光：《新編中國哲學
史》(三上) (台北：三民書局，1993 年)，頁 433～441 中發動處的「根源意
義」和效驗處的「完成意義」之二種「合一」而來。另外，唐君毅《中國哲
學原論：原教篇》頁 304～305 亦已謂陽明知行合一之要旨尚非只說知後當有
行，或眞知者必能行，或泛說一切人之知行皆已合一，而乃在言人自有一種
對善惡是非的價值感知，此知中同時原有一對善者之好與對惡者之惡。

〔註8〕 按此點學者業已發現，如錢林《文獻微存錄・卷三・黃宗羲傳》謂梨洲：「論
學師蕺山，詮良知不用姚江說」；如梁啓超《中國近三百年學術史》頁 69 認
爲這種解釋和王門所傳有點不同；如吳光〈清初啓蒙思想家黃宗羲傳〉(《全
集》冊 12 頁 156) 謂陽明所著重要辯明的是何謂「知」、何謂「致知」，而在
梨洲的時代，批判天下爭言良知而出現肆於情識、蕩於玄虛、束書不觀、游
談無根的空疏學風，提倡實用實學，乃是當務之急，故修正陽明的「致良知」、
「知行合一」，而突出「行」的問題，然不無轉移陽明學說重點之嫌。

論各方面來進行論述。我們先看本體論方面。梨洲〈與友人論學書〉說：

> 陽明先生「無善無惡心之體」，亦猶《中庸》言：「上天之載，無聲
> 無臭」，恐人于形象求之，非謂并其體而無之也。其曰：「老氏說虛，
> 聖人豈能于虛上加得一毫實？佛氏說無，聖人豈能于無上加得一毫
> 有？」言良知無有精魂之可弄，非竟同老氏之虛、佛氏之無也。用
> 微云：「陽明之知，當體本空者也，是佛氏真空之知慧」，可謂癡人
> 前說不得夢矣。又云：「陽明之學，與程朱主敬窮理之學不同」，夫
> 致良知，非主敬窮理何以致之？言不同者，無乃妄分界限乎？白沙
> 云：「心之萬感萬應、可睹可聞者，皆實也；其爲應感所從出，不可
> 以睹聞及，則虛而已」，此兼費隱而爲言也。用微以爲「有生于無，
> 老氏之學」，豈子思子亦老氏之學乎？（《南雷文案・卷三》，《全集》
> 冊 10，頁 148～149）

此書原係駁斥潘用微之說，茲不論潘氏所言何旨，由文中即可見梨洲堅主有
一能有道德發用的良知心體的存在，只是此心體非一可睹可聞的有形象事
物，故認爲陽明以「無善無惡」、「虛無」來加以形容，並不是真地否定心之
本體性，竟以爲一切全無善惡、根本實體盡屬空無。〔註9〕梨洲又說：

> 陽明言「無善無惡者理之靜，有善有惡者意之動」，蓋言靜爲無善無
> 惡，不言理爲無善無惡，理即是善也……夫心之體即理也，心體無
> 間於動靜，若心體無善無惡，則理是無善無惡，陽明不當但指其靜
> 時言之矣。釋氏言無善無惡，正言無理也，善惡之名，從理而立耳，
> 既已有理，惡得言無善無惡乎？……則知天泉之言，未必出自陽明
> 也。（《明儒學案・粵閩王門學案》，《全集》冊 7，頁 767）

> 陽明言「無善無惡心之體」，原與性無善無不善之意不同。性以理言，
> 理無不善，安得云無善？心以氣言，氣之動有善有不善，而當其藏
> 體於寂之時，獨知湛然而已，亦安得謂之有善有惡乎？……竟以性
> 爲無善無惡，失卻陽明之意……即釋氏之所謂空也。（《明儒學案・
> 泰州學案五》，《全集》冊 8，頁 113）

〔註9〕梨洲對「有無虛實」的理解，一向只是有無形體、可否撫觸聽聞的簡單分別
而已，並不對「無聲無臭」賦予更多形上思維的義涵，如陽明所謂「無聲無
臭獨知時，此是乾坤萬有基」之類。關於此點，亦可見於《明儒學案・泰州
學案四》（《全集》冊 8 頁 94）批評方學漸誤以心體爲一實有物體處。

「無善無惡心之體」一語，蓋指其未發廓然寂然者而言之，則形容
得一靜字，合下三言始爲無病。今以心意知物俱無善惡可言者，非
文成之正傳也。（《明儒學案・甘泉學案五》，《全集》冊 8，頁 256）

此處則又進一步認爲未發之中的心之性體必是實有至善而無惡，所謂無善無
惡不過是指心氣內斂未受波動，亦即具體心智平靜之時，無有善念惡念生起
的狀態。〔註10〕但是此種說法並不全同於陽明之意。按《傳習錄》載：

問：「寧靜存心時，可爲未發之中否？」先生曰：「今人存心，只定
得氣，當其寧靜時，亦只是氣寧靜，不可以爲未發之中。」曰：「未
便是中，莫亦是求中工夫？」曰：「只要去人欲、存天理，方是工夫。
靜時念念去人欲、存天理，動時念念去人欲、存天理，不管寧靜不
寧靜。……以循理爲主，何嘗不寧靜；以寧靜爲主，未必能循理。」

（《王陽明全書・語錄・卷一・傳習錄上》，冊 1 頁 11～12）

由此處可見陽明所謂未發之中的本然心體，並非指寧靜無念慮生起的心智狀
態。心體不是能生發念慮的心氣，心體是理，心氣循理始不悖於心體，故知
心體在具體善惡意念之外。而《傳習錄》又載：

侃去花間草，因曰：「天地間何善難培、惡難去？」先生曰：……「此
等看善惡，皆從軀殼起念，便會錯。」侃未達。曰：「天地生意，花
草一般，何曾有善惡之分？子欲觀花，則以花爲善，以草爲惡，如
欲用草時，復以草爲善矣。此等善惡，皆由汝心好惡所生，故知是
錯。」曰：「然則無善無惡乎？」曰：「無善無惡者理之靜，有善有
惡者氣之動。不動於氣，即無善無惡，是謂至善。」曰：「佛氏亦無
善無惡，何以異？」曰：「佛氏著在無善無惡上，便一切都不管。聖
人無善無惡，只是無有作好，無有作惡，不動於氣。然遵王之道，

〔註10〕 梨洲實際上認爲所謂無善無惡、有善有惡，分別是形容心智有無念慮的狀態，
此點亦可由其讚美楊東明之語眞乃陽明之肯綮得到證明。蓋楊東明言：「無善
無惡者心之體……蓋指心體而言，非謂性中一無所有也。夫人心寂然不動之
時，一念未起，固無所謂惡，亦何所謂善哉！……故其原文曰『無善無惡者
心之體』，非言性之體也。」又言：「意之感動而爲善者，如發善念、行善事
之類，此善有感則生，無感則無……文成所云無善無惡者，正指感動之善而
言。然不言性之體，而言心之體者，性主其靜，心主其感，故心可言有無，
而性不可言有無也。」既然梨洲深許之，則可見其的確以念慮動靜解釋四句
教。關於此例，詳見《明儒學案》〈北方王門學案〉、〈東林學案三〉（《全集》
冊 7 頁 757、759、760，及冊 8 頁 843）。

會其有極，便自一循天理，便有箇裁成輔相。」曰：「草既非惡，即草不宜去矣。」曰：「如此卻是佛老意見。草若有礙，何妨汝去。」曰：「如此又是作惡作好。」曰：「不作好惡，非是全無好惡，卻是無知覺的人。謂之不作者，只是好惡一循於理，不去又著一分意思。如此，即是不曾好惡一般。」……曰：「然則善惡全不在物？」曰：「只在汝心。循理便是善，動氣便是惡。」曰：「畢竟物無善惡。」曰：「在心如此，在物亦然。世儒惟不知此，舍心逐物，將格物之學錯看了，終日馳求於外，只做得箇義襲而取，終身行不著、習不察」。

（《王陽明全書‧語錄‧卷一‧傳習錄上》，冊 1 頁 24）

這裏便進而指出道德心體乃是無善無惡的理，然而人的心智當中所具有的內容成分不是僅只道德心體而已，故所謂善惡好壞之類的價值往往只是從軀殼起念的氣之動，亦即只是人之心智的內容與事物相涉所生發的念慮、觀感，因此不一定是正確的道德判斷。唯有心智能放棄自身之堅執私作而完全自然地服膺於理，則其善惡好壞的價值判斷始能正確如理，此種如理的心智狀態，即是至善，也就是完全正確。於是可知道德心體才是善惡的真正判準，而善惡則是心智的具體狀態，例如草是否應除的判斷原則即是道德心體，而草應除應留的判斷過程與結果則是心智狀態，過程與結果的正確與否，則視其有無遵照原則來作判斷。顯然地，原則不同於過程或結果，原則是不變的律則，過程與結果則是變異的活動，故分別以「理之靜」與「氣之動」來形容；且原則就是原則，並無所謂好壞對錯，亦不能質疑其對錯，只有過程與結果才有好壞對錯可言，因此可分別以「無善無惡」、「有善有惡」來描述；同時，「無善無惡」一語除了用以描述原則無對錯外，亦可用以說明保障判斷過程能夠正確的方法，故此語兼具本體義與工夫義，也就是一方面意指本體屬性乃是無善無惡，一方面則指心智採用無有作好作惡、一循於理的工夫，呈現無私善私惡的狀態。〔註11〕然而有趣的是，「原則不能受到質疑，

〔註11〕錢德洪曾說明至善心體亦可謂為無善無惡，其故蓋因「虛靈之體不可先有乎善，猶明之不可先有乎色，聰之不可先有乎聲也；目無一色故能盡萬物之色，耳無一聲故能盡萬物之聲，心無一善故能盡天下萬事之善……」。又黃省曾答陳曉問性時亦謂「性可以善惡名乎？不可……以善惡、本原、氣質種種諸名而擬議……是以人心擬議之也……有善惡者，性之用也……善惡者，非用而不可得見者也……何以有是也？順則善，逆則惡，生則善，尅則惡，不外二端而已，皆出乎所遭，不可以先定也。如二人之相語也，其語之相契也，頃

否則便不成其爲原則」，在這樣宣稱的同時，也可說是已暗示同意其乃好的、合理的、值得奉行的原則，否則若一旦認爲只是不得不遵守的硬性規定，則代表我人心中已以一更高的原則或其它標準來批判此原則的價值性，如此將使此原則喪失其作爲絕對價值標準的殊勝性，因此對作爲善惡價值最高判斷原則的道德心體而言，亦可說其乃「至善無惡」，以表示我人肯定其正確無誤。再進一步來說，「無善無惡」與「至善無惡」這兩種說法裏，二者的觀察點並不相同，前者屬於客觀地描述說明，後者則多了一分肯定，流露表述者對所表述對象的認同感、親切感。因此後者雖似比前者所見更爲深入，但其實已由前者之事實陳述的立場轉移成價值評斷的立場，而我們知道心體是價值的判準，故對心體進行價值評斷亦必採用心體自身做爲判準，然而判準決不能否定判準，猶如某一法律不會否定該條法律的成立根本，這就導致評斷結果必是不證自明地直接承認心體至善無惡。於是可知「無善無惡」是對心體的性質單純客觀地進行觀察後所做出的事實性陳述，而「至善無惡」則是改對心體採取價值性的評斷，彼此的立場既已不同，故同爲正確而不得相代相非，所以陽明既說「無善無惡心之體」，又說「至善是心之本體」〔註12〕，二者並不矛盾。至此，我們回顧梨洲的說法，便知道梨洲以有無善惡念慮來解釋四句教的前兩句並不適當，蓋有念無念全是具體心智的動靜狀態，心體並不屬於這一層次，不能說「兩句只完得動靜二字」。而且沒有善惡不等於沒有原則，無善無惡係是對心體的事實陳述，並不是說具體心智無有判斷善惡的最高原則可依，故不能以至善無惡的價值評斷來反對事實陳述，亦不能指斥其爲「斷滅性種」，教人行爲放縱無度；同時，也不能以人心深處具有「好必於善，惡必於惡」的特質來反對心體無善無惡，蓋心體實無所謂好惡，好惡已是涉及心智活動。〔註13〕

　　以上既已說明梨洲與陽明在良知的本體義上說法的不同，接下來即當進

刻而德之，其或語之相庚也，又頃刻而謷之……」。關於心性無善無惡的本體義，二人之言可參。至於無善無惡的工夫義，則可以參考周汝登〈九解〉中「無作好、無作惡之心，是秉彝之良，是直道而行；著善著惡，便作好作惡，非直矣」、「既無惡而又無善，修爲無迹，斯眞修爲也」一類的說法。以上資料分別詳見《明儒學案》〈浙中王門學案一〉、〈南中王門學案一〉、〈泰州學案五〉（《全集》冊 7 頁 264～265、678～679，及冊 8 頁 121～130）。

〔註12〕引語見《王陽明全書‧語錄‧卷一‧傳習錄上》，冊 1 頁 2。

〔註13〕此段中所言的本體上的無善無惡，係參考勞思光《新編中國哲學史》（三上）頁 444～447、及牟宗三《心體與性體》冊二頁 461～468 而來。

論其對工夫方面的批評。

二、梨洲對陽明四句教的工夫批評

（一）梨洲對動察工夫的質疑

在四句教的工夫論方面，梨洲〈答董吳仲論學書〉中說：

> 承示《劉子質疑》……觀《質疑》中所言雖廣，然其大指，則主張
> 陽明先生「無善無惡心之體，有善有惡意之動，知善知惡是良知，
> 爲善去惡是格物」四句，而疑先師「意爲心之所存」未爲得也。弟
> 推尋其故，由老兄未達陽明始終宗旨所在，因而疑先師之言。若徒
> 執此四句，則先當疑陽明之言自相出入，而後其疑可及於先師也。
> 夫此四句，無論與《大學》本文不合，而先與致良知宗旨不合。其
> 與《大學》本文不合者，知善當惡，而後爲善去惡，是爲善去惡之
> 工夫在知善知惡，則《大學》當云「格物在致知」矣。若《大學》
> 非倒句，則是先爲善去惡，而後求知夫善惡也，豈可通乎？然此在
> 文意之間，猶可無論也。陽明提致良知爲宗，一洗俗學之弊，可謂
> 不遺餘力矣。若必守此四句爲教法，則是以知覺爲良知、推行爲致
> 知，從其心之所發，驗其孰爲善、孰爲惡，而後善者從而達之、惡
> 者從而塞之，則方寸之間，已不勝其憧憧之往來矣。夫良知之體，
> 剛健中正純粹精者也，今所發之意，不能有善而無惡，則此知尚未
> 光明，不可謂良也。何所藉以爲爲善去惡之本乎？豈動者一心，知
> 者又一心，不妨並行乎？考亭晚年自悔云：「向來講究思索，直以心
> 爲已發，而止以察識端倪爲格物致知實下手處，以故闕卻平日涵養
> 一段工夫，至於發言處事，輕揚飛躁，無復聖賢雍容深厚氣象。」
> 所見一差，其病一至於此，不可以不審也。今以意之動處，從而加
> 功，有以異于考亭之所云乎？吾不意陽明開千聖之絕學，而究竟蹈
> 考亭之所已悔也。四句之弊，不言可知。故陽明曰：「良知是未發之
> 中」，則已明言「意是未發」，第習熟于「意者心之所發」之舊話，
> 未曾道破耳。不然，意既動而有善有惡，已發者也，則知亦是已發，
> 如之何知獨未發？此一時也，意則已發，知則未發，無乃錯雜，將
> 安所施功乎？龍溪亦知此四句非師門教人定本，故以四無之說救
> 之。陽明不言四無之非，而堅主四句，蓋亦自知于致良知宗旨不能

盡合也。然則先師「意爲心之所存」，與陽明「良知是未發之中」，
其宗旨正相印合也。……一爲心之所發，則必於發處用功，有善有
惡，便已不獨，總做得十分完美，只屬枝葉一邊，原憲之不行克伐
怨欲、告子之義襲，皆可謂之愼獨矣。故欲全陽明宗旨，非先師之
言意不可，如以陽明之四句定陽明之宗旨，則反失之矣。然先師此
言，固不專爲陽明而發也……諸儒之言，無不曰前後內外渾然一體，
然或攝感以歸寂，或緣寂以起感，終是有所偏倚，則以「意者心之
所發」一言爲祟。致中者以意爲不足憑，而越過乎意；致和者以動
爲意之本然，而逐乎意；中和兼致者，有前乎意之工夫，有後乎意
之工夫，而意攔截其間。使早知意爲心之所存，則操功只有一意，
破除攔截，方可言前後內外渾然一體也。(《南雷文案‧卷三》，《全
集》冊 10，頁 141～143)

這段長文中，梨洲反覆申言意爲心之所存而非所發，且認爲陽明本即如此，
而四句教不過是一時習於舊詁之語，未可依據。其中梨洲所持之理由，可歸
納爲二項：四句教與《大學》本文不合、且導致工夫將永遠淪於追逐意念。
但是依陽明學的義理來看，這兩項皆不必定成立。

　　首先，四句教之「知善知惡是良知」係說明良知的特質，良知係作爲本
體的善的能力或傾向，及作爲意念之內在意識以意識到意念的道德性質；至
於「爲善去惡是格物」則指工夫而言，即以此工夫推致吾心良知於心中與心
外諸事事物物之上，故亦是「致知在格物」，不是「格物在致知」。蓋「致知」
者，是說推致良知，故屬於工夫，而非謂知善知惡的良知能力特點，否則「致」
字即無解釋，也就是不必如梨洲將四句教的這後兩句全視爲工夫論，且以「良
知」釋「致知」。然而更根本的是，《大學》的本義一向是眾說紛紜，學者緣
其文字以立理論，其理論效力的有效與否即爲另一獨立的客觀問題，而與經
書本文的義訓無干，故梨洲之議並不足以動搖陽明之說。

　　其次，梨洲認爲四句教係於念頭已動之後，另起一判斷是非善惡的分別意
識，予以揀擇修正這些念頭，即在有善有惡的意動之後，以良知去知善知惡，
而後再爲善去惡，落實於行動中。而如此一來，將導致：（1）修行者心中忙碌
紛紜，不停地另起一分別心念去追逐、判斷、修正意念；（2）修行者既有善惡
念慮，則其心中良知尚未能光明澄澈，這種有所蒙蔽的心智又豈能眞知善惡而
明辨之，除非假設人有二種心智，一是生起善惡念慮的心，一是察知善惡念慮

的心，而後者又不受前者之干擾；（3）念頭生成與察知此念頭，二者皆是意識的運作，故同屬已發，但良知是無待於意識活動的道德存在根源，故屬未發，因此只在意動後的已發處做工夫，並不能涵養到良知的本源，始終是隔了一層、晚了一著，「即件件瞞不過照心，亦是克伐怨欲不行也」，〔註14〕淪為強制治標而已；（4）工夫既不能照顧本源，則又必別尋涵養的工夫，使得工夫紛歧多端，而操作者又有偏執其一的危險。梨洲所提的這四點，簡言之，即：主體紛亂割裂、未知何以能行、工夫落在已發事後而不能徹底、工夫駁雜而不能渾全一體。

（二）陽明「致良知」的工夫操持

我們知道梨洲的工夫論以有本的靜存為前提，此已於第二章中討論過，因此這四點可說是對動察工夫的質疑。然而陽明說：

> 未發之中，即良知也，無前後內外而渾然一體者也。有事無事可以言動靜，而良知無分於有事無事也；寂然感通可以言動靜，而良知無分於寂然感通也。動靜者所遇之時，心之本體固無分於動靜也。（《王陽明全書・語錄・卷二・答陸原靜書》，冊1頁52）

> 心無動靜者也。其靜也者，以言其體也；其動也者，以言其用也。故君子之學，無間於動靜。其靜也，常覺而未嘗無也，故常應；其動也，常定而未嘗有也，故常寂。……心一而已，靜其體也，而復求靜根焉，是撓其體也；動其用也，而懼其易動焉，是廢其用也。故求靜之心即動也，惡動之心非靜也。……循理之謂靜，從欲之謂動。欲也者，非必聲色貨利外誘也，有心之私皆欲也。故循理焉，雖酬酢萬變，皆靜也……從欲焉，雖心齋坐忘，亦動也。（《王陽明全書・書錄・卷二・答倫彥式》，冊2頁27）

此即明言良知心體自有其本然恆在的活動，與生活情境中有事無事時念慮起伏生滅的意識狀態不同，故可說是未發之中、無動無靜、渾然一體。同時，換個角度來看，良知心體既異於念慮意識的生滅而為具足的恆在，無有增減變易，故亦可說其體是靜；且此恆在者又自有其活動，而在生滅的意識中隱顯其作用，故亦可說是其有動之用。因此，修行者不是取消其念慮的意識以求靜體，而是要讓念慮意識的生滅動靜全然依循於良知天理，成為與良知心體一般地無動無靜，或者說是靜而能動、動中有靜。於是可知工夫重點即只

〔註14〕引語見《明儒學案・浙中王門學案四》（《全集》冊7頁338）。

在於無間於意念的動靜而循理，所以陽明又說：

> 理無內外，性無內外，故學無內外。講習討論，未嘗非內也；反觀內省，未嘗遺外也。夫謂學必資於外求，是以己性爲有外也，是義外也，用智者也；謂返觀內省爲求之於內，是以己性爲有內也，是有我也，自私者也；是皆不知性之無內外也。……此可以知格物之學矣……格物者，格其心之物也，格其意之物也，格其知之物也。正心者，正其物之心也；誠意者，誠其物之意也；致知者，致其物之知也。此豈有內外彼此之分哉！（《王陽明全書・語錄・卷二・答羅整菴少宰書》，冊 1 頁 62～63）

此即說明看似動態外向的、以外在事物爲主訴的講習討論工夫，其實是針對內在良知所涵攝、念慮意識所關涉的事物而開展；而看似靜態內向的、以一己內心世界爲主訴的返觀內省工夫，其實是要求內在良知及念慮意識能貫通到外在事物之上。是故二種本來分屬內外的工夫皆不離於良知心體，而成了亦外亦內、亦內亦外的工夫。也就是意念無分無動靜、工夫無分於內外，皆只在扣緊良知、一循天理而已，彼此實無重大的異質差別。因此陽明更明白地說：

> 邇來只說致良知。良知明白，隨你去靜處體悟也好，隨你去事上磨鍊也好，良知本體原是無動無靜的，此便是學問頭腦。（《王陽明全書・語錄・卷三・傳習錄下》，冊 1 頁 87）

> 格物無間動靜，靜亦物也。孟子謂「必有事焉」，是動靜皆有事。（《王陽明全書・語錄・卷一・傳習錄上》，冊 1 頁 21）

> 行之明覺精察處便是知，知之真切篤實處便是行。若行而不能精察明覺，便是冥行，便是「學而不思則罔」，所以必須說個知。知而不能真切篤實，便是妄想，便是「思而不學則殆」，所以必須說個行。……知行原是兩箇字說一箇工夫，這一箇工夫，須著此兩箇字，方說得完全無弊病。若頭腦處見得分明，見得原是一箇頭腦，則雖把知行分作兩箇說，畢竟將來做那一箇工夫，則始或未便融會，終所謂百慮而一致矣。若頭腦見得不分明，原看做兩個字，則雖把知行合作一箇說，亦恐終未有湊泊處。（《王陽明全書・書錄・卷三・答友人問》，冊 2 頁 48～49）

此即謂不論是何種工夫進路與次第，或偏於動、或偏於靜、或先知後行、或先行後知，只要能以良知爲主體、爲關鍵、爲原則、爲依歸，則一切皆可臻

於究竟。據此可知「致良知」之工夫操作亦可有靜存、動靜交養的進路，非必限定於動察不可，因此四句教所言，不必是主張專作動察的工夫，也就是「為善去惡」之格物，亦同是動察者與靜存者的施功內容。

　　蓋就靜存而言，修行者藉由暫時地與外界事物隔絕的狀態，使自我意識從平時應付生活事務的煩雜紛紜活動中冷靜下來，檢視其自身的內容，體認到當中道德良知的存在與作用，及物欲習染的積成與堅執，從而根本地予以淨化，以朗現、貫徹良知，這裏頭即是一個知善知惡、為善去惡的本體之顯用過程。蓋所謂善與惡不只限於具體外現的舉止上，且亦存在於自我意識所吸納的一切精神及心理的內容中。比如陽明曾說：

> 必欲此心純乎天理，而無一毫人欲之私，非防於未萌之先，而克於方萌之際，不能也。防於未萌之先，而克於方萌之際，此正《中庸》戒慎恐懼、《大學》致知格物之功。……病瘧之人，瘧雖未發，而病根自在，則亦安可以其瘧之未發而遂忘其服藥調理之功乎？若必待瘧發而後服藥調理，則既晚矣。致知之功，無間於有事無事。（《王陽明全書‧語錄‧卷二‧答陸原靜書》，冊 1 頁 54、58）

> 心之本體，即天理也；天理之昭明靈覺，所謂良知也。君子之戒慎恐懼，惟恐其昭明靈覺者或有所昏昧放逸，流於非僻邪妄，而失其本體之正耳。戒慎恐懼之功無時或間，則天理常存，而其昭明靈覺之本體無所虧蔽，無所牽擾，無所恐懼憂患，無所好樂忿懥，無所意必固我，無所歉餒愧怍，和融瑩徹，充塞流行，動容周旋而中禮，從心所欲而不踰。（《王陽明全書‧書錄‧卷二‧答舒國用》，冊 2 頁 33）

> 只要去人欲、存天理，方是工夫。靜時念念去人欲、存天理，動時念念去人欲、存天理，不管寧靜不寧靜。若靠那寧靜，不惟漸有喜靜厭動之弊，中間許多病痛，只是潛伏在，終不能絕去，遇事依舊滋長。以循理為主，何嘗不寧靜；以寧靜為主，未必能循理。（《王陽明全書‧語錄‧卷一‧傳習錄上》，冊 1 頁 11～12）

此即由不間斷的戒慎敬畏工夫，去內省自己的內心世界，化除當中的不善障礙，挺立良知至善的主導，以使念慮的生發、言行的表現自然合乎道德。顯然地，這樣念念去欲存理的靜存工夫，在實際操作上離不開自我意識對良知與私欲的認識及取捨、從而消融自我意識本身的堅執性。是故若像梨洲抨擊四句教時，必以為靜存工夫須是超越自我意識的活動、善惡的觀察與判斷，

而直接去涵養本源的話，並不恰當。蓋勢必一方面導致無從入手，而一方面則在事實上翻轉進入神祕的密契體悟，如此將是梨洲所一向反對的別尋形上本體的宗教思維矣。而即便是梨洲本人所倡的有本之靜存，其具體操作也還是有賴於識取與修治的，此點我們在二章中業已見著。

再就動察而言，陽明說：

> 心之本體，無起無不起，雖妄念之發，而良知未嘗不在，但人不知存，則有時而或放耳。雖昏塞之極，而良知未嘗不明，但人不知察，則有時而或蔽耳。雖有時而或放，其體實未嘗不在也，存之而已耳。雖有時而或蔽，其體實未嘗不明也，察之而已耳。……「不思善，不思惡，時認本來面目」，此佛氏為未識本來面目者設此方便。本來面目即吾聖門所謂良知，今既認得良知明白，已不消如此說矣。隨物而格，是致知之功，即佛氏之常惺惺亦是常存他本來面目耳。(《王陽明全書・語錄・卷二・答陸原靜書》，冊 1 頁 51、55)

> 良知不由見聞而有，而見聞莫非良知之用……致良知是學問大頭腦，是聖人教人第一義……大抵學問工夫，只要主意頭腦是當。若主意頭腦專以致良知為事，則凡多聞多見，莫非致良知之功。蓋日用之間，見聞酬酢，雖千頭萬緒，莫非良知之發用流行，除卻見聞酬酢，亦無良知可致矣。故只是一事。若曰致其良知而求之見聞，則語意之間未免為二，此與專求之見聞之末者雖稍有不同，其為未得精一之旨則一而已。「多聞擇其善者而從之，多見而識之」，既云擇、又云識，其良知亦未嘗不行於其間，但其用意乃專在多聞多見上去擇識，則已失卻頭腦矣。(《王陽明全書・語錄・卷二・答歐陽崇一》，冊 1 頁 58～59)

> 爾那一點良知是爾自家底準則，爾意念著處，他是便知是，非便知非，更瞞他一些不得。爾只要不欺他，實實落落依著他做去，善便存，惡便去，他這裏何等穩當快樂。此便是格物的真訣、致知的實功。若不靠著這些真機，如何去格物？我亦近年體貼出來如此分明，初猶疑只依他恐有不足，精細看無些小欠闕。(《王陽明全書・語錄・卷三・傳習錄下》，冊 1 頁 77)

> 所謂致知在格物者，致吾心之良知於事事物物也。吾心之良知，即

所謂天理也。致吾心良知之天理於事事物物，則事事物物皆得其理
矣。致吾心之良知者，致知也；事事物物皆得其理者，格物也。……
良知應感而動者，謂之意。有知而後有意，無知則無意矣。知非意
之體乎？意之所用，必有其物，物即事也。如意用於事親，即事親
爲一物……意欲溫凊、意欲奉養者，所謂意也，而未可謂之誠意……
必其於溫凊之事也，一如其良知之所知當如何爲溫凊之節者而爲
之，無一毫之不盡；於奉養之事也，一如其良知之所知當如何爲奉
養之宜者而爲之，無一毫之不盡，然後謂之格物。(《王陽明全書・
語錄・卷二・答顧東橋書》，冊 1 頁 37、39、40)

因爲良知心體恆在活動、本然具足，並不須予擔憂，念慮意識只是影響其作
用的隱顯而已，然而我人所欲者正是良知心體的作用能常顯而無隱，是故修
行者亦可著眼於念慮意識方面，使之念念俱正，於是具體的生命就在時時無
間地呈露良知心體中而成了純粹道德的生命型態。其操作大要，乃是修行者
憑藉事先對良知的基本認識，其自我意識在日常的種種活動中，比較其「具
體念慮」與「恆在良知於此之際的初現」二者的異同遠近，從而察覺到具體
念慮當中的夾雜與扭曲而不安不忍，充分自覺到自我意識自身的內容與狀態
而儆醒起來，逐漸放棄原先的積弊私執，改代以內中本然良知的發揮，貫徹
落實於此際的言行活動之上，使此活動順同於良知之活動，一旦操持既久，
則自我意識之內容全體清明，念慮的生發不再依循昔日的舊軌模式，故也能
正本清源而令念念純淨。顯然地，工夫重點放在自我意識身上，而不放在念
慮上頭，所以說不是「專在多聞多見上去擇識」，亦即在此動察工夫之中，爲
善去惡亦是一個自我意識認識自身進而修正自身的過程，自我意識始終本是
與良知、念慮一體涵攝而未分裂，並不是自我意識忙著搬弄外在良知以判斷、
壓抑或鼓勵念慮，好將一個個有稜有角的念頭硬是擠入良知的模子中；若果
如此，則自我意識將有如檢查產品予以挑選裝箱的工人，工作得再久，只會
令動作熟練，並連帶造成忙碌、疲累與出錯的狀況，但是產品始終不會變成
工人，即自我意識永遠不能保證自己的下一個念慮是善是惡，而自我意識、
良知、念慮始終是三項分立的事物。同時，自我意識原先對良知的基本認識
並不要求全幅徹底的了解，因爲「君子之道，費而隱，夫婦之愚，可以與知
焉，及其至也，雖聖人亦有所不知焉」，完全展露良知體性的義蘊已是修行的
終極境界，而非用功的起點，如果必在下手處即要求此知光明，則修行不只

將永不可能，同時亦已不必要矣。而且此種基本的認識並不似想像中般困難。蓋修行主體原即內建道德本體，也就是自我意識與良知的連結無法割裂，彼此並非懸絕的異質互斥，故平旦之氣裏，必有仁義萌蘗之生，思則得之，而憑藉此認識展開修行則自能漸知其中的廣大精微，猶如睡眼惺忪的人，乍見景物，朦朧未清，但因朦朧，故而揉眼摩臉定神以視，終於清醒明視，是朦朧所見乃其後來清醒明視的初機肇因。所以《傳習錄》載：

> 問：「知至然後可以言誠意，今天理人欲知之未盡，如何用得克己工夫？」先生曰：「人若真實切己用功不已，則於此心天理之精微，日見一日，私欲之細微，亦日見一日。若不用克己工夫，終日只是說話而已，天理終不自見，私欲亦終不自見。如人走路一般，走得一段方認得一段，走到歧路處，有疑便問，問了又走，方漸能到得欲到之處。今人於已知之天理不肯存，已知之人欲不肯去，且只管愁不能盡知，只管閒講，何益之有？且待克得自己無私可克，方愁不能盡知，亦未遲在。」（《王陽明全書·語錄·卷一·傳習錄上》，冊 1 頁 17）

此即謂事實的修行乃是知與行雙修同進，相互為輔，不是全知之後始展開踐履。因此我們可以結論說動察工夫「初猶疑只依他恐有不足，精細看無些小欠闕」，它事實上也是個徹上徹下的根本工夫，並不存在著梨洲所提的四點弊病。

總上所述，「致良知」即是自我意識（主體）使其內在良知（本體），落實在其具體心智活動中的操持過程，而終使主體與本體由本然的、應然的同存共在，成為外顯的、實然的一體無二；不論是採用靜存、動察或其他的修行方式，重點都是自我意識在良知籠罩中自覺自發地澄汰自身，只是在啟動這一自覺自發的過程時，各種方式有著顯著的入手差異而已，故陽明說「良知明白，隨你去靜處體悟也好，隨你去事上磨鍊也好，良知本體原是無動無靜的，此便是學問頭腦」，一切工夫只依心即理的良知宗旨做去皆是。

（三）「四有四無」的合理性

討論至此，我們已知依陽明學的義理，心體可說是無善與至善的，而工夫不分靜存或動察，只要扣緊良知大頭腦則皆可，於是可再進而討論「四有四無」的問題，以結束梨洲對四句教的質疑。按《傳習錄》載：

> 丁亥年九月，先生起復征思田，將命行時，德洪與汝中論學。汝中舉先生教言曰：「無善無惡是心之體，有善有惡是意之動，知善知惡是良知，為善去惡是格物。」德洪曰：「此意如何？」汝中曰：「此

恐未是究竟話頭。若說心體是無善無惡，意亦是無善無惡的意，知
亦是無善無惡的知，物亦是無善無惡的物矣。若說意有善惡，畢竟
心體還有善惡在。」德洪曰：「心體是天命之性，原是無善無惡的，
但人有習心，意念上見有善惡在。格致誠正修，此正是復那性體功
夫，若原無善惡，功夫亦不消說矣。」是夕，侍坐天泉橋，各舉請
正。先生曰：「……二君之見，正好相資為用，不可各執一邊。我這
裏接人，原有此二種。利根之人，直從本原上悟入，人心本體原是
明瑩無滯的，原是箇未發之中，利根之人一悟本體，即是功夫，人
己內外一齊俱透了。其次不免有習心在，本體受蔽，故且教在意念
上實落為善去惡，功夫熟後，渣滓去得盡時，本體亦明淨了。汝中
之見是我這裏接利根人的，德洪之見是我這裏為其次立法的。二君
相取為用，則中人上下皆可引入於道。若各執一邊，眼前便有失人，
便於道體各有未盡。」既而曰：「已後與朋友講學，切不可失了我的
宗旨。『無善無惡是心之體，有善有惡是意之動，知善知惡的是良知，
為善去惡是格物』，只依我這話頭隨人指點，自沒病痛，此原是徹上
徹下功夫。利根之人，世亦難遇……人有習心，不教他在良知上實
用為善去惡功夫，只去懸空想箇本體，一切事為俱不著實，不過養
成一箇虛寂，此箇病痛不是小小，不可不早說破。」是日，德洪汝
中俱有省。（《王陽明全書・語錄・卷三・傳習錄下》，冊1頁98）

此即四句教的典故，其中四有與四無的說法看似相反，其實不過是觀察角度的
不同所致。錢德洪的四有，可以說是現象界觀點，〔註15〕係表述者的自我意識
站在心體之外，將心體置於現象界之中，視為萬物之一，客觀地進行事實性陳
述，是故見到種種差別對立，發覺心體乃善惡之價值判準，善惡則是心智具體
活動的結果狀態，但心智受到心體的作用而有道德知覺，從而有了道德修養的
自覺實踐，以期心智與心體合一無間，於是說心體無善無惡，意念活動時始有
善惡，人具有知善知惡的根本良知，應當在日常活動裏展開為善去惡的格物工

〔註15〕此處謂錢德洪乃現象界觀點、及下文謂王畿乃本體界觀點，係脫胎自牟宗三
　　　《從陸象山到劉蕺山》頁219所謂的四有從意之所在或所用言物，便須物物
　　　對治，而四無從明覺之感應說物，便無任何相可著；與唐君毅《中國哲學原
　　　論：原性篇》頁477謂龍溪尅在心體上看，自居於一般意念之上一層次，及
　　　其《中國哲學原論：原教篇》頁369謂緒山終結在言工夫，不同於龍溪的多
　　　對此本體之形容詠嘆者。

夫。因此錢氏的工夫進路，便由諸種比對出發而以動察爲主，他說：

> 使學者先求未發之中而養之也，未發之中竟從何處覓耶？離已發而
> 求未發，必不可得。久之，則養成一種枯寂之病，認虛景爲實得，
> 擬知見爲性眞，誠可慨也。故學者初入手時，良知不能無間，善惡
> 念頭雜發難制，或防之於未發之前，或制之於臨發之際，或悔改於
> 既發之後，皆實功也。由是而入微，雖聖人之知幾，亦只此功夫耳。
> （《明儒學案・浙中王門學案一》，《全集》冊 7，頁 266～267）

> 致知之功，在究透全體，不專在一念一事之間。但除却一念一事，
> 又更無全體可透耳。（同上，頁 259）

> 動與不動，只在自心，不在事上揀擇……功夫，只須於事上識取本
> 心，乃見心事非二，內外兩忘。非離却事物，又有學問可言也。（同
> 上，頁 263）

> 戒懼即是良知，覺得多此戒懼，只是工夫生，久則本體工夫自能相
> 忘。不思而得，不勉而中，亦只一熟耳。（同上，頁 255）

錢氏之說即在意念生發處，初步修行者的主體心智，始有明顯的良知善惡覺識可資其悟，而後始得於此際中施以存善止惡之自覺努力，由中體會良知本體，自我意識便逐漸達到與心體冥合無間的境界無所對立。由此亦可見錢氏係由知覺處去識取本體，本體仍在主體之中，不在心外或事上；且並非不知本體，而僅徒追逐於意念而已。所以他又說：

> 去惡必窮其根，爲善不居其有，格物之則也，然非究極本體，止於
> 至善之學也。善惡之機，縱其生滅相尋於無窮，是藏其根而惡其萌
> 蘖之生，濁其源而辨其末流之清也。是以知善知惡爲知之極，而不
> 知良知之體本無善惡也；有爲有去之爲功，而不知究極本體，施功
> 於無爲，乃眞功也。正念無念，正念之念，本體常寂，纔涉私邪，
> 憧憧紛擾矣。（同上，頁 258）

據此則錢氏乃分明未以有善有惡或知覺善惡或爲善去惡的念慮本身爲究竟的本體，而須是觸及到主體的念慮活動內容中所恆在隱現的良知，才是道德生命的眞根本。是故梨洲批評錢氏說：

> 龍溪謂「寂者心之本體，寂以照爲用，守其空知而遺照，是乖其用
> 也」，先生謂「未發竟從何處覓？離已發而求未發，必不可得」，是

> 兩先生之良知，俱以見在知覺而言，於聖賢凝聚處，盡與掃除，在
> 師門之旨，不能無毫釐之差。（同上，頁 254）

所謂盡與否定未發本體，這樣的指斥顯然不太恰當。我們至多只能說錢氏的
主張不是修行的唯一法門，但不能否定其亦不失為一種合理的工夫進路；雖
然緒山學的末流或有逕以意念之善為良知本體而僅待善惡成形後強加克治的
弊病，但不應質疑緒山本人即是如此。

　　至於王畿的四無，則可以稱為本體界觀點，係表述者將自我意識置於心
體之內，以為自己即是心體，設想心體是如何地看待心體自身及現象界中的
一切，但因為心體並無自我意識，故無種種分別對立，所以事實上無法認識
自身及外物，亦不能覺知現象界中動靜生滅的活動變化，而只是純任本然地
自在自為，是故表述者便說道德世界裏的一切，諸如作為價值判準的心體本
身及其作用、心智的具體活動及種種能力、道德踐履的操作者與工夫所施的
對象，即所謂的心、意、知、物，全都是無善無惡的，泯無差別而涵融在一
片心體的天地中。因此王氏的踐履便由捐棄對立而以「合本體作工夫」為大
綱領，即由順契此本體的特性，當下便讓吾人之身心能完全同於本體。他說：

> 良知在人，本無污壞，雖昏蔽之極，苟能一念自反，即得本心。……
> 此原是人人見在具足、不犯做手本領功夫……舍此更無從入之路，
> 可變之幾。（《王龍溪全集・卷六・致知議辨》，頁 6）

> 良知不學不慮。終日學，只是復他不學之體；終日慮，只是復他不
> 慮之體。無工夫中真工夫，非有所加也。工夫只求日減，不求日增，
> 減得盡便是聖人。後世學術，正是添的勾當，所以終日勤勞，更益
> 其病。（《王龍溪全集・卷六・與存齋徐子問答》，頁 22）

> 千古聖學，只從一念靈明識取，只此便是入聖真脈路。當下保此一
> 念靈明便是學，以此觸發感通便是教，隨事不昧此一念靈明謂之格
> 物，不欺此一念靈明謂之誠意，一念廓然，無有一毫固必之私謂之
> 正心。直造先天羲皇，更無別路，此是易簡直截根源。（《王龍溪全
> 集・卷十六・水西別言》，頁 8）

> 才有執著，終成管帶，只此管帶，便是放失之因。且道孩提精神，
> 曾有著到也無？鳶之飛，魚之躍，曾有管帶也無？驪龍護珠，終有
> 珠在；以手持物，終日握固，會有放時，不捉執而自固，迺忘於手

者也。惟無可忘而忘，故不待存而存，此可以自悟矣。(《王龍溪全
集・卷十・答羅念庵》，頁2)

此即謂良知本體之特性乃不待學慮、不夾私欲、無分內外動靜的當下具足之
流行感通，故工夫須配合此特性，在當下一念之微中，令自我意識放下自身
之種種堅執、跳出一切的知識意欲，而直承心體於茲的靈明發露，使得自我
意識自然不刻意地在人生的此際進入本體的境界。因此這種看似一味強調只
求日減、不犯做手的主張，看似以工夫為桎梏，其實是在反對一般有所對立、
有自我意識堅執的工夫外，提出另一種不分動靜的致良知工夫，決非認為現
實主體已是完滿無瑕、一切已無待於工夫修為，而是相反地，要以極精明、
極惺覺、極大決心、極大信心的工夫去當下契入本體。所以他又說：

> 有謂良知本來無欲，直心以動，無不是道，不待復加銷欲之功。……
> 古人立教，原為有欲設，銷欲正所以復還無欲之體，非有所加也。
> (《王龍溪全集・卷一・撫州擬峴臺會語》，頁32～33)

> 良知者，性之靈根，所謂本體也。知而日致，翕聚緝熙，以完無欲
> 之一，所謂功夫也。良知在人，不學不慮，爽然由於固有；神感神
> 應，盎然出於天成；本來真頭面，固不待修證而後全。若徒任作用
> 為率性，倚情識為通微，不能隨時聚翕以為之主，倏忽變化，將至
> 於蕩無所歸，致知之功，不如是之疏也。(《王龍溪全集・卷五・書
> 同心冊卷》，頁23)

> 此件事不是說了便休，須時時有用力處，時時有過可改，消除習氣，
> 抵於光明，方是緝熙之學。此學無小無大，無內無外，言語威儀，
> 所以凝道。密窺吾兄感應行持，尚涉做作，有疏漏。若是見性之人，
> 真性流行，隨處平滿，天機常活，無有剩欠，自無安排，方為自信
> 也。(《王龍溪全集・卷七・龍南山居會語》，頁24)

由此可見四無說並非不作工夫，並非不曾認識到具體之人在現實中的缺陷，
並非「談本體而諱言工夫」、「不管是非好醜，顛倒做去，以為見性，究竟成
一無忌憚小人耳」，〔註16〕竟去認同情欲流蕩、無所是非；相反地，而是要在
本體的特徵前提下，時時處處翕聚緝熙、煎銷習氣、照管言行，使身心在每
個當下復同於本體的自然清淨而兩無差別對立，最終能完全地更改自我意識

〔註16〕引語分別見《明儒學案》〈浙中王門學案五〉、〈江右王門學案三〉(《全集》冊
7頁369、475)。

的誤執型態而無有間斷地達致聖賢胸中一物無礙、流行灑脫的恆常境地，自不與任情恣欲、不顧名檢者混同無別。〔註 17〕亦即在王氏之說中，對於「本體的泯然與具足」和「主體的泯然與具足」二者的分判是十分清楚的，前者是無可質疑的本然眞理，後者則是有賴工夫的實然成就。是故縱使倘若王氏本身未能眞實踐履及此，而其說又易使他人誤會而致狂放，亦終只是學說的流弊，不能據之完全否定學說的本身。因此梨洲斥責王氏說：

> 以四有論之，唯善是心所固有，故意知物之善從中而發，惡從外而來。若心體既無善惡，則意知物之惡固妄也，善亦妄也。工夫既妄，安得謂之復還本體？斯言也，於陽明平日之言無所考見，獨先生言之耳。然先生他日答吳悟齋云：「至善無惡者心之體也，有善有惡者意之動也，知善知惡者良知也，爲善去惡者格物也。」此其說已不能歸一矣。以四無論之，《大學》正心之功從誠意入手，今日從心上立根，是可以無事乎意矣。而意上立根者爲中下人而設，將《大學》有此兩樣工夫歟？抑祇爲中下人立教乎？先生謂「良知……當下現成，不假功夫修整而後得。致良知原爲未悟者設，信得良知過時，獨往獨來，如珠之走盤，不待拘管，而自不過其則也。」以篤信謹守，一切矜名飾行之事，皆是犯手做作……雖云眞性流行，自見天則，而於儒者之矩矱，未免有出入矣。（《明儒學案·浙中王門學案二》，《全集》冊 7，頁 269～270）

由前文所述，當可知無善無惡並非否定至善無惡的價值判準，而即便未見於陽明之言〔註 18〕與缺少《大學》的文本證據，亦無關其理論效力，並不足以

〔註17〕此處關於王畿在信任現成良知的前提下又有一套無限的保任工夫，係據嵇文甫：《左派王學》（上海：上海書店，1990 年），頁 27～33 及唐君毅《中國哲學原論：原教篇》頁 378～380 中的扼要說法而來。

〔註18〕梨洲曾據鄒守益言：「陽明夫子之平兩廣也，錢、王二子送於富陽。夫子曰：『予別矣，盍各言所學？』德洪對曰：『至善無惡者心，有善有惡者意，知善知惡是良知，爲善去惡是格物。』畿對曰：『心無善而無惡，物無善而無惡，知無善而無惡，意無善而無惡。』夫子笑曰：『洪甫須識汝中本體，汝中須識洪甫工夫，二子打併爲一，不失吾傳矣。』」，而謂與王畿天泉證道所記不同，陽明平日未言無善無惡，而四有仍以至善爲心，且是緒山之語，非陽明所立，詳見《明儒學案·江右王門學案一》（《全集》冊 7 頁 381～382、389）。按即使由鄒氏所記之中，陽明亦未根本地反對四有四無，其言打併爲一，則係指明二者各偏於現象觀點與本體觀點，對其易於致誤處予以提示而已，故陽明本人有否親言四有四無，其實無關乎義理所繫。此外，嵇文甫《左派王學》頁 35～36 則

做出「議陽明者，以此爲大節目，豈知與陽明絕無干涉，嗚呼，天泉證道，龍谿之累陽明多矣」〔註19〕的評斷。蓋不悖義理大旨的前提下，修行者自可有一己之發明，是故此處所指者，仍不足以動搖王氏四無說在理論上的合理性。唯一需要再說明的，即是四有四無雖然皆爲正確，然而確如陽明所說具有上根下根之別。蓋四有因分別之故，係由我執法執入手，必待工夫熟後，其執始化，始得從心所欲而不逾矩，而身心與本體始具四無所倡之自然合一境界，故屬較易理解的漸循修行法。至於四無雖甚爲直截徹底，然因其自我意識的契入心體不過是靈光一現的慧悟頓會，有的人無此慧悟頓會，誤以身心全然浸沒於情欲中而忘我的狀況爲心體本然，如此其修行便無法歸向於道德實踐；而即使誠屬慧見者，其內在之種種私欲堅執的習心並未純全轉化，故身心實無常駐於此境界的定力，甚且據此小慧而自喜，竟未肯依此悟而展開實修，空唱「道不用修」的高調，而遂以順欲作惡爲合理，反不如四有的踏實有成，故四無實屬較難驟知而易生流弊的修行法。因此梨洲說：「（緒山）先生之徹悟不如龍溪，龍溪之修持不如先生，乃龍溪竟入於禪，而先生不失儒者之矩矱，何也？龍溪懸崖撒手，非師門宗旨可繫縛，先生則把纜放船，雖無大得，亦無大失耳」，〔註20〕此實爲極有見地、顛撲不破的眞言。

以上既明梨洲對陽明及其後人的理解並不一循王學內部的義理思路，以下即再進究梨洲此等說法的來源如何。

三、梨洲對蕺山見解的承襲

（一）蕺山對四句教的批判

我們發現梨洲的觀點主要承自其師劉蕺山。〔註21〕按蕺山說：〔註22〕

指出審諸錢緒山所編《陽明年譜》與《傳習錄》，均有四句教的記載，而羅念庵〈與緒山書〉謂聞之黃洛村，亦正與龍谿所述相同，可見天泉證道決非一人之私言，且四無之說與陽明本旨實相貫通。而侯外廬《宋明理學史（下卷）》頁 820 則謂如果因四句教係出自於陽明弟子的記載即認爲不可信，則豈非連知行合一、致良知之說，亦均見於門人所編書中而懷疑其可靠性呢。據嵇侯二氏之觀察，則梨洲疑四句教未必出於陽明，在文獻證據上亦實難成立。另外，錢穆亦謂梨洲不當謂四句教非出於陽明，此則已見於本文第一章註釋 36 中。

〔註19〕 引語見《明儒學案‧東林學案一》（《全集》冊 8 頁 733）。

〔註20〕 引語見《明儒學案‧浙中王門學案一》（《全集》冊 7 頁 254）。

〔註21〕 大致上來說，在蕺山思想的眾多研究中，當以牟宗三：《心體與性體》（特別是第一冊第一章第四節、第二冊第三章）及《從陸象山到劉蕺山》（第六章）中「性體之義從心體中看出」的「歸顯於密，以心著性」之說爲最早且能掌握蕺

（陽明）先生每言：「至善是心之本體」，又曰：「至善只是盡乎天理
之極，而無一毫人欲之私」，又曰：「良知即天理」，錄中言天理二字，
不一而足。有時說「無善無惡者理之靜」，亦未曾徑說「無善無惡是
心體」。若心體果是無善無惡，則有善有惡之意又從何處來？知善知
惡之知又從何處來？爲善去惡之功又從何處來？無乃語語斷流絕
港？快哉四無之論，先生當於何處作答？卻又有上根下根之說，謂
「教上根人只在心上用工夫，下根人只在意上用工夫」，又豈《大學》
八目一貫之旨？又曰：「其次且教在意念上著實用爲善去惡工夫，久
之心體自明」，蒙謂纏著念時，便非本體，人若只在念起念滅上用工
夫，一世合不上本體了，正所謂南轅而北轍也。先生解《大學》，於
「意」字原看不清楚，所以於四條目處，未免架屋疊床至此。及門
之士一再摹之，益失本色矣。先生他日有言曰：「心意知物只是一
事」，此是定論，既是一事，決不是一事皆無，蒙因爲龍溪易一字曰：
「心是有善無惡之心，則意亦是有善無惡之意，知亦是有善無惡之

山義理的重要特色而影響廣泛，然其將部分蕺山之語逕斥爲不如理、無實義、
多滯辭、故作驚人之筆，而謂可置之勿論、不可以爲準的，此一作法似嫌武斷
而可再商榷。而由鍾彩鈞所編《劉蕺山學術思想論集》中的論文及書末的附錄：
黃敏浩：《劉宗周及其慎獨哲學》（台北：學生書局，2001 年），頁 269～284「劉
宗周研究資料目錄」；及許珠武：〈海峽兩岸劉蕺山思想研究綜述〉，《中國文哲
研究通訊》2001 年 12 月第 11 卷第 4 期，頁 83～94；則可窺見當今學界的研究
趨勢及主要觀點。而許氏一文指出目前蕺山哲學的研究中，並不能理解蕺山重
新以「意」取代陽明「良知」在本體論上的眞正用心，僅以二人對「心、知、
意」概念界定的不同及彌補王學工夫的疏漏來解釋，其實並不具理論說服力。
是故本文便試圖自行藉由「內化鍵結」的說法來理解蕺山意根，但願更能貼近、
更易理解蕺山本旨，而事實上內化鍵結亦不過意欲更明朗李明輝〈劉蕺山對朱
子理氣論的批判〉，頁 29 所指出的蕺山「性內具於心而爲其理，並且只能透過
心而形著，兩者之間不只是具有一種外在的認知關係，而是具有一種存有論上
的內在的本質關聯」，故實仍不出牟氏以心著性的範圍。

〔註22〕 以下論蕺山思想並不特別注意分辨其諸言論的時間點，雖然其子劉汋已指
出：「（蕺山）先生於陽明之學凡三變，始疑之，中信之，終而辨難不遺餘力」、
「先君子學聖人之誠者也，始致力於主敬，中操功於慎獨，而晚歸本於誠意」，
但是鍾彩鈞〈劉蕺山與黃梨洲的孟子學〉頁 387（收於其所編《劉蕺山學術思
想論集》中）則進謂蕺山思想雖可分幾個發展階段，然這幾個階段又非由否
定前階段而成立，而是在舊階段加入新要素，最後則融爲一體。是故本文即
將蕺山思想視爲一前後貫通之體系，所引之語意在證成其旨所在，不復一一
區別其間早晚次序。（劉汋之言分別見《劉宗周年譜》崇禎十六年及順治五年，
收於《劉宗周全集》冊 5 頁 488、528。）

知，物亦是有善無惡之物」，不知先生首肯否？或曰：「如何定要說個有善無惡？」曰：「《大學》只說致知，如何先生定要說個致良知，多這『良』字？」其人默然。學術所關，不敢不辯。（《劉宗周全集·冊四·陽明傳信錄三》，頁107～108）〔註23〕

又說：

愚案四句教法，考之陽明集中，並不經見，其說乃出於龍溪。則陽明未定之見，平日間嘗有是言，而未敢筆之於書，以滋學者之惑。至龍溪先生始云「四有之說猥犯支離」，勢必進之四無而後快。既無善惡，又何有心意知物？終必進之無心、無意、無知、無物而後元，如此則「致良知」三字著在何處？先生獨悟其所謂無者，以爲教外之別傳，而實亦併無是無，有無不立，善惡雙泯，任一點虛靈知覺之氣從橫自在，頭頭明顯，不離著於一處，幾何而不蹈佛氏之坑塹也哉？夫佛氏遺世累，專理會生死一事，無惡可去，并無善可爲，止餘眞空性地，以顯眞覺，從此悟入，是爲宗門。若吾儒日在世法中求性命，吾欲薰染，頭出頭沒，於是而言無善惡，適爲濟惡之津梁耳。先生……只口中勞勞，行脚仍不脫在家窠臼，孤負一生，無處根基，惜哉……直把良知作佛性看，懸空期個悟，終成玩弄光景。

（《明儒學案·師說》，《全集》冊7，頁16～17）

此處蕺山反對四句教爲陽明本人之言論，反對工夫可分二種、可於念慮處下手，反對本體無善無惡，以爲勢必導致否定一切道德的價值與行爲而淪爲一切皆屬空無。〔註24〕顯然地，這正是梨洲淵源的由來。

（二）蕺山「意根」的道德定向性

然而蕺山並非不解四有四無的合理性，〔註25〕他之所以反對四句教，係

〔註23〕本文以下凡引此書將簡稱爲《劉集》。

〔註24〕蕺山此類的說法甚多，比如《劉集》冊二卷八〈證學雜解〉「解二十五」頁325、卷十〈中庸首章說〉頁354、〈良知說〉頁372～374、卷十一〈商疑十則答史子復〉頁410、卷十二〈學言上〉頁498～499、卷十四〈學言下〉頁527、534、541、冊三上卷七〈答韓參夫〉頁422、及《明儒學案·蕺山學案》（《全集》冊8頁945～946）等等。

〔註25〕比如《劉集》冊二卷八〈證學雜解〉「解二」頁305～306、「解十九」頁318、卷十〈習說〉頁365、卷十四〈學言下〉頁519、卷十五〈會錄〉頁610、冊三上卷七〈答王右仲州刺〉頁389～390等等，皆言及無善無惡的本體義與工夫義。而張懷承：〈蕺山心論及其對傳統心學的總結〉，《中國文化月刊》1990

出於以「意」爲心體的特殊思路所致。所謂意，他說：

> 心所向曰意，正是盤針之必向南也。只向南，非起身至南也。……
> 凡言向者，皆指定向而言，離定字，便無向字可下，可知意爲心之
> 主宰矣。意，志也。心所之曰志，如志道、志學，皆言必爲聖賢的
> 心，仍以主宰言也，故曰「志，氣之帥也」。心所之與心所往異，若
> 以「往而行路時」訓「之」字，則拋卻腳根立定一步矣。（《劉集・
> 冊二・卷十一・問答・商疑十則答史子復》，頁 404）

> 意者，心之所存，非所發也。朱子以所發訓意，非是。《傳》曰：「如
> 惡惡臭，如好好色」，言自中之好惡，一於善而不二於惡。一於善而
> 不二於惡，正見此心之存主有善而無惡也，惡得以所發言乎？（《劉
> 集・冊二・卷十二・學言上》，頁 459）

> 「誠」無爲，便是心髓入微處，良知即從此發竅者，故謂之立天下
> 之大本。看來良知猶是第二義也。（《劉集・冊四・陽明傳信錄一》，
> 頁 4）

他將一般本來用以廣泛表示人心有所動向，如「意念」、「意欲」一類的「意」
字，引申其義，而使此字轉變爲描述人心中本具有之指向性的發展潛能，以
表示道德根源在我人身上有其獨立的道德性「意志」，自能有其恆在而專注的
道德取向，使得人之心智具有朝向道德發展的潛能與趨勢，而在其支配作用
下，人心始有知是知非的道德知覺，故以良知爲此根本意志的發竅。易言之，
意係指道德根源與心智內化鍵結後的最原初、最單純狀態，〔註26〕乃是實際

年 5 月 128 期，頁 9 亦已指出蕺山以無善而至善言心體；王瑞昌：〈論劉蕺山
的無善無惡思想〉，《孔子研究》2000 年第 6 期，頁 76～86 則頗詳細地論述蕺
山具有豐富的無善無惡思想。

〔註26〕 此處所謂的「鍵結」係取自化學名詞 bond。如氫原子與氧原子形成鍵結而爲
水分子，使得水分子具有與氫氧原子不同的物理與化學性質，成爲一新的物
質，然而卻非由毀壞氫氧原子原先各自的主體結構所成。本文認爲，道德根
源與心智二者間的關係，有點類似此種原子鍵結爲分子的情形，故大膽取譬
之，以幫助我們的理解。而根據校外審查老師的意見，認爲如此則道德根源
與心智爲二，但依蕺山《人譜》所述，兩者似是一個，但此解釋仍在合理詮
釋範之內，是否修改，可自行思考決定。此一意見極爲正確，而須子說明的
是，本文之意即正在指出蕺山道德根源與心智雖理智分析上爲二而具體存在
實則一的思想，亦即蕺山以心性有別而又即心言性，歸結爲一意根，猶如氫
氧原子雖有別，但水分子中只是一水分子的特性，實爲一體無別的存在，並
非有二種原子的對立現象可觀察。

支配人類一生的道德驅力，在其作用下，心智除了聯合、啓動其各成素而有種種具體的道德活動外，心智內在更有意識難以驟察遽覺的潛藏「道德定向」，例如好善惡惡、知是知非之類，此定向乃是至爲明確的生命動力，而爲「意」（即內化鍵結）的微妙發竅處。「意」既爲此定向的源頭根本，因此蕺山有時即稱之爲「意根」〔註27〕或「獨體」。

蕺山對意根此狀態的進一步說明，即是其「體用一原」的觀念。他說：

> 良知常發而常斂，便是獨體眞消息。若一向在發用處求良知，便入情識窠臼去。（《劉集・冊四・陽明傳信錄三》，頁 92）

> 喜怒哀樂，雖錯綜其文，實以氣序而言。至殽爲七情，曰喜怒哀樂愛惡欲，是性情之變，離乎天而出乎人者，故紛然錯出而不齊，所謂「感於物而動，性之欲也」，七者合而言之，皆欲也。君子存理過欲之功，正用之於此，若喜怒哀樂四者，其發與未發，更無人力可施也。（《劉集・冊二・卷十二・學言上》，頁 468～469）

> 喜怒哀樂，性之發也，因感而動，天之爲也；忿懥恐懼好樂憂患，心之發也；逐物而遷，人之爲也。眾人以人而汩天，聖人盡人以達天。（同上，頁 447～478）

> 《中庸》言喜怒哀樂，專指四德而言，非以七情言也。喜，仁之德也；怒，義之德也；樂，禮之德也；哀，智之德也。（《劉集・冊二・卷十三・學言中》，頁 488）

依他看來，道德根源原爲超越本體，內化鍵結爲意根後，對心智造成道德定向的驅力，這一定向力即是知是知非、好善惡惡的根本良知，我們不妨說這是心智第一階段的發用；而由這根本良知的作用，心智在具體生活情境中便驅動其各成素而有道德的感情、念慮、行爲，及對善惡的判斷與覺識，這些道德性的活動可說是第二階段的發用，蕺山所謂四德的感情「喜怒哀樂」即屬此階段；另外，心智在日常裏尚有與道德無直接關係的活動，表現出種種情緒、認識、思維、言行等等，則是第三階段的發用，一般所謂的情識、七情即屬此。顯然地，第二階段裏的心智發用中有意根的存在，但卻不即是意根自身；同時，人由於氣質、欲望、習染諸多因素的影響，第三階段的情識

〔註27〕比如說「離卻意根一步，亦更無致知可言」、「意根最微，誠體本天」等等，見《劉集・冊二・卷十四・學言下》，頁 525、535。

活動往往占據心智的絕大部分，且形成習慣性的反應模式，甚至於因此遮蔽、抑制、改變、取代了第二階段的發用，而成了不道德的發用。因此蕺山要反對只在第二階段中體悟良知，蓋非直透其本源，更恐流入此種「情識窠臼」，誤以第三階段的情識為第二階段的道德感情、道德覺識，從而與意根更為隔閡。然而各階段的心智發用雖是不同，倘若將觀察的焦點完全集中在意根身上，則又可發現到難以予之明確的界定。蓋在內化鍵結的狀態下，意根不可能離於心智、或對心智不作用，觀察者無法孤立意根、阻絕其與心智活動的密切關係，而去單獨地觀察意根；且一旦有所隔離，則是意根的殘缺，猶如解剖一條死魚，永遠解剖不出魚在水中悠游時的生理特性及其美學風韻，故唯有順承意根的作用，才是真正完整地把握到意根的全體。如此一來，在生活的實際情境裏，意根與第一階段乃至第二階段的發用之間，當中實無停頓，觀察者瞬間即由意根看到良知、看到道德活動及其產物，或者說意根立刻就變成了良知、變成了道德活動及其產物，而不能在三者間定出明顯的區分，它們乃是當下一體成型、同體共生，都呈現意根的全幅內容，彼此不二，也就是「體在用中」，意根（心體）的內涵全然展現為心智的道德發用。同時，既然不能隔斷意根的定向性作用，則又暗示意根的定向性之中已清晰地預設了道德活動必然的完成，不完成則不停止，於是第一階段及第二階段的發用便不能完全勾除在意根自身之外，只視為心智接觸生活情境後的演變發展，而須是良知、道德活動過程及其產物的完整動態圖像皆已隱然具存於意根之中。也就是意根中固非真有後來心智在現象界裏實際的發用，但其內在自有後來實際發用的某種原型持續在運作著，且此原型與實際發用實又全然吻合一致，否則將非「定向」。蓋定向即是明確的動力而已涵有特定的內容、發展與結果，非僅一股空洞盲目的驅迫力而已。因此，原型亦可謂之「原型發用」，一種在意根內部而無關於情境觸發與否的道德發用。既然原型發用與實際發用二者只不過是存在的狀態不同，內容之實質則無不同，原型發用乃是實際發用存在於意根中的型態，實際發用則是原型發用呈現於生活情境裏的型態，是故可以說「用在體中」，即意根的內在完具一切道德活動及其產物，而不待其作用於心智後始有。所以蕺山說：

> 性情之德，有即心而見者，有離心而見者。即心而言，則寂然不動，
> 感而遂通，當喜而喜，當怒而怒，當哀而哀，當樂而樂，由中導和，
> 有前後際，而實非判然分為二時。離心而言，則維天於穆，一氣流

行，自喜而樂，自樂而怒，自怒而哀，自哀而復喜，由中導和，有
顯微間，而亦非截然分爲兩在。然即心離心，總見此心之妙，而心
與性不可以分合言也。故寂然不動之中，四氣實相爲循環，而感而
遂通之際，四氣又迭以時出，即喜怒哀樂之中，各有喜怒哀樂焉。
如初喜屬喜，喜之暢屬樂，喜之斂屬怒，喜之藏屬哀，餘仿此是也。
（《劉集·冊二·卷十三·學言中》，頁 487）

此獨體之妙，所以即隱即見、即微即顯，而慎獨之學，即中和、即
位育，此千聖學脈也。（同上，頁 490）

人有四德，運爲喜怒哀樂四氣，而四氣之變，又有笑啼恚詈，以效其
情。謂笑啼恚詈即喜怒哀樂，非也。……人有無笑啼恚詈之日，而決
無無喜怒哀樂之時。知此，可知未發已發之說矣。（同上，頁 495）

文中所謂即心而見的性情，觸境當下感通的喜怒哀樂及具體的笑啼恚詈，而與
意根相對之下有前後際、有無笑啼恚詈之日，即指第一、二階段的實際發用；
所謂離心而見的性情，恆在寂然於穆的本體中自成其喜怒哀樂的循環活動，而
與實際發用相對之下有顯微間、無無喜怒哀樂之時，即指意根內的原型發用。
至於原型發用與實際發用非判然分爲二時、非截然分爲兩在、總是一機、渾是
一性、即隱即見、即微即顯，則是體在用中、用在體中之意。另外，再進一步
來看，第三階段的情識原本並不在道德的範圍內，但依意根的道德定向性，工
夫及其對象亦必涵具在意根內，猶如實際發用即在意根裏有一相應的原型發用
般。因此，本是非干道德的、或違反道德的情識，亦早已是意根中的道德性相
關事物。以此類推，我們可以更廣泛地說：體在用中乃是意根無礙的圓成義，
意根全體融貫通徹於一切事物中；用在體中則是意根無待的具足義，一切事物
完全具存於意根中，成爲意根中的事物。所以蕺山說：

心以物爲體，離物無知，今欲離物以求知，是程子所謂反鏡索照也。
然則物有時而離心乎？曰：無時非物。心在外乎？曰：惟心無外。（《劉
集·冊二·卷十二·學言上》，頁 447）

心無體，以意爲體；意無體，以知爲體；知無體，以物爲體。物無用，
以知爲用；知無用，以意爲用；意無用，以心爲用。此之謂體用一原，
此之謂顯微無間。（《劉集·冊二·卷十四·學言下》，頁 531）

此處的心指道德本體，意指意根，知是良知，物則是生活情境的一切事物。

兩段引文的前半皆在說「體在用中」，本體不能自是本體，而須有發用，全幅落在發用裏；後半則皆說「用在體中」，發用不能自是發用，而須有本體，內具於本體裏；故結論爲體用一原、顯微無間，本體與發用乃是相涵互攝、不二而同在。

至此可知，蕺山並非眞地取消體用有別的事實。當處於客觀的觀察角度時，蕺山確立各事物之間在現象界中的區別，而說意根與良知、意與念、四德與七情、已發與未發、性與情、體與用……皆有分際而不相混，此點乃對意根根本體貌與特性的界定；而唯有當觀察的角度全然順承、沒入意根的定向性時，蕺山纔說體用不二，全是一片道德性質的世界，此點則係對意根定向性之內涵的確然體悟。顯然這兩個觀察角度並不衝突矛盾，亦須兼備始得充分展現意根的實質爲何，且在理論上或在實際體悟的先後次第上，前一角度都是後一角度的成立前提，後一角度則是前一角度後續的深入觀察，否則若未能先在心智中釐清出意根之體，則所順承的定向性便極可能不眞是意根的定向性，而屬情識的慣常反應。因此，蕺山雖主張體用一原、顯微無間，但所謂一原無間，乃是本體的特性，而非萬物的自性，萬物只在意根心體之內才爲本在的道德性事物，不是萬物在客觀現象界中即自己如此。亦即唯有進入意根的世界裏，心體與萬物才是相涵互攝、本體與發用才是一原；倘若跳出意根外，將意根視爲觀察的對象時，則其便亦爲一物，與萬物平列、與萬物殊異，而本體與發用自有其性質。所以其說的實質乃「以體攝用」，決非竟許「以用爲體」，不能誤以道德感情乃至一切知覺情緒的發露處即是道德根源的本身。即心爲情，離心爲性，二者乃現象與本體的區別，這一點是蕺山在討論道德課題時不曾取消的前提。另外，體用一原顯然是內化鍵結義的發揮，更徹底地展現意根乃道德根源與心智所成之不可分割的同體密合狀態，而蕺山在論述之間，更引介「心氣」的觀念，藉以充分呈現此狀態。藉由「心氣」一詞所涵的流行變化義，可資貼切形容心智的活動性、生命力、眞實感，因此蕺山以意根內的喜怒哀樂四氣往復循環而迭出爲心智具體喜怒哀樂的四端感通，這是將氣觀念導入道德根源的超越本體中，用以表明意根的定向性實有內容，並非空寂；而又表明意根在現實生命裏對心智活動有具體的定向性作用，故不懸絕。非空寂則本體當中有現象界中的眞實生命脈動，故用在體中；不懸絕則現象界中時時處處與本體同步同質，故體在用中；非空寂而又不懸絕，則本體具足而現象圓成，故體用一原。因此心氣觀念的作用，即

在攜帶生動性與一致性（同質性），使形上的道德根源跨足形下的具體心智，以點明意根心體乃是實然生命中的道德內鍵狀態。因此，重點在於「以意根攝心氣，並非竟以心氣爲意根」，係藉氣以資說明意根的體性，而不在於強調氣自身的特性、竟欲企圖使氣成爲意根的本體。

基於體用一原的觀點，蕺山遂主心性是一非二，他說：

> 凡所云性，只是心之性，決不得心與性對；所云情，可云性之情，決不得性與情對。（《劉集・冊二・卷十四・學言下》，頁 549）

> 孟子言這惻隱心就是仁，何善如之？仁義禮智，皆生而有之，所謂性也，乃所以爲善也。指情言性，非因情見性也；即心言性，非離心言善也。後之解者曰：「因所發之情，而見所存之性；因所情之善，而見所性之善。」豈不毫釐而千里乎？（同上）

> 心只有人心，而道心者，人之所以爲心也。性只有氣質之性，而義理之性者，氣質之所以爲性也。（《劉集・冊二・卷十五・會錄》，頁 615）

> 性只是氣質之性，而義理者，氣質之本然，乃所以爲性也。心只是人心，而道者人之所當然，乃所以爲心也。人心道心，只是一心；氣質義理，只是一性。（《劉集・冊二・卷十・中庸首章說》，頁 352～353）

依其意，心與性、情與性、人心與道心、氣質之性與義理之性，全是一而不可分。但是，體用一原的前提是體用有別，故心性其實是有別的。﹝註28﹞然則何以要依體用一原而說心性不分呢？原來蕺山亟思打造無間的工夫人生，他說：

> 道不可離。若止言道耳，即睹聞時用工夫，已須臾無間斷矣。正爲道本之天命之性，故君子就所睹而戒慎乎其所不睹，就所聞而恐懼乎其所不聞，直是時時與天命對越也。（《劉集・冊二・卷十二・學言上》，頁 460）

> 或曰：「君子既嘗戒慎所睹矣，又必及其所不睹，既嘗恐懼所聞矣，

﹝註28﹞比如《劉集》冊一《論語學案二・泰伯第八》頁 453，冊二卷十二〈學言上〉頁 448、460、462，卷八〈證學雜解〉「解七」頁 309～310，卷九〈原心〉頁 327，卷九〈原學中〉頁 334～336，及《明儒學案・蕺山學案》（《全集》冊 8 頁 991～992）等等皆有指示心性有別。

－270－

又必及其所不聞，方是須臾不離道否？」曰：「如此則是判成兩片矣。
且人自朝至夕，終無睹聞不著時，即後世學者有一種瞑目杜聰工夫，
亦是禪門流弊，聖學原無此教法。」（同上，頁 461）

這兩段相反相成的話，其意在謂工夫不止在有時位動靜而可睹可聞的人生現
象處做，而且要在不睹不聞的本體處做，而不睹不聞處又須只在可睹可聞中，
並非別具一格。由此可知其欲使整個實然的人生生命時時貫徹道德，又欲道
德時時彰顯流行於人生裏，亦即人不得離道，且道亦不得離人而自成其道。
在這種「人與道只是一片」的終極理想下，蕺山便須綰合超越的道德本體及
現實的具體人心，建立一合適的心體，亦即內化鍵結的「意根」，以做為理論
與實踐的基礎。故說：

性本天者也，心本人者也，天非人不盡，性非心不體也。（《劉集·
冊二·卷四·易衍·第八章》，頁 160）

古人言性皆主後天……畢竟離氣質無所謂性者。……性與心可分兩
事乎？……性本虛位，心有定理。（《明儒學案·蕺山學案》，《全集》
冊 8，頁 921）

道心即人心之本心，義理之性即氣質之本性，千古支離之說，可以
盡掃，而學者從事於入道之路，高之不墮於虛無，卑之不淪於象數，
而道術始歸於一乎？（《劉集·冊二·卷十三·學言中》，頁 483）

此即謂性與心二者雖然確有天與人的根本差異，但是由現象界來看，做為超
越本體的「性」只是虛位，須在實際的心氣活動中才得充分體現為具體義理，
所以只有心才有定理可言。由此可知，蕺山顯非認氣為理、認心為性，不是
直接將形上根源拉扯下墮為形下粗糙的器物，竟取消一切本體，否定其中所
具的精微本體義涵，而是在尋求一內化於形質中而有實際生命作用的超越本
體，使人自出生之後的一切存在與活動皆籠罩其下而無容稍離。此種不致力
於超越本體本自玄遠具足之義的思維，顯示他對道德踐履確有實地的考量，
極力避免道德踐履淪為一場形上思辨的智力遊戲。蕺山旨在將道德根源與肉
身形質密切結合，一方面使道德實踐成為實然生命而在現世中即刻實踐，故
反對以為別有一形上本體，輕忽現世及其間一切規矩軌範而墮入虛無，以致
流於莽蕩放浪或枯槁出世之類；一方面使實然生命成為道德實踐而非不受道
德主宰的自然存在，故反對質實地以為形下即是形上，謂世界只是一片形下
實然而淪於象數知解，鎮日不離算計吉凶、圖謀功利之類的考量。總之，蕺

山即在「使道德生命化」與「使生命道德化」，將道德與生命及生活緊密結合
爲一體，讓人推諉不得，使追尋道德者不得離開現世生活，亦使追求現世生
活者不得離開道德，而成就粹然道德的眞實人生，這就是所謂的「歸於一」。
顯然地，蕺山提出此心之性、即情之性的說法，即在補充一段工夫論的考量，
使得「以意根攝心氣」能由意根裏的相涵互攝，眞正落實爲客觀現象裏的事
實，形成一片此世此間、現時現生的道德眞實境界，這正可謂是「生命道德」
的終極人生體現。因此他要批評傳統的因情見性、人心道心有分、氣質之性
與義理之性相對的種種說法，無非都是在突顯道德須與生命同在，徹底消除
其間所可能暗示的高級與低級之異質性，因之而踏空另求的可能誤導，倒不
是他眞的失去分判情性、人心道心、氣質義理的基本前提。〔註29〕

（三）蕺山粹然心學的立場

　　至此，我們可以回到開頭何以蕺山反對四句教的問題。蓋其既歸結爲生命
道德的建立，因此其學的核心，可謂全在於意根之體認，而其對四句教的責難，
亦皆環繞意根而來。一方面，在工夫論上，即恐怕只在情感念慮成形後予以分
辨揀擇以爲善去惡，終屬落後一著之主客對立的粗淺格局，不能眞正體會到道
德根源的此一內化鍵結，並對之全然順承而爲生命之道德；或者僅對心中的道
德本體稍有見識卻未曾深解，便妄自推衍，終致流於誤以情識爲良知或沉緬於
玄虛的弔詭世界，使得日常行爲全無操守，竟與當初所謂知善知惡而爲善去惡
者悖反遠馳；這顯然是爲救正王學末流而說的。〔註30〕另一方面，在本體論上，
蕺山也是基於意根而堅主道德根源必是至善。蓋當蕺山不論是在談心體或談工
夫皆側重以內化鍵結立論時，此一選擇已顯示出立論主體自我意識的特殊立

〔註29〕 蒙培元：《中國心性論》（台北：學生書局，1990 年），頁 440～443 已指出蕺
　　　　山的心體是形而上者，不是形而下者，但又不離、通過活生生的人心而體現
　　　　出來，此種透過形下以表現形上、合形上形下爲一，乃是蕺山心性論的根本
　　　　特色，但這並不改變其形而上的存在的性質。又李明輝〈劉蕺山對朱子理氣
　　　　論的批判〉頁 1～32 亦謂蕺山之學特別呈顯出一種泯除分際、渾合爲一的傾
　　　　向，但此雖反對理氣二元之說，卻依然承認理之超越性，而心性雖爲一，實
　　　　同歸於形上界，故不可將他歸入氣本論或情欲解放去論述。

〔註30〕 關於此點，黃敏浩：《劉宗周及其愼獨哲學》，（台北：學生書局，2001 年）一
　　　　書有頗詳細的討論。其頁 248～249 之結論已指出蕺山之性不即是心，於是性
　　　　便是一絕對標準，即使已悟良知，仍須朝此心之所以爲心之性體之境而努力，
　　　　此可避免著相而混於情識；另外，性不離心，心性不二，絕對性體不離人倫
　　　　日用而爲抽象懸空之體，可避免以想像爲本體；所以其學說即在對治王學末
　　　　流的情識而肆、玄虛而蕩。

場，亦即其自我意識已覺察到內化鍵結對己的不容已作用，而對之懷具一分至高的認同感、特別的親切感。依他看來，內化鍵結就是實際作用於具體生命中的心體，可是這個心體卻不會說話，而他的表述正是為心體代言，代言者對所代言之事物應以價值評斷為表述重點，不能採用描述客觀事實的立場，否則將不是一位徹底忠誠熱情的代言者，這就好像一位對產品真具信心、真正愛用的推銷員，必定樂於、勇於在介紹產品的功能時總是加上「好」的評讚，而不會只是客觀地列出功能數據，否則便不足以顯現他對該產品的熱誠。同時，因為所代言者正剛好是內化鍵結，既然內化鍵結的基本特質即是作為心智潛藏之好善惡惡的道德定向，則在代言表述之際，正宜順承此定向以之進行道德價值性的表述，以顯示他本人的自我意識無時不肯定、服膺、發揮此定向的作用，完全將此心體自覺地內化為其生命的一切活動而毫無間斷、永不離棄。於是一切自然事物即在以此心體涵攝下轉成道德價值性的事物，（如同順應意根之定向而說體用不二的情形），不再存在著與道德價值無涉的事物，所以他說「既無善惡，又何有心意知物」；而事物既已是價值性事物，則對其之表述便須脫離事實陳述的角度，改代以價值評斷的立場，「良知」之「良」字也就由「固有」的事實義轉成「美善」的價值義，四有四無之教也就全換成了有善無惡。因此蕺山雖知無善無惡而終歸有善無惡，即是認為：超越本體的事實固可說無善無惡，但是內化鍵結於我人心智中的意根則必說至善無惡。這樣的堅持不只為挽救王學末流放蕩無軌範之弊，更在一切至善的宣稱下，自覺地表示對心體絕對的肯認，亦即對道德超越根源之已內化鍵結於我人心智中的絕對肯認與承擔，其整個表述的心態已完全處在心體的支配籠罩之下，此正反映出其純粹心學的實踐立場，就此點而言，反而應說蕺山乃是心學之最醇粹、最徹底、最正宗者。〔註31〕同時，此種對心體的全然承擔，也才是他一再揭示陽明及其後學良知說的「非究竟義」而宣說其意根乃「究竟義」的真正用心所在。

　　由上所述，可以發現梨洲對四句教的批評係繼承自蕺山的說法，而回想我們在前文第二章所觀察到的梨洲心性論，也可以發現梨洲似乎連蕺山的心氣、心性是一、氣質即性、此心之性、即情之性等等觀念或命題也一併繼承下來。然而，蕺山係基於意根道德定向的粹然心學立場，故有此種對四句教

〔註31〕勞思光《中國哲學史》（三下）頁 621、623 已指出：「從哲學史觀點講，陽明所代表之『心性論』模型之哲學，至蕺山已發揮至極」、「蕺山所立之系統，乃陽明一支思想中最後出亦最徹底之系統」。

的批評及心性是一的觀點，於是我們應再進一步探討梨洲是否亦繼承其師的此種立場，若是，則可斷定梨洲理學的心性思想實與蕺山相同。因此，以下即當再討論梨洲是否如蕺山般地重視意根的定向性。

四、梨洲「道德認同感」的新心體

（一）突出心智主體的地位

我們在第二章裏已知梨洲的心性論係以具體心智爲人心；而以具體心智中的道德靈覺與道德情感，也就是道德感知，爲人心之性；進而申言心即理之義。表面上看來，他的觀點似乎與陸王一系心學的傳統相同，無有重大分別，事實上則似不然。觀梨洲說：

> 世人日逐於外，喘汗不已，竟無一安頓處，到得氣機收斂之時，不用耳目，則葭管微陽，生意漸回，息生也。好惡與人相近，正形容平旦之氣。此氣即是良心，不是良心發見於此氣也。但使此氣虛靈不昧，以之應事接物，則旦晝自然合節……平旦之氣，即是寂然不動之體；乍見怵惕，即是感而遂通；好惡與人相近，即是喜怒哀樂之未發；感而遂通，即是發而中節。孟子指點出來，使人人可認，不墮於有無二邊……孟子言良心，何不指其降衷之體言之？而形容平旦之氣，似落於迹象，不知此即流行之命也。知此即爲知命……佛氏以虛無爲體，正坐不知命。（《孟子師說・卷六》，《全集》冊1，頁139～140）

其謂平旦之氣即是良心本身，即是道德的本體，非其上另有降衷的形上者才是良心，所謂未發與已發、本體與發用，不過是此平旦之氣有否與事物相涉下的不同型態，故非虛無，亦非玄妙。至於平旦之氣則是我人心智由日常紛紜的運作中，暫時退出後所恢復的本然狀態。顯然地，梨洲認爲具體的心智當其正常地運作或者說回復原來眞正的風貌時，就成了平旦之氣，而爲義理之本原。據此可知，人生現實存在的、活動流行的心智便是眞實不虛的良心，決非另有心智可尋，就在這一具體可以把握的尋常心智裏有著價值根源——「理」。因此其「心外無性，氣外無理」所指的「心即理」，意思是：人心之事實存在的心智主體，即爲價值判斷的總根源。再觀梨洲說：

> 閻百詩寄《尚書古文疏證》四卷，屬余序之。余讀之終卷，見其取材富，折衷當……有功於後世大矣。憶吾友朱康流謂余曰：「從來講

學者，未有不溯源於『危微精一』之旨，若無〈大禹謨〉，則理學絕矣，而可以僞之乎？」余曰：此是古今一大節目，從上皆突兀過去。「允執厥中」，本之《論語》。「惟危惟微」，本之《荀子》。《論語》曰：「舜亦以命禹」，則舜之所言者，即堯之所言也。若於堯之言有所增加，《論語》不足信矣。「人心」「道心」，正是荀子性惡宗旨；「惟危」者，以言乎性之惡；「惟微」者，此理散殊，無有形象，必擇之至精，而後始與我一，故矯飾之論生焉。後之儒者，於是以心之所有，唯此知覺，理則在於天地萬物；窮天地萬物之理，以合於我心之知覺，而後謂之道。皆爲人心道心之說所誤也。夫人只有人心，當惻隱自能惻隱，當羞惡自能羞惡，辭讓、是非，莫不皆然。不失此本心，無有移換，便是允執厥中。故孟子言「求放心」，不言求道心；言「失其本心」，不言失其道心。夫子之「從心所欲，不踰矩」，只是不失人心而已。然則此十六字者，其爲理學之蠹甚矣。（《南雷文定三集‧卷一‧尚書古文疏證序》，《全集》冊10，頁61～62）

梨洲同意閻若璩的考證，不取十六字心傳，以爲乃混入了荀子之說。此點在文本上自屬事實，但在這裏同樣地他又認爲只有一個人心而已，人心即是道心，不可分爲道心、人心，不可以爲心只有知覺而求理於外。這樣的說法頗值得注意。蓋其在此種前提下謂人心乃是當惻隱自能惻隱、當羞惡自能羞惡之類，則顯然已將人類心智的主體自我意識、一般知覺能力、道德知覺能力、運用此能力以從事道德判斷時所依據之道德原則、乃至於判斷活動之本身及結果，全部囫圇一滾、混合無別。其實「當惻隱自能惻隱，當羞惡自能羞惡」之類的話本是陸王心學常說者，但其係指「道心」對「人心」的攝制作用而使人心具有道德呈露，〔註32〕用以點出道德根源的重大特質，重點正在突顯道心，而非將之籠統夾雜於心智的種種內容中，竟至只剩人心而已。亦即若依傳統心學的義理來看，梨洲此處所言，適合於形容道心，卻不宜如此地用於指陳人心。顯然地，這是屬於梨洲的新思想，其心智主體和道德本體不只是相結合，且似乎本體又已轉爲主體中的一員，而突出、抬高了主體的地位。因此當梨洲又說：

「性猶杞柳也，義猶桮棬也」，告子之意，以爲人生所有，唯此知覺，

〔註32〕象山云：「其他體盡有形，惟心無形。然何故能攝制人如此之甚？」，語見《陸九淵集‧卷三十五》，頁448。

理則在於天地萬物，學者必當求天地萬物之理，使與我知覺為一，而後為作聖之功……求天地萬物之理融會於我之知覺，此與先儒知是知此事，覺是覺此理，故必格物窮理以致此知，其徒恃此知覺者，則釋氏本心之學，亦復何殊？第先儒言性即理也，既不欲以性歸之知覺，又不可以性歸之天地萬物，於是謂性受於生之初，知覺發於既生之後。性，體也；知覺，用也；引〈樂記〉「人生而靜，天之性也；感物而動，性之欲也」以證之。靜是天性之真，動是知覺之自然，因惻隱羞惡辭讓是非之在人心，推原其上一層以為之性，性反覺於渺茫矣。告子不識天理之真，明覺自然，隨感而通，自有條理，即謂之天理也，先儒之不以理歸於知覺者，其實與告子之說一也。……仁義之性，與生俱來，率之即是。若必欲求之於天地萬物，以己之靈覺不足恃，是即所謂戕賊也。（《孟子師說‧卷六》，《全集》冊 1，頁 132～133）

孟子謂知能為良，則知能本諸天者，即是以愛敬之理，決不僅以此知覺本諸天也。陽明單提良知而不及愛敬，其非懸空之知覺明矣。孟子上節，知能並舉，下言「無不知愛其親也，無不知敬其兄也」，能字皆歸併知內。蓋知是性也，能是才也，言性則才自在其中矣。（《明儒學案‧諸儒學案中二》，《全集》冊 8，頁 465）

理義只在虛靈之內，以虛靈為未足，而別尋理義，分明是義外也。（《明儒學案‧諸儒學案中六》，《全集》冊 8，頁 550）

此中以為人心之道德知覺不是空洞的認知能力，道德本體與義理俱在此知覺中，反對在此知覺之外去尋求更高的形上真理。其義我們在第二章中已說過，蓋即謂當知覺與物相涉「隨感而通」的當下，即自然恰好地「自有條理」而表現道德行為、成為權衡一切事物的尺度標準，故心即是理的真正源頭，心的知覺本身即完具仁義天理，天理並不在此知覺之外。梨洲這樣的說詞與心學義理本來無甚不同，蓋道德知覺乃道德根源之真實呈露處，其中確具道德根源之全幅。然而梨洲卻是在以實然心氣為良心、以人心為唯一之心的立場上來宣說此義，如此則改將道德知覺始終收束在心智主體之內，而不再如同傳統心學般又通向其所仰仗之超越性的具足本體。這個情形在梨洲論道德情感時更為明顯。

（二）親情即是心之本體

梨洲對於親情有一特殊的說法，頗可顯示此一大關鍵。他在解釋《孟子‧離婁上》「仁之實，事親是也」一章時說：

> 仁義禮智樂，俱是虛名。人生墮地，只有父母兄弟，此一段不可解之情，與生俱來，此之謂實，於是而始有仁義之名。「知斯二者而弗去」，所謂知及仁守、實有諸己，於是而始有智之名。當其事親從兄之際，自有條理委曲，見之行事之實，於是而始有禮之名。不待於勉強作爲，如此而安，不如此則不安，於是而始有樂之名。到得生之之後，無非是孝弟之洋溢，而乾父坤母，總不離此不可解之一念也。先儒多以性中曷嘗有孝弟來，於是先有仁義而後有孝弟，故孝弟爲爲仁之本，無乃先名而後實歟？即如陽明言：「以此純乎天理之心，發之事父便是孝，發之事君便是忠」、「只在此心去人欲、存天理上用功便是」，亦與孟子之言不相似。蓋赤子之心，見父自然知愛，見兄自然知敬，此是天理源頭，何消去存天理而後發之爲事父乎！如王心齋見父赴役，天寒起鹽冷水，見之痛哭曰：「爲人子而令親如此，尚得爲人乎！」於是有事則身代之。此痛哭一念，不是工夫所到，當此處而求之，則天理不可勝用矣。先儒往往倒說了，理氣所以爲二也。朱子曰：「『實』字有對『名』而言者，謂名實之實；有對『理』而言者，謂事實之實；有對『華』而言者，謂華實之實。今這『實』字，正是華實之實。『仁之實』本只是事親，推廣之愛人利物，無非是仁。『義之實』本只是從兄，推廣之弟長忠君，無非是義。事親從兄，便是仁義之實；推廣出去者，乃是仁義之華采。」愚按：此「實」字乃是虛實之實，非華實也。蓋仁義是虛，事親從兄是實，仁義不可見，事親從兄始可見。孟子言此，則仁義始有著落，不墮於恍惚想像耳，正恐求仁義者無從下手，驗之當下即是，未有明切於此者也。「樂則生矣」，始有推廣可言，然亦非推廣，不過完全此實，何華采之有？（《孟子師說‧卷四》，《全集》冊1，頁101～102）

此中朱子之意以爲仁義之發用至廣，而事親從兄乃是仁義最基本先要、切近精實的表現，梨洲則謂發用不過是心性本身之呈露，故道德根源並未曾增加新內容。此一見解固然合於心學義理，但是梨洲卻將與生俱來對家人不可解

離的親情愛意遂指爲天理源頭，反對程朱以爲性比孝弟更根本、陽明以良心
發爲忠孝的說法，則未免與傳統心學有異。因爲親情紐帶不過是道德根源眞
實不虛的一項堅強證據，正可於此一親情紐帶之中體會到其間所蘊藏對生命
的純粹自愛，而對萬物產生一體同悲之感，所以梨洲評王艮「此痛哭一念，
不是工夫所到，當此處而求之，則天理不可勝用」，若依傳統心學義理而言，
即當於愛親之情乍生當下，悟見道德根源無所阻隔地自然全幅呈露於此中，
因之得知良心天理的體性，從而展開無有止境的道德踐履，將萬事萬物涵攝
在道德之中，而使之各得其位育，所謂親親、仁民、愛物、而贊天地之化育，
表現出各種關懷與德行。可是梨洲的意思卻不是這樣，他認爲的「當此處而
求之」，即質實地肯定認同愛親之情的本身，此即是本體，由此行去即備諸
德，不須別求更根本、更超越的本體。如此一來，倘若依傳統心學的義理來
看，固然可以防止空求性體的弊病，但實際已將道德根源下拉，局限在有對
象性、有分別性、有關連性、有親疏性的情愛上，而這樣的情愛在理論上是
無法擴充爲張載〈西銘〉中的乾父坤母之感，如果可以的話，也是因這份親
人情愛的眞摯，教人體會到其可愛、又體會到其不足，從而跨出血緣的格局、
突破人我的對待之私，尋求大愛並契入之，這不安於有限的親情而尋求大
愛，正是道德根源的醒覺作用，而非純粹親情本身的力量。易言之，擴充不
是由親情的本身去推擴，而是由發動親情的本源去推擴，此一本源乃是道德
的眞正源頭，由之而人有親情、能有諸德，此本源推擴所至即是無窮無盡的
大慈大悲，而僅由親情本身所完成者不過是家庭鄰里中的篤孝篤悌之人而
已。因此，梨洲雖不是取消本體，但認爲以親情即本體，才是理氣爲一非二
的想法，雖可點出道德根源與生命現象同體共生的事實，但與傳統心學的說
法並不全同。

　　關於傳統心學認爲道德根源與親情有異，我們不妨看些例子。如象山說：

> 孟子就四端上指示人，豈是人心只有這四端而已？又就乍見孺子入
> 井皆有怵惕惻隱之心一端指示人，又得此心昭然，但能充此心足矣。
> (《陸九淵集‧卷三十四》，頁 423)

> 良知之端，形於愛敬，擴而充之，聖哲之所以爲聖哲也。(《陸九淵
> 集‧卷十九‧武陵縣學記》，頁 238)

此即謂良知是體，四端及愛敬親情乃其呈露之一端，能由此端而推擴其中之
根源，則可成就眞道德。而陽明說得更明白：

良知只是一箇天理自然明覺發見處，只是一箇真誠惻怛，便是他本體。故致此良知之真誠惻怛以事親便是孝，致此良知之真誠惻怛以從兄便是弟，致此良知之真誠惻怛以事君便是忠……故致得事君的良知，便是致卻從兄的良知；致得從兄的良知，便是致卻事親的良知。不是事君的良知不能致，卻須又從事親的良知上去擴充將來。如此，又是脫卻本原，著在支節上求了。良知只是一箇，隨他發見流行處，當下具足，更無去來，不須假借。然其發見流行處，卻自有輕重厚薄，毫髮不容增減者，所謂天然自有之中也。雖則輕重厚薄毫髮不容增減，而原又只是一箇。……孟氏「堯舜之道，孝弟而已」者，是就人之良知發見得最真切篤厚、不容蔽昧處提省人，使人於事君處友、仁民愛物、與凡動靜語默間，皆只是致他那一念事親從兄真誠惻怛的良知，即自然無不是道。蓋天下之事雖千變萬化至於不可窮詰，而但惟致此事親從兄一念真誠惻怛之良知以應之，則更無有遺缺滲漏者，正謂其只有此一箇良知故也。事親從兄一念良知之外，更無有良知可致得者。……明道云：「行仁自孝弟始，孝弟是仁之一事，謂之行仁之本則可，謂是仁之本則不可」，其說是矣。
（《王陽明全書·語錄·卷二·傳習錄中·答聶文蔚（二）》，冊 1頁 69～70）

在這裏陽明指出一個良知為本體，隨其流行而顯發於倫常百行之中，故每一倫理道德的感發或活動之內的真誠惻怛者皆同此良知，能識取此良知而推擴，則於道德生命無有遺缺；倘若竟以為某單一道德表現（如孝弟）之本身才是良知，而欲以此表現為本體，則是脫卻本原而求於枝節了。顯然地，我人之所以說推擴親情即成道德，係緣親情乃常人最易體會到的道德現象，故欲由此下手去推擴發動此情的道德根源，並不是說親情的本身就是唯一的天理源頭。

　　除了陸王之外，泰州學派亦復同此認識。因為上述引文中梨洲提到王艮，是故我們有必要於此稍微再看一下泰州諸人的說法。表面上看來，梨洲堅持「仁義是虛，事親從兄是實，仁義不可見，事親從兄始可見」似乎是與泰州學派的思想相同。其實梨洲雖有很多看似與泰州學派相同的話語，比如他說：

有問羅近溪：「居今之世，如何都得人人親親長長耶？」曰：「郤不要苛責了人。今天下家家戶戶，誰無親長之道？但上之人不曉喻他

説即此便是大道，而下之人亦不曉得安心在此處，了結一生，故每
每多事。」百理具在，平鋪放著，只爲人起爐作竈，平地風波，所
以事事艱難，去道愈遠。若還其自然，親者當親，長者當長，更何
所事？（《孟子師説‧卷四》，《全集》冊 1，頁 93）

「人皆可以爲堯舜」一語，此孟子繼往聖、開後學一大節目。徐行
堯服，人人能之，即人人可以爲堯舜也，只在著察之間耳。後之儒
者，將聖人看得煩難，或求之靜坐澄心，或求之格物窮理，或求之
人生以上，或求之察見端倪，遂使千年之遠，億兆人之眾，聖人絕
響。一二崛起之士，又私爲不傳之秘，至謂千五百年之間，天地亦
是架漏過時，人心亦是牽補度日，是人皆不可以爲堯舜矣。所謂道
在邇而求諸遠，事在易而求諸難。自陽明之心學，人人可以認取聖
脈，後來近溪只就人所行所習，當下指點出著察一路，眞覺人人去
聖不遠。要知孟子亦是此意，只在徐行堯服，人所易知處點出，何
至持燈而乞火也。（《孟子師説‧卷六》，《全集》冊 1，頁 144）

此處梨洲斥程朱以聖人至難，肯定泰州學派在生活當下加以著察，即可知人
人皆有成聖的體性，而工夫只在心智單純化而已。這些言論看來似與泰州學
派同旨無別，然而並不全然相同。泰州學派重在指點當下便是，即令人於日
常種種情境裏予以逆覺，悟見此當下在種種私欲習染之外即自然有本心在其
中，由此契入心體，空掉執念，信此本心而順之率之，從而施以徹障去執、
淨化習心的實踐工夫，以達心智與心體自然合同的境界。然而當下固是天理
的全幅展現於此中，天理卻不限於當下而已，亦即泰州的本體並非梨洲所謂
之混同主體的道德知覺或愛敬親情的本身。〔註 33〕關於此點，我們可以略舉

〔註33〕此處論泰州學派的義理大概，係融合牟宗三、唐君毅的説法而淺略言之。牟
氏認爲孟子、明道、五峰、近溪等等皆雅言「逆覺體證」，此種體證乃就現實
生活中良心端倪眞實震動呈露時而痛切警覺地體證肯認之以爲體，判開感性
界與超感性界而直指超越之本心，頓悟本心的無限量而當下即是、不假外求，
亦即由此表露之一端，直下體證此本心之自體與全體，而操存之以至於時時
處處流露。又謂王艮父子只是開端，近溪則更精微明澈地闡説本心如如呈現
下「無心爲道」的風格境界，即就「道體之順適平常與渾然一體而現」而説
良知本體之周流遍潤而無所不在，故特重於具體表現上的圓頓之境；蓋分解
地言，本體是超越的道德本心，但若意識停滯於體之抽象狀態中則是執念於
光景，唯有拆穿光景而具體地言，即將此抽象懸掛的體拖下來而就在具體道
德行爲的純亦不已中成爲具體且眞實的體，才是全用是體即全體是用、全神

一些泰州派的話來看。比如王艮說：

> 一友初見，先生指之曰：「即爾此時就是。」友未達。曰：「爾此時
> 何等戒懼，私欲從何處入。常常如此，便是允執厥中」。（《王心齋先
> 生全集‧卷二》，頁 481）

> 論道理若只見得一邊，雖不可不謂之道，然非全體也。譬之一樹，
> 有見根未見枝葉者，有見枝葉未見花實者，有見枝葉花實卻未見根
> 者，須是見得一株全樹始得。（同上，頁 479）

> 眞機活潑一春江，變化魚龍自此江；惟有源頭來活水，始知千古不
> 磨江。（同上書，卷四〈咏天下江山一覽贈友〉，頁 499）

> 先知中的本體，然後好用修的功夫。（《王心齋先生全集‧卷二》，頁
> 485）

> 來書所謂眞實二字，足見切實功夫，但其間微有毫釐之辨，不可不
> 察。蓋良知原自無不眞實，而眞實者未必合良知之妙也。（同上書，
> 卷五〈答林子仁〉，頁 501）

此即謂當下的戒懼心理乃眞實良知之一端，猶如花葉是樹之部分，但卻非樹
之全體，我人須知得成此生活中無時無處不流露之眞機的活水源頭，亦即在
心智活動裏不動恆在的具足中體，而後展開修行。同樣地，又如王棟說：

是氣即全氣是神的化境；然而雖是本心並沒有一個隔離的自體擺在那裏，雖
是時時處處流行於日用之間而眼前當下即是，卻不要看成形上形下不分，此
決非指氣機之鼓蕩而言，亦非只落於氣化之事上就氣化之變化而言。（詳見其《心
體與性體》冊 2 頁 118～127、474～484、冊 3 頁 333～341、《從陸象山到劉
蕺山》頁 10～12、103～106、136～142、183～184、189～190、232～245 等
等）。至於唐氏《中國哲學原論：原性篇》頁 482～484、《中國哲學原論：原
教篇》頁 383～393、418～443 則謂泰州之學之精神，在直面對吾人一身之生
活生命之事中講學，特別是羅近溪，循王艮此身與家國天下本末一貫之意，
識得仁體之貫於此本末之一「生」中，即人之生以言心體性地之仁，於日用
常行處當下提撕，由陷溺滯跡之心而逆知超拔，以見心體之感通周流充塞天
地而直契順承之，比龍溪更具體而渾融落實。另外，需再說明的是，本文當
然不否認泰州學派中有些成員、追隨者及其所開啓的風氣，實已將人性完成
的目標推向樸實化之人情形態發展，只在日用處發揮而棄置高明的道德境
界，（此點可參看戴師景賢：〈論姚江學脈中之龍溪、心齋與其影響〉，《臺大
中文學報》2005 年 6 月第 22 期，頁 359～411），蓋其學原始本蘊的理學義理
與所造成的社會效應實分屬兩個層面的問題，故無妨於我們在正文中對泰州
義理所做的說明。

> 今人只以知是知非爲良知，此猶未悟。良知自是人心寂然不動、不
> 慮而知之靈體，其知是知非，則其生化於感通者耳。（《明儒學案·
> 泰州學案一》，《全集》冊7，頁857）

趙貞吉說：

> 性無滅息，本知獨良，或因考古而發憤，或聽人言而怵惕，或因順
> 境而眞見忽開、緬思有爲，或因欲極而天心復見、即求解脫，或惜
> 歲月之不可留，或嘆古人之不易及，或光風霽月之下而暢然自由，
> 或迅雨烈風之前而惕然追悔，皆其本心忽明之端，不可昧也……鳥
> 鳴花落，皆是師資；行道之人，示我妙用……。（《明儒學案·泰州
> 學案二》，《全集》冊7，頁880）

此皆言明本體不是個特定知覺或情感之作用，而是成此流露的道德靈體才
是。又如羅汝芳說：

> 父母兄弟子孫，是替天命生生不已，顯現個膚皮；天命生生不已，
> 是替孝父母、弟兄長、慈子孫，通透個骨髓。直豎起來，便成上下
> 今古；橫亘將去，便作家國天下。（《明儒學案·泰州學案三》，《全
> 集》冊8，頁28）

> 知有兩樣。童子日用捧茶是一個知，此則不慮而知，其知屬之天也。
> 覺得是知能捧茶，又是一個知，此則以慮而知，其知屬之人也。天
> 之知是順而出之，所謂順則成人成物也；人之知卻是返而求之，所
> 謂逆則成聖成神也。……人能以覺悟之竅，而妙合不慮之良，使渾
> 然爲一方，是睿以通微，神明不測者也。（同上，頁16～17）

這裏說親情是膚皮、天命是骨髓，應由當下自然的道德明覺之感應，予以逆
推上求涵具於此際心智中的心體，以爲主宰根據，而順成此心體之用。再如
周汝登說：

> 仁義禮智樂是名，事親從兄是實，就事親從兄加個仁義禮智樂之名
> 耳，豈另有所謂仁義禮智樂乎？孝弟亦是名，故只言事親從兄而孝
> 弟之名亦不立。一切俱掃，皮膚脫落，惟有眞實。（《明儒學案·泰
> 州學案五》，《全集》冊8，頁118）

> 來往只應明月伴，孤懸千古不曾收。（同上，頁121）

> 看月不勞重指示，渾身都在月明中。（同上）

此處周汝登以事親從兄爲實，用語幾與梨洲相同，然其意仍在掃落現象表層

的知見遮蔽而直扣一超越又普遍的眞實活動本體，並不是在倡言親情即是道體，否則豈非執明月之光而不覺孤懸千古的明月。凡此，皆見泰州學派實際所欲把握的，乃是生命中根本本體的道德源頭，非逕以知覺情感之發用處爲性體，其意乃本體流行於生化之中，隨時隨處著見，皆是本體之具體而眞實地呈現，故全用是體即全體是用，而修行者即須由相應於此體用不二的本體特質以展開生命實踐。〔註34〕顯然地，梨洲實與泰州派思想不同；除此之外，梨洲本人對泰州派亦不滿意，〔註35〕因此梨洲的以親情爲本源，不應是直接承襲自泰州言論的全同翻版。

（三）四端情感即是心之本體

　　梨洲既特以親情即本體，然而親情猶是其所舉之特例，外此尚有更廣泛的說法，即「性情同一」之論。此說我們在第二章已曾見到，爲討論方便，不妨再引此類言論於下，亦可見其此一觀點乃平素持之甚堅，非一時偶然之言。他說：

> 先儒之言性情者，大略性是體，情是用；性是靜，情是動；性是未發，情是已發。程子曰：「人生而靜以上，不容說，纔說性時，他已不是性也」，則性是一件懸空之物。其實孟子之言，明白顯易，因惻隱、羞惡、恭敬、是非之發，而名之爲仁義禮智，離情無以見性，仁義禮智是後起之名，故曰「仁義禮智根於心」。若惻隱、羞惡、恭敬、是非之先，另有源頭爲仁義禮智，則當云「心根於仁義禮智」矣。是故「性情」二字，分析不得，此理氣合一之說也。體則情性皆體，用則情性皆用，以至動靜、已未發皆然。（《孟子師說·卷六》，《全集》冊1，頁136）

> 自來皆以仁義禮智爲性，惻隱羞惡辭讓是非爲情……欲從已發推原

〔註34〕除了以上所引之文以外，王襞、徐樾、耿定向、焦竑、潘士藻、方學漸、祝世祿等等亦有類似之語，可詳見於《明儒學案》之泰州諸學案中。

〔註35〕如梨洲謂泰州派失陽明之傳，躋而爲禪；謂王艮開一臨難苟免之隙，於遯世無悶之學，終隔一塵；謂王襞未免猶在光景作活計；謂羅汝芳眞得祖師禪之精者；謂楊起元即釋氏作用爲性之說；謂耿定向不見本體，不免打入世情隊中；謂焦竑信佛偏見不可開；謂方學漸墮於有善有惡心之體；謂祝世祿非儒者氣象；謂周汝登失卻陽明之意，即釋氏之空；謂陶望齡引佛入儒，其流之弊則重富貴而輕名節等等。分別詳見《明儒學案》〈泰州學案〉（一）、（三）、（四）、（五）（《全集》冊7頁821、831、841，及冊8頁4、56、67、84、94、107、113、130）。

未發，不可執惻隱羞惡辭讓是非之心而昧性……。不知有惻隱而始
有仁之名，有羞惡而始有義之名，有辭讓而始有禮之名，有是非始
有智之名，離却惻隱羞惡辭讓是非，則心行路絕，亦無從覓性矣。（《明
儒學案・東林學案二》，《全集》冊8，頁814）〔註36〕

自來儒者以未發爲性、已發爲情，其實性情二字，無處可容分析。
性之於情，猶理之於氣，非情亦何從見性。故喜怒哀樂，情也；中
和，性也；於未發言喜怒哀樂，是明明言未發有情矣，奈何分析性
情？（《明儒學案・江右王門學案四》，《全集》冊7，頁519）

性情二字，原是分析不開……無情何以覓性？孟子言惻隱羞惡辭讓
是非即是仁義禮智，非惻隱羞惡辭讓是非之上又有一層仁義禮智
也。虞廷之言道心即中也，道心豈中之所發乎？……豈能舍此惻隱
羞惡辭讓是非之可以爲主宰者，而求之杳冥不可知者乎？上天之
載，無聲無臭，至矣。此四端者，亦曾有聲臭乎？無聲無臭猶不足
以當性體乎？猶非人生而靜以上乎？然則必如釋氏之所謂語言道
斷、父母未生前，而後可以言性也。（《明儒學案・止修學案》，《全
集》冊7，頁780）

（唐伯元）其言性之善也，又在不容説之際，至於有生而後，便是
才説性之性，不能無惡矣。夫不容説之性，語言道斷，思維路絕，
何從而知其善也？謂其善者，亦不過稍欲別於荀子耳。孟子之所謂
性善，皆在有生以後，惻隱、羞惡、辭讓、是非之心，何一不可説
乎？以可説者謂不能無惡，明已主張夫性惡矣。（《明儒學案・甘泉
學案六》，《全集》冊8，頁292）

梨洲認爲道德心就是四端之心，別無他物，道德行爲係由心的道德感情所發
動而來，是故此感情即道德的根源，情即是性，而性當其未發之中時所有的
內容不過是已發之情，二者並無須分別，四端之心即是性體，不得謂在此之

〔註36〕學者如古清美〈黃宗羲的兩種《師説》〉（收於吳光等主編《黃梨洲三百年祭》
頁74～91）謂《孟子師説》中梨洲「仁義後起」之説係受陳確影響而來的晚
年思想轉變，然觀此條引文可知梨洲早就有此想法，而此條引文係緣孫慎行
之學説而發，且《明儒學案》中對孫氏評價頗高，《孟子師説》中又屢徵其語，
故若必欲爲梨洲此説尋一淵源，似不如説是啓發自孫氏來得更爲合理，亦可
知梨洲在《孟子師説》、《明儒學案》二書中的思想觀點應無二致，未必有突
然轉變的情形存在。

外別有「人生而靜以上不容說」的形上本體；因此性只有一個，與個體的生命現象同存，其內容是善，且亦只是善，非別有其他更抽象玄妙的內容。梨洲這種想法頗與前人不同。因為四端固是比具體道德行為更為原初或根本的道德呈現，但四端亦是個複合物，並不純是道德感情，其更涉及道德理性、道德意志、經驗知識等心智的諸多成素與步驟，這些均可在理智上予以細微地界定開來，是故程朱一系以為在四端道德呈現之上另有關鍵性的道德源頭，這點實在是對於道德現象的精微體認，並無不錯。而正因為另有源頭，才說「離情無以見性」，亦即吾人往往須於道德感情、道德判斷生發之時（或之後）始得覺察此一道德心的源頭體性，而道德心正因有此體性才有此情之發，才能全體是用、即用是體。所以性情二字，若只在生活現象中去感覺，確是現則同現，隱則同隱，分析不得的，但感覺上的不可分離，並不是事實上、理智上、概念上、修行上的不可、不必區分。比如程頤說：

> 孟子曰：「惻隱之心，仁也。」後人遂以愛為仁，惻隱固是愛也。愛自是情，仁自是性，豈可專以愛為仁？孟子言惻隱為仁，蓋為前已言「惻隱之心，仁之端也」，既曰仁之端，則不可便謂之仁。退之言「博愛之謂仁」，非也。仁者固博愛，然便以博愛為仁，則不可。（《二程集・河南程氏遺書・卷十八》，頁182）

而朱子說：

> 中字是狀性之體，性具於心。發而中節則是性自心中發出來也，是之謂情。（《朱子全書・卷二十四》，上冊頁585上）

> 性是靜，情是動，心則兼動靜而言。（《朱子全書・卷四十四》，下冊頁285下）

> 性是未動，情是已動，心包得已動未動。蓋心之未動則為性，已動則為情，所謂心統性情也。（《朱子語類・卷五》，頁93）

> 所覺者，心之理也；能覺者，氣之靈也。（同上，頁85）

> 性是心之道理，心是主宰於身者。四端便是情，是心之發見處。四者之萌皆出於心，而其所以然者，則是此性之理所在也。（同上，頁90）

> 惻隱、羞惡、是非、辭遜，是情之所發；仁義禮智，是性之體。性中只有仁義禮智，發之為惻隱、辭遜、是非，乃性之情也。（同上，頁92）

在這裏作爲人類心智主體的「心」、此主體所具之道德能力的「覺」、此主體運用道德能力以從事道德活動時所憑據之原理律則的「理」、此原理律則所自之人類身上之道德本體的「性」、道德活動及其產物的「情」（愛），一一皆有明確的分判，〔註 37〕不只滿足實踐者的認識需求，更可在此認識之下正確地掌握實踐所需的對象與目的。由此可見程朱對心中的道德成分有比較精細的體認，不籠統混而無別，這實是道德哲學進步的顯現。

總上所述，梨洲以具體心智中的道德感知來指稱道德根源而言心即理原無不可，只是若依理學的義理分析來推敲，此時係以部分指稱全體，不得竟謂此部分即是全體，猶如我們常因「金釵」、「巾幗」爲女子之飾物而用爲女子的代稱，決非眞指活人即是首飾佩件。因此，當我人以知是知非的良知、愛親敬長的四端情感即是道德根源時，實際上是一種方便，蓋由此中即可通同於本體，故此中有其深厚的內涵體性，倘若眞地停留在對人類基本道德的心理意識層面，以爲一種對善惡是非的一般知覺、對特定對象的人之常情即是全幅的道德根源，則未免將心體認粗。由一粒沙中固可以見世界，但世界決不僅只是一粒沙，我們可由親情一類的道德感知而見著道德根源全幅體性的具體此在，而使此感知當下通同於根源而兩者即一，故說親親即仁、敬長即義、堯舜不過是徐行後長，但決不是把超越根源去掉，竟質實地以感知本身就是最後本體。顯然地，梨洲的思路並不一循傳統理學的想法，然而他是不是單純繼承蕺山之說而有此見呢？

（四）對於道德發用的認同感

我們知道蕺山思想的重點在於意根，其心氣觀念係點明道德超越根源內鍵於具體心智的事實，仍承認心具有凡聖、人道、眞妄、形上形下的不同成分，對意根與良知、意與念、四德與七情、已發與未發、性與情、體與用……皆有分際而不相混，在這些大前提下，才進而提出體用一原、即心爲性，以落實生命道德，完成以體攝用、以意根攝心氣的過程。所以我們再回到梨洲

〔註37〕關於程頤、朱熹「心、性、情」的分判與義界，可詳見牟宗三《心體與性體》中的疏解。而牟氏之言語較繁，較簡便的了解則可見蔡仁厚：《宋明理學（北宋篇）》（台北：學生書局，1991 年）頁 373～384 及其《宋明理學（南宋篇）》（台北：學生書局，1989 年）頁 185～201；或劉述先：《朱子哲學思想的發展與完成》（台北：學生書局，1984 年）第五章。另外，勞思光《新編中國哲學史》（三上）頁 253～256、293～297 亦有精要的詮釋。不過，牟氏等人對程朱之學較不欣賞，此則或有再討論的空間。

的身上，便發現梨洲完全取消這些大前提，單單認爲氣即心、知即理、情即性、用即體，彼此全無分別，顯已不取蕺山客觀的觀察角度之所見，則其基本上無意於對意根進行客觀描述。故其「體則情性皆體，用則情性皆用」、「未發有情」一類性情不分的陳述，雖看似同於蕺山的體用不二之說，但其實卻非如蕺山係由順承意根定向性之觀察角度而來，而只是他本人另行採取一觀察角度所得出的結果。兩相對照之下，蕺山並非眞地以心氣爲意根，然而梨洲的心氣卻是用以指明人類形質生命裏的心智乃是一不可間斷的活動歷程，並未如蕺山仔細區別出其中之意根內部的定向性活動，故其係是單純地、質實地以氣爲心，側重於突顯氣自身的特質，以廣泛表達一切心智的活動實有性，並非特以意根爲關心的焦點。梨洲與蕺山之「心氣」間的微妙差異，顯示出他對意根興趣的減失，亦即二人的「心」實際已自不同，在蕺山總是保留意根在心智裏籠罩心智又自在自爲的本體地位，故「道德的心」分數吃重；而在梨洲則只是心智活動之本身的一片流行，故「自然的心」意味爲多。

　　既然梨洲質實地以情爲性、以用爲體、以氣爲心，在在顯示他與蕺山的重大差異，就在於不緊扣意根，此點亦可由第二章中梨洲論心性及工夫時，不側重標舉意根爲其核心觀念而間接旁證。如此一來，則他所實際指稱的心體，便非蕺山嚴格而深奧的意根，而是另有所指。因此，我們看他下列的這類言論：

> 宋沈作喆曰：「圓覺自性也，而性非圓覺也。圓覺性所有也，謂圓覺爲性則可，謂性爲圓覺則執一而廢百矣。性無所不在也，孟子道性善，善自性也，而性非善也，善性所有也。圓覺與善，豈足以盡性哉？」此說似是而非，畢竟到無善無惡而止。吾人日用常行，何處非善之充滿，即何時非性之流行，舍善之外，更有何言？（《孟子師說·卷三》，《全集》冊1，頁79）

> 所謂知善知惡者，非意動於善惡，從而分別之爲知，知亦只是誠意中之好惡，好必於善，惡必於惡，孰是孰非而不容已者，虛靈不昧之性體也。（《明儒學案·姚江學案》，《全集》冊7，頁198）

> （鄧以讚）謂陽明知是知非爲良知，特是權論。夫知是知非，不落於是非者也。發而有是有非，吾從而知之，謂之照；無是無非，澄然在中，而不可不謂之知是知非，則是知之體也。猶之好好色，惡惡臭，好惡之體，何嘗落於色臭哉？在陽明實非權論。（《明儒學案·

江右王門學案六》,《全集》冊 7,頁 568～569)

> 有善有惡之意,以念爲意也。知善知惡,非意動於善惡,從而分別之爲知。好善惡惡,天命自然,炯然不昧者,知也,即性也。陽明於此加一良字,正言性善也。……陽明每言「至善是心之本體」……以無善無惡爲性體,則知善知惡之知流爲粗幾,陽明何以又言良知是未發之中乎?是故心無善念,無惡念,而不昧善惡之知,未嘗不在此至善也。(《明儒學案・東林學案一》,《全集》冊 8,頁 733)

> 或曰:「惻隱、羞惡、恭敬、是非,執已發而遺未發,無乃近於無頭學問乎?」曰:「惻隱、羞惡、恭敬、是非之心,不待發而始有也。未發之時,此四者未嘗不流行於中,即使發之時,四者有何聲臭之可言乎!若必以不容說者爲頭腦,則參話頭以求本來面目者爲正學矣。」(《孟子師說・卷六》,《全集》冊 1,頁 137)

其中的語彙及陳述縱與蕺山十分形似,但梨洲既已未先確立意根與一般心智的分際,則不可能清晰自覺地處於順承意根定向性的前提下,故其內容實旨便不能說就是蕺山原意的重複。梨洲在此處僅欲強調人性是善,而且只是善,並非別有任何更超絕玄妙之內容,對善惡的眞誠好惡及內在的四端道德心,即是心性內容的全部;同時又認爲若不如此認同,則將走向別尋無善無惡的形而上本體,流入佛教的異端思想。我們在他這種質實而斷然的說法及態度裏,可以看出梨洲他所眞正把握到的心性本體,乃是人類對善惡之不可疑二的眞心實感,也就是一種內在不容已的隱然道德感。這樣的道德感並非意根,而是對蕺山第二階段道德發用的「認同感」,實亦屬於第二階段的發用之一。蓋其爲「感受」,係已蘊涵心智諸多成素的運作所成,而非意根的自身;〔註38〕且追究此感受之

〔註38〕古清美〈從明儒學案談黃梨洲思想上的幾個問題〉(見其《明代理學論文集》頁 385～393)曾謂梨洲心性之學的道德意識實化作一份對時代的痛切、對世道的關注、對歷史文化的使命感,而不是屬於普遍的超越性、宇宙性的理氣層次。其〈黃宗羲的兩種《師說》〉(收於吳光等主編《黃梨洲三百年祭》頁 74～91)又謂梨洲闡揚蕺山氣化流行論及靜存工夫,但卻混內賦義理虛靈變化之本的氣與知覺運動的血氣而無別,鮮言愼獨,更決不談蕺山的「意」,其工夫只在血氣中做,不能及於蕺山靜存之本體根本,只是用蕺山氣觀念以述己心性理氣無別之說。另外,可再附帶一提的是,梨洲雖亦有談及意根之處,但絕大多數都是在和人討論或爭辯蕺山「意爲心之所存非所發」的正當性,至於他自己的理氣心性論中實鮮少依據意根以正面開展其自身的理論,這顯示梨洲主要在維護其師的地位,並堅持自己對蕺山思想認識的客觀性與正確

所自，乃是受到意根道德定向性作用的籠罩所致，才會對道德有這分親切摯愛的感受，但籠罩卻是不知不覺地被動接受，不是理性上清晰自覺地順承；是故實屬於第二階段的發用之一，既非意根、亦非蕺山順承定向性而來的觀察角度。

　　析言之，梨洲所謂心的靈覺之中即具條理而不須別求性體與義理，所謂「好必於善，惡必於惡」澄然在中的知是知非之體，所謂流行於中的愛敬、惻隱、羞惡、恭敬、是非之心，實皆是對道德發用之難以形容的、深刻徹底的認同好感，即是主體對道德發用有一種熟識的、切身的、共鳴的、立即的、靈敏易生的、應該的、想要的、必要的、正確的、恰好的、我自己本來就是如此的……之類的直接感覺，使得念慮言行總在各種情境當下不經意地具有道德性的直接感知及相伴反應，且自然順道德而發用則心安，悖之則黯然若失，而當未發用時與發用當下，此感不論隱顯其內容又皆具存而恆同，（猶如愛吃草莓者對草莓的好感不論眼前有否見到草莓，皆是相同而深植其心的）。然而其非根本事物，若無意根定向性之作用於心智，則心智並不會對道德發用深懷此感；且此感之內容可以是一股由衷的正義感、是非感、責任感，或是同體的愛意或悲感、深沉的哀愁感、滿心的幸福感、愉悅感、崇高感、完美感，或是全然的感謝、發願、期待、關懷、尊重、敬佩、奮揚、激昂……，針對各種具體情境中道德發用的不同，各有相應的感受，而可總括為一隱涵於心的普泛道德認同感。既然梨洲的心體，實際上是意根定向性下所引發的道德發用認同感，故與四端、親情等等皆同屬第二階段的道德發用；而正因其乃第二階的發用，無意再提及發用以上的真本體，是以無有蕺山意根與心智的體用區別；且認同感係對發用本身而來的完全認同，故此感自不宜與發用間有何異質的隔閡、距離，否則不得謂之完全認同，（此好比對極嗜草莓者

性，而他之所以如此斬斬辯說，似乎是與他人對蕺山的理解不同所致。此點，如李紀祥：〈清初浙東劉門的分化及劉學的解釋權之爭〉，《第二屆國際華學研究會議論文集》（台北：中國文化大學文學院，1992年），頁703～728、孫中曾：〈證人會、白馬別會及劉宗周思想之發展〉（孫文收於鍾彩鈞《劉蕺山學術思想論集》頁457～522）等文，即指出由蕺山門人的分化可知梨洲對蕺山學的解釋只是當時的一種，並不一定準確反映蕺山的精神面貌，而此點也可由方祖猷《清初浙東學派論叢》頁87～112所觀察到的梨洲講學在紹興證人書院受挫的現象，得到旁證；另外，又可參考王汎森：〈清初思想趨向與《劉子節要》——兼論清初蕺山學派的分裂〉，《中央研究院歷史語言研究所集刊》1997年6月第68本23分，頁417～448。

而言,「愛好草莓」與「吃草莓」間是難以分別、不必分別的,吃的動作即是好感的所在,好感即是吃的本身,二者可遂謂之等同),是故其以情爲性、性情不分,便是必然獲致的結論;此外,認同感既是完全認同,故不會否定發用,亦不會否定此感之自身,是故梨洲堅持此感即是至善的本身,而要反對無善無惡、別尋本體,斥之爲斷滅性種。如此一來,縱使梨洲曾屢屢撻伐以情識爲心體良知,〔註39〕比如他說:

> 陽明亡後,學者承襲口脗,浸失其眞,以揣摩爲妙悟,縱恣爲樂地,情愛爲仁體,因循爲自然,混同爲歸一。(《明儒學案‧江右王門學案四》,《全集》冊7,頁506)

> 儀、秦打入情識窠臼,一往不返……非良知也。(《明儒學案‧南中王門學案一》,《全集》冊7,頁678)

> 學者以情識爲良知,失却陽明之旨。(《明儒學案‧北方王門學案》,《全集》冊7,頁744)

> 良知即未發之中……情識之知,不可爲良。(《明儒學案‧泰州學案四》,《全集》冊8,頁67)

可是實際上看來,他的心體正是一種道德的特殊情識。所以他說:

> 以覺言仁,本是不差,朱子却以爲非,謂知覺不可以求仁,仁然後有知覺。夫知覺猶喜怒哀樂也,人心可指,只是喜怒哀樂。喜怒哀樂之不隨物而遷者,便是仁體。仁是後起之名,如何有仁方有知覺耶?且上蔡之言知覺,覺其天地萬物同體之原也,見得親切,故又以痛庠言之。朱子強坐以血氣之性,血氣之性,則自私自利矣,恐非上蔡之所指也。(《明儒學案‧諸儒學案下二》,《全集》冊8,頁645)

梨洲只許人心僅有喜怒哀樂的情識感知,將此感知之親切於、恆向於道德者即視爲道德根源之仁體,而爲一切仁義道德行爲之本,不再思索更根本的動源。顯然其「靈覺即性理」固然不泛及到心智對一切事物的認識能力,其「性情不分」固然不提倡恣縱感官的情欲、肆任私人的意愛,但卻實是隸屬關涉於「血氣之性」的知覺情感層次,因之不也正是另一種的「以情識爲良知」、「以情愛爲仁體」嗎?只不過其知覺及情愛,始終嚴格限制在對於良善親愛

〔註39〕除以下所引之外,梨洲此意於《明儒學案》之〈浙中王門學案〉、〈泰州學案〉中對諸理學家之品評中尤爲常見,不煩具引。

一方面的察覺反應、感性認同上，而刻意排除對於中性事物（如挑水搬柴）及不道德事物（如私心自利）的知覺運動、繁念感受之類。〔註40〕如此一來，當梨洲說出「孟子言性，多以情言，蓋舍情無以見性，與諸子專向人生而靜以上說性者不同。若止靠靜中覺性，以爲情發之張本，則一當事變紛紜，此體微薄，便霍然而散矣。一眞一切眞，無晝夜，無古今，無寂感，方可言性也」〔註41〕、「吾人日用常行，何處非善之充滿，即何時非性之流行，舍善之外，更有何言」一類的話語時，表面上似乎直契貫通生命動靜狀態的無上眞理、達到形上形下乃體用無二的最高境界，其實卻已遠離形上世界而來到一個形下世界，若依蕺山等傳統心學的義理之見，恐怕易有流轉於形下情識之流中的危險。〔註42〕然而，梨洲畢竟不致於如此下墮，這又是爲什麼呢？此係因其道德認同感乃一特殊的道德情識，已成爲一異於傳統心學的新心體，而又據之開出一段工夫所致。此點，以下即析言之。

（五）道德認同感的靜存強化

　　關於道德修養工夫方面，根據我們在第二章中的討論，可知梨洲有關道德實踐工夫的論述並不特別精深宏富，論點多只反覆陳述幾項籠統性的原則而已，至於關鍵的實際操作處亦未有更進一步的完整詳細之論述，且又多屬前人所已提及，似無甚突過超勝之處。甚至其子黃百家所寫的〈行略〉中，在精要概述梨洲之學術大旨時，關於理氣心性之論點頗多著墨，但卻竟無一語言及梨洲的工夫論；〔註43〕且學界專門討論梨洲工夫論的篇章亦不多；更連梨洲晚年自述其畢生的四大創見時也無直接涉及工夫論者。〔註44〕此外，

〔註40〕蒙培元《中國心性論》頁453～454已指出梨洲在論性情時否定有形上的道德本體，其所謂的情，主要是四端之情，而不是喜怒哀樂之情，此情是道德情感，而性則是道德情感的理性化。

〔註41〕引語見《明儒學案・諸儒學案下一》（《全集》冊8頁610）。

〔註42〕陳文章《黃宗羲內聖外王思想之研究》頁88～89亦已認爲梨洲之性情不分，乃爲求整合心學，使萬流歸宗，故努力化掉理念上的分歧，但實有所勉強，蓋情與心性劃等號時，須先釐清二者不同定位，否則隨情而發，豈止如王學末流之肆蕩而已。

〔註43〕詳見《南雷詩文集附錄・先遺獻文孝公梨洲府君行略》（《全集》冊11頁429～431）。

〔註44〕此四點分別是：（1）性是物種殊別的本質特性，不是萬物渾統的共性；（2）太極兩儀四象八卦一時俱有，非次第而生；（3）人的道德心性來自於父母遺傳，而死者亡靈不滅乃溝通形上世界的媒介；（4）《河圖》、《洛書》乃古代的地誌圖籍，非別有神秘來源。這些論點我們前面都已有言及，不再贅述，詳

梨洲的生涯與著作中亦較少見到自述其工夫實踐之進境，或談及道德修養之個人心路歷程、坦誠剖析內心的真實世界，〔註45〕而與一般理學家不太相似，〔註46〕亦與其師蕺山嚴毅清苦、精微深密的工夫操持不太一樣，〔註47〕或許因此以致有學者認為梨洲的道德實踐工夫並不精深。〔註48〕然而，不論梨洲的工夫實作的造詣如何，他畢竟還是有個成體系、具次第的工夫論，（猶如我

見其《南雷文定五集・卷三・萬公擇墓誌銘》（《全集》冊 10 頁 503～504）。

〔註45〕如其《南雷文定五集・卷三・萬公擇墓誌銘》（《全集》冊 10，頁 504～505）述其與萬公擇以工夫相證之事。又如《宋元學案・明道學案上》「不學，便老而衰」一條之下，其子黃百家案語云：「先遺獻每道此語，且云體驗實然」（見《全集》冊 3，頁 669）。又如其所珍愛之硯臺遭竊，心中戀戀不捨，後讀《上蔡語錄》始覺其非，慚愧不能如謝良佐般胸中廓然（見《南雷詩曆・卷一・讀上蔡語錄》（《全集》冊 11 頁 233～234）。類似此種例子在梨洲龐大的著作中並不常見，甚至可說是罕見。

〔註46〕理學家常有顯示出投身於克治己私、變化氣質、提升生命之人的一段苦心孤詣，非局中人不能發的操持之真語。此種道德自省的實地修鍊之例，僅在《明儒學案》中即可翻檢出不少，如吳與弼、陳獻章、楊爵、周怡、羅汝芳、李中、高攀龍……。（分別詳見《明儒學案》〈崇仁學案〉、〈白沙學案上〉、〈三原學案〉、〈南中王門學案一〉、〈泰州學案三〉、〈諸儒學案下一〉、〈東林學案一〉，《全集》冊 7 頁 7、11、83～84、190、690 及冊 8 頁 21～22、596、779。）另外，就在梨洲所身處之明末清初的時代裏，為落實陽明遷善改過的格物工夫，曾出現大量的省過簿、省過會、日記、自傳、功案、肘後牌、書壁等等，反映重實重修的嚴格主義風氣，像這些都清晰可見修養者在日常生活裏確實施用工夫的苦心操持歷程。（詳見王汎森〈明末清初的人譜與省過會〉，《中央研究院歷史語言研究所集刊》1993 年 7 月第 63 本第 3 分，頁 679～712、〈日譜與明末清初思想家——以顏李學派為主的討論〉，《中央研究院歷史語言研究所集刊》1998 年 6 月第 69 本第 2 分，頁 245～294）。

〔註47〕比如《劉集》中的〈原心〉及《人譜》的〈紀過格〉、〈改過說〉，與《學言》中的若干語錄，即仔細去分疏心、意、志、思、知等等心智的成分，及情、念、欲、過、惡種種心智運作或變化的隱曲過程，層層地掘開人性內部的複雜結構而艱苦地尋求對治馴化。關於此點，可參考何俊：《西學與晚明思想的裂變》（上海：上海人民出版社，1998 年），頁 320～362；而有關蕺山的工夫論，則可參考杜保瑞：《劉蕺山的工夫理論與形上思想》（台北：台灣大學哲學所碩士論文，1989 年）、古清美〈劉宗周實踐工夫探微〉（收於鍾彩鈞主編《劉蕺山學術思想論集》頁 67～92）等等。

〔註48〕如古清美〈黃宗羲的兩種《師說》〉（收於吳光等主編《黃梨洲三百年祭》頁74～91）即謂梨洲對嚴謹精微的心性工夫不能像蕺山有深刻真實的體驗，因而也不能深究心性之學所造之境的精微分析，故對白沙、整菴、龍溪諸人的品評皆與其師蕺山不同。而龔鵬程：《晚明思潮》（台北：里仁書局，1994 年），頁 342 則謂梨洲對心性之學的了解，只是理性的認知，其性氣所近及所真正承接的學脈，卻是明代一種博學多藝、才氣炫人、刻意好奇的傳統。

們在第二章中所展示般），且其又時常言及工夫的必要性，特別是必以有本的靜存爲主才可，因此，對其工夫論我們仍不能輕忽才是。

　　然則何以梨洲要不厭其煩地強調靜存工夫的必要呢？首先這是出於理論形式上的必然結果，其次則是出於對心體的特殊體會所致。關於前者，我們可以先看梨洲對陽明弟子蔣信的疑問。蔣信對理氣心性的觀點與梨洲相近，然而工夫卻主動察，是以梨洲評論說：

> 先生既從一動一靜之間握此頭腦，謂動而未形，有無之間，所謂幾者，聖賢戒愼恐懼正是於此精一，用處即是體，和處即是未發之中。夫周子之所謂動者，從無爲中指其不泯滅者而言，此生生不已天地之心也。誠、神、幾，名異而實同，以其無謂之誠，以其無而實有謂之幾，以其不落於有無謂之神。先生以念起處爲幾，念起則形而爲有矣。有則有起滅，縱極力體當，只在分殊邊事，非先生約歸理一之旨也。先生之論理氣心性，可謂獨得其要，而工夫下手反遠之，何也？（《明儒學案・楚中王門學案》，《全集》冊 7，頁 731）

此即謂蔣信的本體論能知體在用中之旨而十分正確，但其工夫論卻偏在念慮上而搆不著本體。按蔣信雖亦認爲宇宙只有一氣，流行中的二五之精即是理，而心是氣，心之生生即是性，其見似與梨洲一致無別，然而蔣信說：

> 宇宙只是一氣，渾是一個太和，中間清濁剛柔多少參差不齊……知的是性，愚者豈不是性？善者是性，惡者豈不是性？孟子卻又何故獨言性善？此處非功夫與天命合一，不能知也……工夫到得勿忘勿助之間，即便是此體，那純粹至善的頭面便現出來，便知天知性、知柔知剛，惻隱羞惡辭讓是非，便隨感而應。孟子言性善，正於此處見得，荀、韓諸子不知性，正由不知此一段學問工夫。（《明儒學案・楚中王門學案》，《全集》冊 7，頁 735）

> 上面蒼然，下面塊然，中間萬象森然，我此身卻在空處立著。這空處是甚麼？都是氣充塞在，無絲毫空缺。這個便是天……便知極四方上下，往古來今……一寒一暑，風雨露雷，我此身耳目口鼻，四肢百骸，與一片精靈知覺，總是這一個空生生變化。世人隔形骸、分爾汝，隔藩牆、分比鄰，見得時，便是「剖破藩籬即大家」，已登堯、舜、孔子、禹、皋、顏、孟路上行矣。何由見得？收拾此心到默處，即是天聰明，便照破矣，故曰：「盡其心，則知性知天」。（同

上，頁 736）

顯然蔣信的性善是一種工夫所造的心靈境界，以工夫修養將一切氣質剛柔善惡的知見差別，全然消解在一「空」一「氣」之中而同謂之善，是故其氣主要是作爲天地萬物同體生意的說明，其實質則是一種心靈狀態。〔註49〕然而，梨洲的氣卻是作爲實有性說明，乃是一種質實的現實存在性，此氣非即是理，而是氣之本然條理處始是性理所在，故欲求此理，惟須於此氣之內中求，依人而言，即在心氣之自身深處求，既不必於外物求，亦不得於心氣與外物紛然相涉之活動處求，是故工夫不能無有，且工夫又必須靜存根本而不能是動察於末，否則終是徒勞。若將蔣信與梨洲的思想予以對比，則可發現蔣信是以動察工夫實證之後的悟道語，顯示出動察工夫誠爲一種有效的踐履方式；梨洲則是從自己所建構的理氣心性的特殊規定上，直接推導出靜存工夫的合理正確性，而爲一種理論上形式推衍的必然結論。因此可知，梨洲在對蔣信工夫並無眞正同情的了解，亦不能發覺他和蔣信理氣心性觀的根本異質、二人至多只是言詞表面上的相同；同時，更重要的是，梨洲對靜存工夫的堅持，主要是因爲靜存工夫遠比動察來得適合於其整體的理氣心性觀，而對動察工夫的強烈質疑與對靜存工夫的百般迴護，正又可以反過來確立其理氣心性理論的正確不易。

另外，除了理論上的必要，我們發現梨洲論工夫時堅持有個未發之中，不可只從事於已發處，然而論本體時，卻又實際上以爲性情無分而未能把握到意根心體的地位，這兩者間的矛盾其實是有道理可說的。蓋梨洲未發之中的心體乃是對於道德發用的認同感，雖因係對發用本身而來的徹底認同，造成此感與發用之間同質的無隔無斷，而要說性情不分、體用無別，但是其與發用本身實際上有所區別，（猶如喜愛草莓和吃草莓雖對嗜食草莓者而言渾然難別但實爲兩件事），所以梨洲極力反對工夫只聚焦在發用上，正因如此將無法充分意識到此一認同感之本身。而進一步來看，認同感雖亦屬第二階段的發用，卻與一般道德發用（如知是知非、愛敬四端之類）的性質微有不同，一般的道德發用總隨情境而生滅變動，往往不能持久恆現，可是認同感則較具存續性、可塑性，而可加增道德的發用。猶如嗜食草莓者對草莓的好感不只出現在吃食的當中，也

〔註49〕陳來：《有無之境——王陽明哲學的精神》（台北縣三重市：佛光文化事業公司，2000 年），頁 597～598、619 已指出蔣信「洞然宇宙，渾屬一身」的思想是一種內觀的體驗。

保存於心中的印象，印象則又隨生活中的屢次吃食而令當事人愈感鮮明，從而助長吃食的渴求。易言之，認同感固是人心共有的普遍現象之一，但是自我意識卻可自覺地予以確認，再在生活裏經由某些方式去刻意體會、培養鍛鍊，使之不隨情境而乍現乍失，以提升其對人心的實質影響力，使得這分認同從自然的感受，轉而帶有不可離棄、走作、動搖的意志特性，由之主體便對道德發用具有熱切的想望、不容自已的承擔，而不斷地實踐道德以滿足此認同感的道德意欲。也就是梨洲工夫的重點，在於將道德認同感由本屬第二階段道德發用的表層感受，特別萃取出來、鑑別開來，不與同階段的其他道德發用混同，更將之深化、強化、純化為內在生命要求的層次，從此貞定言行念慮，以令道德不再是偶然的發用，而是應然且必然的表現。如此一來，梨洲道德認同感便能在現象界的工夫操作中起著類似於本體的效果，而可視之為「心體」；而這樣的新心體，本質上畢竟是一種道德發用，必須永遠處於不斷發用的狀態中始得存在，實際上是一個有待自我意識自身去維續、淬礪、轉化的道德認同感，一個有待自我意識以各種道德發用去養育、飽足、填實的道德認同感。所以前文第二章裏曾提及梨洲說「心無本體，功力所至，即其本體」，認為本體有待於工夫的造詣、工夫則是生命的無盡歷程，而本節開頭也提到其論陽明「知行合一」時偏重於工夫義上的知行合一，終不重視本體義上的合一之闡說，凡此實皆與其特殊的心體有關。因此，梨洲雖以情為性，卻不肯再下墮為形下的劣質情識，反而要維持住某種未發之中的形上本體，也就是梨洲實質上以道德認同感建立了新的本體，雖然這個本體依蕺山心學的意根來說，並不足以達到真正的道德本體，但不能逕說梨洲否定本體、沒有本體，而是對本體有其個人思想的規定，就在這新本體之下，奠立了道德認同感做為道德發用的源頭，從而也區別了體用，使認同感仍保留、具備著無聲無臭、感而遂通、顯微無間、體用一原等等的本體形式。〔註50〕同時，這樣的規定，即是他與傳統心學的異處。也就是道

德認同感有某種存續性，甚至可謂爲恆常性，故說是必有內在本體，遂倡陽明心即理之說，力反朱子性即理的即物窮理之學；而因道德認同感的後續待成性，故又須主以工夫爲本體，本體儼然已不足自成其爲本體；二者雖似矛盾，但分別爲梨洲心體的兩個側面、特質，故不相牴牾，並非其本人晚年思想有所轉變，改而放棄本體，而是其所把握到的本體異於傳統心學大家所言的本體所致，倘不明此異，遽以心學家的本體視之，便會覺得扞格不通。

綜合以上的討論，陽明倡言良知即天理，蕺山則緊扣住道德根源內化鍵結於心智中的生命事實，由意根的道德定性向開展其學說，而力主心體至善、工夫靜存，可說是在陽明心學的基礎上，更邁入一徹底的心學生命世界；梨洲則由蕺山思想轉手，雖承續了側重生命活動的道德事實，然而他所實際指稱的道德本體，卻是指人類對道德發用的眞情實感，由之生出不可移易的行動願力、意志，雖非蕺山的意根、雖非道德的根本源頭，但也算是一種內化鍵結、一種與心智不可離的生命事實，可說是從蕺山意根的道德定向性，質實地順下轉變後所來的道德認同感。同時，我們可以看出梨洲縱然承襲蕺山心性論及四句教的觀點，但在蕺山乃是基於意根的粹然心學立場而來的批評，而在梨洲則是基於道德認同感的特質所致，二人雖在語言上的形式極爲相似，但其內容旨意實不能直接等同。

既然梨洲標舉心即理而爲心學立場，但卻與陽明、蕺山的思想有所不同，然則梨洲此對傳統心學的繼承與轉變，終究只是粗淺浮泛的局部繼承與嚴重退步的劣質轉變而無有深義可表嗎？比如錢穆即批評爲不過是「爭門面、爭字句」、「於每一家之學術淵源及其獨特精神所在，指點未臻確切」、「於儒學大統中輕重得失離合是非之所在，則頗少窺入」，而牟宗三亦謂其「對此學究未用過

認同感之本身即是本體，不必別尋本體，且若不知此即爲本體，則亦不足以得天理，終將誤以義理爲外在，在道德實踐上不能明切。因此在其此一新本體下，仍可建立體用觀，也可以說有體必有用、體在用中顯，且亦不得遽以用爲體而以爲無體，比如《明儒學案・諸儒學案下一》（《全集》冊 8 頁 621）他批評來知德說：「明德爲虛靈不昧，無一象之可言，而萬象森然，此體不失，而行之君臣父子兄弟夫婦朋友之間，自無隔閡，乃謂之達。故謂五達道在明德中則可，謂明德即五達道，則體用倒置矣。」此即以明德（即道德認同感）爲體，倫理（即各種道德發用）爲用，而體用不能相混。而亦因此之故，梨洲又在批評盧寧忠時，要堅持意與知「其先後之序，有不容紊亂者」（見《明儒學案・諸儒學案下二》，《全集》冊 8 頁 624），而能同於心學大家般在具體發用之外去對本體與心智的始初作用加以分判。

真切工夫」、「對于其師，所得亦淺」。〔註51〕其實不然。這應係是基於傳統理學的義理角度來觀察梨洲之後的誤會，遂把梨洲和其他的理學家一起去做評比所致。比較正確的作法，應是先確定梨洲是否本即只是個理學家而已，還是他本來就不是在建構一種理學，而是意在另一種學術呢？如果不先如此確定，那就猶如以鷹的標準去看待虎不會飛一樣，虎本來就不是鷹類，這種評比是不太有意思的。事實上，梨洲不是虛偽浮誇之人，其切切於此，由前文所述中可發覺係是針對王學末流的空求本體、行為放蕩、毫無實行、徵逐念慮、不求根本等等弊病而發。然而梨洲的真正用意實不僅止於防弊，且若一學說的內部並另無奧義妙諦，而僅具防弊的正當性，則實亦尚不足以構成該學說的根本正確性。我們觀察梨洲在本節中的各種觀點，其中的共同論據則在於氣即理，非氣外別有理，若就人類而言，則道德認同感本身即是心性的最高實體根源，必須下靜存工夫對之有真認識、真信心。這一思想，對於陽明及蕺山的心學而言，不論是真地不解，或是刻意地曲解，其實皆不重要，重要的是，梨洲以之試圖表達什麼、建構什麼。因此，若欲洞悉梨洲此繼承與轉變的真正價值與意義，便不能只採取傳統理學的義理視野來觀察，而須跳出理學本身的標準，改置於梨洲自身學說的整體脈絡中，始得見出其趨勢、作用與目的。

第二節　梨洲關注文化的思想性格

我們要探討梨洲異於傳統之心性思想的實際用意所在，可先由他對理學這一學術的肯定與否定來下手。藉由當中的抑揚之語，即可看出其心性論的歸趨所在。

一、注重獨創自用的自得觀念

（一）梨洲「切實、獨創、受用」的自得觀

梨洲在評述學者的理學主張時，十分強調「自得」的觀念。他在〈明儒

〔註51〕引語見錢穆《中國近三百年學術史》頁 30、《中國學術思想史論叢（七）‧讀劉蕺山集》頁 351、365，及牟宗三《心體與性體》第二冊頁 135。許多學者亦有類似批評，如馬積高：《清代學術思想的變遷與文學》（長沙：湖南出版社，1996 年），頁 8 謂梨洲在作為理學核心的心性之學的造詣上，遠不及陳確，可以說並無什麼發明。如李振綱：《證人之境——劉宗周哲學的宗旨》（北京：人民出版社，2000 年），頁 168 謂蕺山之後，在心性論造詣上無有過其者，其著名弟子梨洲、乾初，對其師的心性之學再無發展的熱情，成績遠不如蕺山。

學案發凡〉中說：

> 學問之道，以各人自用得著者爲眞。凡依門傍戶、依樣葫蘆者，非
> 流俗之士，則經生之業也。此編所列，有一偏之見，有相反之論。
> 學者於其不同處，正宜著眼理會，所謂一本而萬殊也。以水濟水，
> 豈是學問！胡季隨從學晦翁……季隨思之既苦，因以致疾，晦翁始
> 言之。古人之於學者，其不輕授如此，蓋欲其自得之也。即釋氏亦
> 最忌道破，人便作光景玩弄耳。此書未免風光狼藉，學者徒增見解，
> 不作切實工夫，則羲反以此書得罪於天下矣！（《明儒學案・明儒學
> 案發凡》，《全集》冊7，頁6）

此處即標舉一「各人自用得著」的自得觀念，認爲學問重在切實思維踐履而
使己之身心受益，不是僅在知識上作浮面的理解或表淺的模仿，而形成熟套、
加入某種陣營而附和其間。故其〈復秦燈巖書〉中說：

> 所言德性問學之分合，弟謂不然。非尊德性則不成問學，非道問學
> 則不成德性，故朱子以復性言學，陸子戒學者束書不觀，周程以後，
> 兩者固未嘗分也……此一時教法稍有偏重，無關於學脈也。又言新
> 安、姚江爲兩大宗，學者不宗洛閩，即宗姚江，不可別自爲宗，此
> 亦先生門面之言。「建安無朱元晦，金溪無陸子靜」，學者苟能自得，
> 則上帝臨汝，不患其無所宗也。先生患別自爲宗者足以亂宗，夫別
> 自爲宗，則僻經怪說，豈足爲宗？弟所患亂宗者，乃在宗晦菴、宗
> 姚江之人耳。（《撰杖集》，《全集》冊10，頁202～203）

此即強調自得，反對門戶之限制，對於拘守學派者不予認同。他認爲只要是
於成德之學眞有自得，則同屬一系，並不存在異質的學派分歧，故朱陸未嘗
有分，而朱陸二人在此普世的成德學脈裏，業已融入其中，並不具其獨立意
義；同時，不論其宗主門戶如何，若無有自得，則根本不在此系之內，而爲
眞正淆亂學術者。因此梨洲的自得觀念，首先是說「自己切實有得」的意思。

此外，梨洲又說：

> 嗟夫，學問之道，蓋難言哉！無師授者，則有多歧亡羊之歎；非自
> 得者，則有買櫝還珠之誚。所以哲人代興，因事補救，視其已甚者
> 而爲之一變。當宋季之時，吾東浙狂慧充斥，慈湖之流弊極矣，果
> 齋、文潔不得不起而救之。然果齋之氣魄不能及於文潔，而《日鈔》
> 之作折衷諸儒，即於考亭亦不肯苟同，其所自得者深也。今但言文

潔之上接考亭，豈知言哉！（《宋元學案・束發學案》，《全集》冊 6，頁 396）

此則有學術乃補偏救弊之意，故知「自得」之深義，即在於扭轉不當的社會習氣與學風，不任意屈服於某種當道的權威或流行的成見。據此，則又可見到梨洲「自得」乃是具有獨創之慧見、有所發明、有所改變或影響效果的意思。事實上，梨洲常以有獨創性之自得來稱美或肯定人物，如對以程朱爲的的崔銑，雖批評其「無乃固歉」，但又稱「至其言理氣無縫合處，先生自有眞得，不隨朱子腳下轉是也」，〔註52〕此即專就崔氏能有不同於前人的理氣觀點而特予表出。又如對於豐坊，梨洲縱使斥責其僞造經典、訾毀先儒，而心鄙其爲人，但仍稱「其窮經誠有過人者」，〔註53〕而又總評說：

> 南禺爲人狂易，窮經力學，文藻乃其餘事。眼底無一人當其意者，故其註六經，視訓詁爲可厭，別出新意僻經，怪說以佐之。然其中驚駭創闢處，實有端確不可易者，乃概以狂易束之高閣，所以嘆世眼之如豆也。（《明文授讀評語彙輯・卷三十一》，《全集》冊 11，頁 180）

這裏即由「驚駭創闢」的角度對之做出正面肯定。梨洲又爲惲仲昇作序說：

> 舉業盛而聖學亡。舉業之士，亦知其非聖學也，第以仕宦之途寄跡焉爾，而世之庸妄者，遂執其成說，以裁量古今之學術，有一語不與之相合者，愕眙而視曰：「此離經也，此背訓也。」於是六經之傳註，歷代之治亂，人物之臧否，莫不各有一定之說。此一定之說者，皆膚論瞽言，未嘗深求其故，取證於心，其書數卷可盡也，其學終朝可畢也。雖然，其所假托者朱子也，盍將朱子之書一一讀之乎？夫朱子之教，欲人深思而自得之。故曰：「若能讀書，就中卻有商量。」又曰：「且教學者看文字撞來撞去，將來自有撞著處。」亦思其所謂商量者何物也？撞著者何物也？要知非膚論瞽言可以當之矣。數百年來，儒者各以所長，暴於當世，奈何假托朱子者，取其得朱子之商量撞著者，概指之爲異學而抹搬之乎？……武進惲仲昇，同門友也……余與之劇談晝夜，盡出其著撰，格物之解多先儒所未發。蓋仲昇之學，務得於己，不求合於人，故其言與先儒或同或異，不以庸妄者之是非爲是非也……。（《南雷文案・卷一・惲仲昇文集序》，

〔註52〕引語詳見《明儒學案・諸儒學案中二》（《全集》冊 8 頁 464）。
〔註53〕詳見《南雷文定三集・卷二・豐南禺別傳》（《全集》冊 10 頁 589～593）。

《全集》冊 10，頁 4～5）

他在這裏反對依傍他人、盲從成說，而強調深思自得、深求其故、取證於心，達到「務得於己，不求合於人」的自信，即使自己的見解終於古不合、「與先儒或同或異」，亦無損其價值，而可「各以所長，暴於當世」，不得視為異端而逕予抹殺。本此觀點，梨洲又對陳確的學說評論說：

> 其學無所倚傍，無所瞻顧，凡不合於心者，雖先儒已有成說，亦不肯隨聲附和，遂多驚世駭俗之論。而小儒以入耳出口者，囂然為彼此之是非，先生守之愈堅，顧未免信心太過，以視夫儲胥虎落之內閉眉合眼矇矓精神者，則有間矣。夫聖賢精微要渺之傳，倡一而和十，悉化為老生常談陳腐之說，此先生之所痛也。（《南雷文案·卷八·陳乾初先生墓誌銘（初稿）》，《全集》冊 10，頁 350）

> 先師蕺山曰：「予一生讀書，不無種種疑團，至此終不釋然，不覺信手拈出。大抵於儒先註疏，無不一一牴牾者，誠知獲戾斯文，亦姑存此疑團，以俟後之君子。倘千載而下，有諒予心者乎？」……乾初論學，雖不合於諸儒，顧未嘗背師門之旨，先師亦謂之疑團而已。其論《大學》，以後來改本，牽合不歸于一，并其本文而疑之。即同門之友，齗齗為難，而乾初執說愈堅，無不怪之者，此非創自乾初也。慈湖亦謂《大學》非聖經，亦有言《大學》層累非聖人一貫之學。雖未必皆為定論，然吾人為學工夫自有得力，意見無不偏至，惟其悟入，無有不可，奚必抱此齟齬不合者，自室其靈明乎？是書也，二程不以漢儒不疑而不敢更定，朱子不以二程已定而不敢復改，亦各求其心之所安而已矣。夫更改之與廢置，相去亦不甚相遠也。
>
> （《南雷文定五集·卷三·陳乾初先生墓誌銘（四稿)》，《全集》冊 10，頁 364～365）

> 乾初……於先師門下，頗能有所發明……乾初以《大學》層累之學，不出於孔子，為學者所譁，不知慈湖已有是言。古人力行所至，自信其心，不須沿門乞火，即以《圖書》為怪妄、《大學》為別傳，言之過當，亦不相妨，與勦襲成說者相去遠矣。（《思舊錄》，《全集》冊 1，頁 391）

在這裏也是提出蕺山「意為心之所存非所發」與慈湖「《大學》非聖人之書」的獨排眾說、二程與朱子的更動增補《大學》經文作為例子，藉由「不合於

心者亦不肯隨聲附和」、「爲學工夫自有得力」的觀點來肯定陳確思想的意義，
雖其說不合於諸儒、終屬疑團而未必皆爲定論、未免失於過度自信，但遠勝
於依傍舊說而失卻自我精神的人。其中梨洲強調各人見解自必不同，當「求
其心之所安」而不得「自窒其靈明」的觀點，十分值得注意。關於此點，我
們可以再看梨洲〈陳叔大四書述序〉中的說法：

> 自離懷抱而入學舍，無有不誦《四書》者，然而能知《四書》者，蓋
> 亦鮮矣。夫《四書》非可句解而字釋也，聖人之言，本于無言，一言
> 而未嘗不足，其千萬言也，猶之乎其一言也。盤中走丸，橫斜圓直，
> 豈有一定？然一定而不可移者，丸必不出於盤也。故先儒欲解《四書》
> 者，必以心性爲綱領，頑陰解剝，則條目無瀜霧矣……然學者工夫未
> 到沉痛，只在字義上分疏，炙輠淋漓，總屬恍惚，決不能於江漢源頭
> 酣歌鼓掌耳。余講學海昌，每拈《四書》或《五經》作講義，令司講
> 宣讀，讀畢，辯難蜂起，大抵場屋之論，與世抹搬。余曰：「各人自
> 用得著的，方是學問。尋行數墨，以附會一先生之言，則聖經賢傳皆
> 是糊心之具。朱子所謂譬之燭籠，添得一條骨子，則障了一路光明是
> 也。」陳子叔大於其間特有領略，端默靜好，聖賢微言要語，審括內
> 考，間以《四書》述之，了無滯法。余觀其波瀾正闊，必收歸濫觴，
> 要自明其所獨得……雖然，近來議論迫狹，聖伏神徂，日益無考，人
> 人私其竅天，將子之學愈進，則彼之繩益急，吾子其亦能自信已乎！

（《吾悔集‧卷二》，《全集》冊10，頁41～42）

此序開頭主張唯有痛下工夫，明白心性，才能眞正了解《四書》中的一貫義
理，接著認爲學問重在「自用得著」，自己眞有受益，而能「自信」這份所「獨
得」的見解，不必株守他人成說、在意別人的質疑。梨洲的意思在以盤中走
丸各有其方向而不礙一定之歸趨，來比喻義理學問當以心性爲本原而可有多
種說法，進而引出陳叔大之著述異於當世言論乃是合理而可取的。在這裏前
截盤中走丸的部分，與後截讚譽陳叔大的部分，中間的關聯頗值得分疏。蓋
依傳統心學的義理來看，所謂的「盤」究係何指？只提出心性綱領及沉痛工
夫尚不能清楚說明此盤的實質內容，而各思想家的心性觀與工夫論往往明明
大異，在如此眾說紛紜之中，並不能輕易地指出其同歸於何一；且又未提出
強有力的證據證明陳叔大之獨得已造心性本原而得以居此盤中，如或不然，
則陳叔大之獨得有可能是在盤外盲動亂走之丸。也就是梨洲此序之重點實際

落在強調丸的自由性，卻尚未能充分突顯盤的不易性。而比較以上諸段引文，可知梨洲「自得」觀念的意義，除了切實有得、及獨得的創造性之外，更偏向於對自己人生確有實效。〔註 54〕因此這篇文章乍看之下雖頗近似於一般心學家自信本心的說法，然而細繹之後，便可發現二者有所不同。〔註 55〕

（二）傳統理學「本體內化」的自得觀

蓋心學家不是從「驚駭創闢」的獨創性來主張自得，也不是由「自用得著」的主觀性來主張自信。因為心學家所體證的道德本心，是具有普遍性與客觀性的，是內在於人人心中的事實，並非某人的獨創或僅對某人而言是真實的、有用的，亦即心學家的自得自信是來自於對自己心性的深刻體會，而了解人類心性的共同本質，從而對其證悟的真理有堅定不疑的信心。〔註 56〕

〔註 54〕梨洲《明儒學案‧南中王門學案一》（《全集》冊 7 頁 682）對陽明弟子朱得之評論說：「其學頗近於老氏，蓋學焉而得其性之所近者也。其語尤西川云：『……不若盡滌舊聞，空洞其中，聽其有觸而覺，如此得者尤為真實……』，即此可以觀其自得矣。」此例亦可見梨洲總是以「得己性之所近」為「自得」的核心意義。

〔註 55〕朱義祿在《逝去的啟蒙》頁 109～137、〈論宋明理學的「一本萬殊」〉諸文中謂明清之際的啟蒙學者，如梨洲、方以智、王夫之、顏元，以及更早的李贄，提倡懷疑原則與自得精神，反對以聖人言行、前人理論、經典著作作為自身思維方式準繩的「經學態度」，其中的梨洲把陽明「求之於自家良知才有真理性認識」的自得精神，更加具體化，運用到學術思想史領域，作為《明儒學案》選擇學派及人物的指導思想，強調獨創性的見解、反對守一的獨斷論、提倡會通以理，要求思想自由、個性解放、對不同學派採取「各持一說，以爭鳴天下」的態度。朱氏能看到梨洲自得的重要性，誠為睿見，但似仍未徹底指出梨洲自得觀念的真正特色所在。蓋其所列舉之李、方、王、顏諸人之所以懷疑既有的權威，主要係為申其一己異於眾人之別出心裁的學術思想，應不似梨洲另具建構宏富文明的深義，故不宜與之等同混一，且梨洲看似直承陸王心學之重主體性而來，然其間所訴諸的本體則大有差異。關於這兩點，詳見下文的討論。

〔註 56〕陳來：《有無之境——王陽明哲學的精神》（台北縣三重市：佛光文化事業公司，2000 年），頁 619～623 認為心學是人排除一切思想、情感、欲望、感覺時對純粹意識本身的神秘體驗，此體驗是一主觀的心理現象，在很大程度決定於主體的潛意識，而有極大的偶發性，若作為道德修養的方式，其普遍有效性和可靠性就成為疑問，並不能表明體驗者把握到真正的客觀的實在。而史泰司（W. T. Stace）撰、楊儒賓譯：《冥契主義與哲學》（台北：正中書局，1998 年）譯序頁 6 則謂史氏相信有超越的最終真實，人有能力可和此真實合一，神秘主義是普遍的，其境界差別並非體驗有異，而是詮釋不同所致。本文無意對神秘主義是否能契入最高實在（如果確有此真實存在的話），加以評定；但就心學而言，即使果如陳氏所謂是主觀而非普遍真理，亦無妨本文此

所以心學家強調自得自信，即是要人當下遮撥種種的成見障蔽而肯認這一普遍的內在真理並非外鑠之他物。例如象山說「宇宙便是吾心，吾心即是宇宙」，但並非訴諸個人主觀的心態，竟以一己為自足自是，其所謂心乃是普遍的道德根源、最高的真理，所以又說「心只是一箇心。某之心，吾友之心，上而千百載聖賢之心，下而千百載復有一聖賢，其心亦只如此」、「吾所明之理，乃天下之正理、實理、常理、公理。所謂本諸身，證諸庶民，考諸三王而不謬，建諸天地而不悖，質諸鬼神而無疑，百世以俟聖人而不惑者……天下正理，不容有二，若明此理，天地不能異此，鬼神不能異此，千古聖賢不能異此」，因此當他說「學苟知本，六經皆我註腳」，前提便是「知本」，須先知得此心此理之本，才能說六經都不過是在發明闡釋人類一己的生命內涵而已，並非隨意驅遣六經，作為自我靈感的一源或藉以裝點自身新論說的門面。〔註57〕又如陳獻章說：

> 人要學聖賢，畢竟要去學他。若道只是個希慕之心，卻恐末稍未易湊泊，卒至廢弛。若道不希慕聖賢，我還肯如此學否？思量到此，見得個不容已處，雖使古無聖賢為之依歸，我亦住不得，如此方是自得之學。（《明儒學案·白沙學案上》，《全集》冊7，頁87）

> 忘我而我大，不求勝物而物莫能撓。孟子云：「我善養吾浩然之氣」，山林朝市一也，死生常變一也，富貴貧賤威武一也，而無以動其心，是名曰「自得」。自得者，不累於外物，不累於耳目，不累於造次顛沛，鳶飛魚躍，其機在我。知此者謂之善學，不知此者雖學無益也。（同上，頁93～94）

> 學者苟不但求之書，而求諸吾心。察於動靜有無之機，致養其在我者，而勿以聞見亂之。去耳目支離之用，全虛圓不測之神，一開卷盡得之矣。非得之書也，得自我者也。蓋以我而觀書，隨處得益；以書博我，則釋卷而茫然。（《白沙子全集·卷一·道學傳序》，頁28）

所謂「忘我而我大」者，前一「我」指自我意識，後一「我」則指人心內在的道德根源，白沙認為唯有擺落自我意識的攀援外物、耳目知見、希慕私欲之種

下的討論。蓋心學家所體悟到的東西是一回事，而其堅信這即為最高普遍真理則是另一回事，對我們來說，此種堅信即代表其已具有絕對標準的預設（預期），而與梨洲所強調之「主體自用的獨創性」，顯然是不同的兩種思維。

〔註57〕此處所引象山語，見《陸九淵集》卷十五〈與陶贊仲（二）〉、卷二十二〈雜說〉、卷三十四、卷三十五，頁194、273、395、444。

種干擾，才能企及「不容已」的眞我而致養之，達到「其機在我」的自得境界。顯然其說正在於破除人因外境添附及自身舊有之兩重作用下的主觀性，以進入絕對的眞理世界，其係將主體層層剝落而通向、沒入本體之中，並非在於以主體吸納本體而無限擡高、坐大其「私我」的主體地位。再如陽明說：

> 夫求以自得，而後可與之言學聖人之道。（《王陽明全書·文錄·卷三·別湛甘泉序》，冊 1 頁 179）

> 連得所寄書……邇來子莘之志，得無微有所溺乎？是亦不可以不省也。良知之說，往時亦嘗備講，不審邇來能益瑩徹否？明道云：「吾學雖有所受，然『天理』二字，卻是自家體認出來。」良知即是天理，體認者，實有諸己之謂耳，非若世之想像講說者之爲也。（《王陽明全書·書錄·卷三·與馬子莘》，冊 2 頁 55）

> 先儒之學，得有淺深，則其爲言，亦不能無同異。學者惟當反之於心，不必苟求其同，亦不必故求其異，要在於是而已。今學者於先儒之說，苟有未合，不妨致思，思之而終有不同，固亦未爲甚害，但不當因此而遂加非毀。……今學者於道，如管中窺天，少有所見，即自足自是，傲然居之不疑，與人言論，不待其辭之終，而已先懷輕忽非笑之意……某之於道，雖亦略有所見，未敢盡以爲是也；其於後儒之說，雖亦時有異同，未敢盡以爲非也。……正期體之於心，務期眞有所見，其孰是孰非而身發明之，庶有益於斯道也。（《王陽明全書·別錄·卷一·書石川卷》，冊 4 頁 2）

> 夫學貴得之心。求之於心而非也，雖其言之出於孔子，不敢以爲是也……求之於心而是也，雖其言之出於庸常，不敢以爲非也。（《王陽明全書·語錄·卷二·傳習錄中·答羅整菴少宰書》，冊 1 頁 62）

此中可見陽明求取最高眞理的積極、眞誠、謙虛與客觀，決不容許個人主觀的臆斷、任何未經檢驗的外在權威，而必欲「體之於心」、「得之於心」、「實有諸己」、「有益斯道」後始是。所謂的心、己、道，皆非任何主觀性質的心智或事物，而是最高的道德眞理（亦即良知天理），一切學說言論之是非得失的最終取決標準即繫於此。因之其自得，顯非師心自用、剛愎自是、標新立異、或肯定自我的價值與地位之意。而陽明弟子聶豹說：

> 自得者，得其本體而自慊也。（《明儒學案·江右王門學案二》，《全

集》冊 7，頁 439）

又陽明再傳弟子徐用檢、徐樾分別也說：

> 必尊德樂義，斯可以自得。德義有何名象？即吾輩此時行坐謙讓，
> 必要相安，精神和適不滯，是即所謂德義也。德義，己所自有也，
> 故不失義，乃爲得己。得己者，得其心也。（《明儒學案·浙中王門
> 學案四》，《全集》冊 7，頁 350）

> 夫道一而已矣……二之則有外，有外則非一，不一則私矣，非道也。
> 不得一則非人矣，不知一則非道矣，不志一則非學矣。夫君子立志
> 則自得，自得者自覺而已，覺幽見眞，故名爲得。……天命之性……
> 須自得也。自得之學，於良知之自朝而暮，能聞能見，能孝能弟，
> 無間晝夜，不須計度，自然明覺，是與天同流者……能自信天命之
> 眞，而自安其日用之常，是則渾然與天地合德矣。（《明儒學案·泰
> 州學案一》，《全集》冊 7，頁 849～850）

由此可見所謂自得之學，即得自人類內在本心之絕對、唯一道德眞理的固有
學問，因此能夠不受任何外境外物的干擾，不以外在規範（如古聖先儒、書
冊）爲依歸，而只是徹底的道德本自具足、純粹自然的不容自已，唯有如此，
始得自安，始生自信，是故自信須生於本心眞理的前提下。所以陽明弟子鄒
守益說：

> 所諭「應事接物，惟求本心安妥便行；否，雖違眾勿恤」。學能常常
> 如是，本心時時用事，久之可造於誠。世有以眞實見羨者，吾因之
> 以加勉；有以迂闊見誚者，吾不因之而稍改。何也？學所以求自信
> 而已，非爲人也。然所謂本心安妥，更亦當有辨眞無私心，眞無世
> 界心，乃爲本心，從此安妥，乃爲眞安妥。不然，恐夾帶世情，夾
> 帶習見，未可以語本心安妥也。（《明儒學案·江右王門學案一》，《全
> 集》冊 7，頁 397）

同屬心學思路的湛若水弟子呂懷亦說：

> 古人無入不自得境界，元不是一切丟放度外，只求一快活便了。其
> 曰素位而行，千緒萬端，物各付物，不知有多少條理在？反身循理，
> 莫非天理流行之實，活潑潑地，有絲毫人力不得而與焉者，此之謂
> 自得。這個境界，若不由戒懼慎獨、格致誠正上得來，憑他說得活
> 潑潑地，若丟放得下，便是強自排遣。（《明儒學案·甘泉學案二》，

《全集》冊 8，頁 188）

此即言須經由一番切實的道德修養，除去個人所有的私心、世情、習見，而全然地、客觀地達到本心天理的境界標準，始得以言自信自得，這決非主觀地自我膨脹、自我陶醉，而當中對本心天理的真實與假偽、疑似、勉強之間，實有一毫不容走作的嚴格分判。我們再看梨洲之師蕺山的說法：

> 程子又曰：「吾學雖有所授，然天理二字，卻是自家體認出來。」夫既從自家體認而出，則非由名相湊泊可知。……須切己反觀，推究到至隱至微處，方有著落。此中無一切名相，亦並無聲臭可窺，只是箇維玄維默而已。雖維玄維默，而實無一物不體備其中，所謂天也。故理曰天理，纔著人力，便落他家，一屬他家，便無歸宿。……只此心動一下，便是放。所放甚微，而人欲從此而橫流，其究甚大。蓋此心既離自家，便有無所不至者。……學者只向自家尋底蘊，常做箇體認工夫，放亦只放在這裏，求亦只求在這裏，豈不至易？豈不至簡？（《劉宗周全集・冊二・卷十・求放心說》，頁 356）

> 今為學者下一頂門針，即「向外馳求」四字，便做成一生病痛。……凡人自有生以後，耳濡目染，動與一切外物作緣，以是營營逐逐，將全副精神都用在外，其來舊矣。……學者須發真實為我心，每日孜孜急急，只幹辦在我家當，身是我身，非關軀殼；心是我心，非關口耳；性命是我性命，非關名物象數。正目而視之，不可得而見；傾耳而聽之，不可得而聞。非惟人不可得而見聞，雖吾亦不可得而見聞也。於此體認親切來，自起居食息以往，無非求在我者。及其求之而得，天地萬物，無非我有，決不是功名富貴、氣節文章，所謂自得也。總之，道體本無內外，而學者自以所向分內外。所向在內，愈尋求，愈歸宿，亦愈發皇，故曰：「君子之道，闇然而日章」。所向在外，愈尋求，愈決裂，亦愈消亡，故曰：「小人之道，的然而日亡」。（《劉宗周全集・冊二・卷十・向外馳求說》，頁 362～363）

是則蕺山亦謂自得乃自我徹底投入於道德生命的追求，確實悟見天理所在的內在心體，達到一普攝萬物之道德沛行的真實修養境界，故強調向一己心中尋求，而勿向外追逐虛榮事物。顯然地，其所欲體認到的「天理」是有個「著落」的，亦即有個確實客觀的玄默本體存在，不容許僅以個人智性上的種種名相觀念去朦朧湊泊、假借比附；同時，此一作法固因求諸自我內在而謂為至易至簡，實

則是一段自我淨化、轉化而深入於至隱至微之心體的至細至嚴工夫。

　　其實傳統宋明理學家主張自得，多係由修行實踐之角度立論，即強調對於道德之最高真理與生命境界須有一切實的體會，真有所得才行，而不容許稍稍地假借擬議，自欺欺人。在這裏頭是有一客觀標準存在的，只是這個標準有時只有當事人才能心知肚明自己是否達到，而外人的觀察可能會有難以判斷的情形。因此這不是更自由、更隨興、更多元、更個人主義、更具主體獨立意識，而是人類自身更嚴格的深層內省後，其生命所獨證到的（亦即無法藉由任何他人或外物來取代與代勞的）普遍境界。顯然地，道德踐履之學勢必特意提出此一自得的觀念，否則一切工夫與境界俱不能真切落實，終淪為一場名聲的標榜或一套智識的記憶。就此點而言，自得亦可謂是理學界的共法，不只是上舉的陸王心學家如此，其他程朱一系的理學家亦復如此。比如程顥說：「吾學雖有所受，天理二字卻是自家體貼出來」，程頤說：「須是將聖人言語玩味，入心記著，然後力去行之，自有所得」，〔註58〕而朱子說：

> 君子務於深造而必以其道者，欲其有所持循，以俟夫默識心通，自
> 然而得之於己也。自得於己，則所以處之者安固而不搖；處之安固，
> 則所藉者深遠而無盡；所藉者深，則日用之間取之至近，無所往而
> 不值其所資之本也。程子曰：「學不言而自得者，乃自得也。有安排
> 布置者，皆非自得也。然必潛心積慮，優游饜飫於其間，然後可以
> 有得。若急迫求之，則是私己而已，終不足以得之也」。（《四書集註・
> 孟子集註・卷八》，頁 292）

可見程朱的自得觀念，強調自己有所領會，否則僅是別人之所得，終非自家之物；其係將義理在自我裏面浸灌深透，使吾心有所持循，不為外物遷移搖奪，然後深厚栽培涵養，隨物觀理，則天下之理自然得之，可臻聖賢之域；因此朱陸之間容或不同，但在踐履的終極目標上，皆可互相包容而無異趣，皆是自得之學。〔註59〕顯然地，程朱的自得當中存在著一絕對的最高天理標準，而欲將此標準確實內化於己心己身，使二者同一無別、毫無勉強牽合，

〔註58〕引語分別見《二程集・河南程氏外書・卷十二》頁 424、《近思錄集注・卷三》頁 7。

〔註59〕此所論二程與朱子的自得觀念，詳見陳榮捷：《朱子新探索》（台北：學生書局，1988 年），頁 333～335、張璉：〈從自得之學論朱陸異同〉，《漢學研究》1995 年 12 月第 13 卷第 2 期，頁 119～129。此二文中微引原典已詳，故本文所引則從略。

故謂之「自然而得之於己」。這決非強調主觀的思維、要求個性的展現，所以後來的羅欽順亦說：

> 程子言「性即理也」，象山言「心即理也」，至當歸一，精義無二，此是則彼非，彼是則此非，安可不明辨之？……學而不取證於經書，一切師心自用，未有不自誤者也。(《困知記・卷下》，頁 108～109)

此即明言眞理必是唯一、境界只有一種，必須與聖賢之經典所體證者吻合，不得依賴一己的異想創獲。而東林學派的左宗郢、吳鍾巒分別說：

> 從來爲學，無一定的方子，但要各人自用得著的便是。學問只在人自肯尋求，求來求去，必有入處。須是自求得的，方謂之自得；自得的，方受用得。(《明儒學案・東林學案三》，《全集》冊 8，頁 854)

> 爲自己而來，立志在身心命，這纔靠得，這便是所安，此是君子小人親筆供狀。(《明儒學案・東林學案四》，《全集》冊 8，頁 873)

這是強調道德修養之學其實踐方法雖有多端，但總必須先實有改變自己生命並安頓內在身心的「眞誠發願」，才能開眞踐履而有所成，所以要先「自求」、「立志」，才可能「受用」、「靠得」，此種受用靠得乃是身心性命的全盤轉入於、安同於道德，故須有君子小人之分判，不得泛謂只要對自己有實用就是自得。而若欲眞能有此一受用靠得，又須在發願之後實有造詣，所以劉永澄、薛敷教亦分別說：

> 有一等自是的人，動曰「吾求信心」，不知所信者果本心乎？抑習心乎？(《明儒學案・東林學案三》，《全集》冊 8，頁 849)

> 學尚乎眞，眞則可久；學尚乎正，正則可守。眞而不正，所見皆苟；正而不眞，終非己有。(《明儒學案・東林學案三》，《全集》冊 8，頁 850)

可見傾向程朱的東林派理學家之自得亦不是單純的自信自是而已，而是又須努力達到最高道德眞理的標準才，必須辨明本心與習心，既「眞」且「正」，否則雖非屬「正而不眞」的虛僞模仿，仍是流於「眞而不正」的主觀偏執。〔註60〕

〔註60〕關於自得，除以上所引外，余英時《歷史與思想》及《中國思想傳統的現代詮釋》(台北：聯經出版事業公司，1993 年) 中有關清代思想動向與觀念發展的文章中亦有不少例子可以參考。余氏指出不論程朱派或陸王派，都不認爲自己的主張是主觀的看法，而是直接得之六經、孔、孟，其道即古聖相傳之道，故二派相爭不下，導致考證學的興起。由余氏之說，當可見不論心學家或理學家們，其實皆有一客觀標準、修養境界在，決非訴諸自我即是。另外，

　　由上所述，可知宋明理學家們對道德修養皆具有一自得的共識，雖訴求的原則或在心體或在天理，但總是不可或缺工夫的磨鍊的歷程，且有其客觀的標準與最高的境界存在，亦即理學界所企望的自得乃是一生命真實改變而成為理想的事實，這理想事實是終極的、徹底的、必要的、人人所可共證同登的。因此梨洲學貴自得自信的「自得」觀念看似理學家之通說，但對這一理想事實的普遍、客觀、唯一、究竟等諸特性則頗未強調，則其所得的內容實已與之大有差異。又根據學者的研究，「自得」一詞歷來的用法，有五種意思：自感得意、自然自在、自得其樂、自然得之、得之於己，〔註61〕顯然梨洲的自得觀念，在語意上雖與之亦可謂皆有互涉旁通，然其在切實有得之外所標榜的「獨創自用」之新色彩，又使其義涵不盡在此五義之中，而轉添別義矣。是故我們須再深入探討其自得之實指為何，不過在此之前，我們不妨再看另一證據，即梨洲他本人對其所謂「自得」的實踐，亦呈現確有異乎傳統理學旨趣的現象。比如梨洲曾回憶年輕時與諸友人往淨慈寺，「入室而講《論語》、《周易》，鑿空新義，石破天驚」，〔註62〕及上引〈陳叔大四書述序〉中言其講學海昌而諸生「辯難蜂起」，此二事約略可見其治學之尚獨創、不墨守、

王汎森：〈心即理說的動搖與明末清初學風之轉變〉，《中央研究院歷史語言研究所集刊》，1994 年 6 月第 65 本第 2 分，頁 333〜373 亦有類似余氏的說法，可以參看。

〔註61〕此五義詳見張璉〈從自得之學論朱陸異同〉頁 119〜120。另外，徐復觀：《中國思想史論集續集》（台北：時報出版公司，1982 年），頁 570〜578 認為程朱理學的自得為己之學，是將客觀之理內在化而與心性之理相符應，以充實心性之理，完成自我人格的轉化、升進；狄百瑞《中國的自由傳統》中（特別是第三講）謂自得是自求滿足與自求得道。按此二人之說亦皆俱在張氏五義之內，惟狄氏係謂新儒學乃一自由主義的傳統，其所求自我中之道，乃是動態而非靜態之道，故又應自任此道，而具有創造性之意。然而狄氏立論的始初著眼點即是國家社會的角度，亦即一開始即採取外王的立場去看待理學在此領域中所起的作用，似輕忽理學最根本的內聖之基已自有一特殊獨立具足性，此種獨立性早在孟子不將王天下視為君子所性的三樂中略見梗概，故其所謂自得的個人創造義涵，施之於梨洲尚頗貼切（這是因為梨洲本即屬於外王的思維），但若擴於整個理學，則是否存在其所謂的自由主義傳統似猶可商榷。此點可參考周博裕在其主編《傳統儒學的現代詮釋》的序文中對狄氏的批評。另外，周昌龍：〈明清之際新自由傳統的建立〉，《二十一世紀》2001 年 10 月第 67 期，頁 45〜46 則指出狄氏以人格主義為中國自由傳統的核心內涵，並不充分，在新儒家心性之學的內在自由外，對形體生活的重視驅使價值觀不斷向外在客觀世界伸展，已構成一遠比狄氏所言更為複雜的近代自由主義傳統。

〔註62〕詳見《吾悔集・卷一・輪菴禪師語錄序》（《全集》冊 10 頁 34〜35）。

重殊性，且對之不無流露自許乃至得意的心態。他又在遺囑中欲子孫於其壙柱上刻一聯語：

> 不事王侯，持子陵之風節；詔鈔著述，同虞喜之傳文。(〈梨洲末命〉，
> 《全集》冊 1，頁 191)

此以外顯的、眾人可見的氣節表現與著述傳文為其生平的重大成就，而前文在討論梨洲史學時曾引過其晚年病重之語說：

> 年紀到此，可死；自反平生雖無善狀，亦無惡狀，可死；於先人未
> 了，亦稍稍無歉，可死；一生著述未必盡傳，自料亦不下古之名家，
> 可死。如此四可死，死真無苦矣。(《南雷文補遺・與萬承勳書》，《全
> 集》冊 11，頁 84)

由此可見其自許之處在於自己的著述。這份自信不宜解釋為欲與他人爭勝，應當視為對發展學術、創造文化、留下歷史，已盡一分心力、了卻薪傳責任後的釋懷，而這種心態，則與陽明臨終時所說的「此心光明，亦復何言」﹝註63﹞一類理學家以內向性的道德實踐安頓一己生命的人生取向明顯地不同，更顯示出其自得觀念的內涵實質即朝向學術文化的建構。以下即接著逐層展示此義。

二、提倡兼容並蓄的學術態度

（一）由社會文化的立場來消弭門戶對立

梨洲既強調學貴自得，肯定人人可以自成其說，卻又不多言客觀共性，如此一來，又將何以解決學術爭端、義理紛歧的必然現象呢？這就必須進而探討梨洲〈陳叔大四書述序〉「盤中走丸」一喻中「盤」的意旨為何。關於此點，可看梨洲評騭朱陸異同時的指示，而在〈明儒學案序〉中則說明得更為清楚。﹝註64﹞我們先討論前者。梨洲說：

﹝註63﹞引語見《王陽明全書・年譜・卷一》，冊 4 頁 162。

﹝註64﹞我人倘能平心靜氣而客觀地比較，則可見〈陳叔大四書述序〉與〈明儒學案序〉雖文字不同，但其所欲傳達的旨意實屬一致，兩者皆以此心性為綱領而肯定個人獨得的變化之言，只不過後者更為詳足而已。而前者乃《吾悔集》中的文章，據吳光之考證，此集內之詩文作於康熙 19、20 年間，而《明儒學案》成書時間大致有康熙 15 年、17 至 18 年、24 年三說。(詳見吳光〈黃宗羲遺著考〉(四)、(六)，《全集》冊 8 頁 1004～1005、冊 10 頁 476)。因此可知〈陳叔大四書述序〉中的思想實與《明儒學案》同屬一時期的作品，是則梨洲在此時的思想即與晚年補作〈明儒學案序〉時的思想一脈相貫，應該未有晚年思想的轉變。

（象山）先生之學，以尊德性爲宗……同時紫陽之學，則以道問學
爲主……于是宗朱者詆陸爲狂禪，宗陸者以朱爲俗學，兩家之學各
成門戶，幾如冰炭矣。嗟乎！聖道之難明，濂洛之後，正賴兩先生
繼起，共扶持其廢墮，胡乃自相齟齬，以致蔓延今日，猶然借此辨
同辨異，以爲口實，寧非吾道之不幸哉！雖然，二先生之不苟同，
正將以求夫至當之歸，以明其道于天下後世，非有嫌隙于其間也。
道本大公，各求其是，不敢輕易唯諾以隨人，此尹氏所謂「有疑于
心，辨之弗明弗措」，豈若後世口耳之學，不復求之心得，而苟焉以
自欺，泛然以應人者乎！況攷二先生之生平自治，先生之尊德性，
何嘗不加功于學古篤行；紫陽之道問學，何嘗不致力于反身修德，
特以示學者之入門各有先後，曰此其所以異耳。然至晚年，二先生
亦俱自悔其偏重……始雖有意見之參差，終歸于一致而無間，更何
煩有餘論之紛紛乎！且夫講學者，所以明道也。道在撙節退讓，大
公無我，用不得好勇鬥很于其間，以先自居于悖戾。二先生同植綱
常，同扶名教，同宗孔孟。即使意見終于不合，亦不過仁者見仁，
知者見知，所謂學焉而得其性之所近，原無有背于聖人，矧夫晚年
又志同道合乎！奈何獨不睹二先生之全書，從未究二先生之本末，
糠秕眯目，強附高門，淺不自量，妄相詆毀！彼則曰：「我以助陸子
也」，此則曰：「我以助朱子也」，在二先生豈屑有此等庸妄無謂之助
己乎！（《宋元學案‧象山學案》，《全集》冊5，頁277～279）

此處乃欲調和朱陸以弭門戶之爭，其中主要觀點爲：吾人須團結共扶聖道，
不可自鬥；聖道大公，見仁見智，朱陸二人之辯係堅持自身於此道所得的眞
理，不欲盲從苟同於他人，非爲意氣而爭，故兩者俱是；朱陸二人之異只是
入手工夫次序先後的不同而已，且晚年二人已同；吾人當細觀朱陸二人學說
之全貌，不當摭拾一二常談，即隨人附和，妄加譏斥。〔註65〕

　　按梨洲以朱陸二人早異晚同並不合事實，朱陸二人自有其學之特質，不
可強同，正所謂「宋儒有朱陸，千古不可合之同異，亦千古不可無之同異也」。
〔註66〕蓋朱陸之異的本質，主要應不在工夫次第的不同；朱陸之同，亦應非

〔註65〕關於梨洲斥責後人不學而妄議陸王的現象，又可參看《破邪論‧罵先賢》（《全
　　　　集》冊1頁206～207）。
〔註66〕引語見章學誠：《文史通義‧內篇三‧朱陸》，頁262。

晚年皆兼德性與問學。二人之同，在同於所觀察到的人類道德現象，與所證悟的道德本體及修養所至的生命境界；二人之異，則在各自把握了道德本體與實踐主體之眾多特質的部分，而分別對道德現象開展出不同的理論說明與工夫體系。然而，我們要觀察的重點並不在於梨洲對朱陸異同的認識是否屬實，而是在梨洲的調和論中，卻可見出一「扶持聖道」、「明道於天下後世」的核心觀念，以之去賦予個別理論學說的合理性地位，不計較其間的差異，而兼收並蓄。顯然地，其求大道昌明於世的眼光，並非斤斤於追求個人道德成聖之學之理論與實作的必然性，一如通常理學家所在意者般。一般理學家之所以必宗朱或必主陸，蓋因在其個人看來，朱陸二人中只有一人之說才是真正可以依之實踐而成聖的真理，即只有一家的道德理論與工夫體系才是契合實修所需，因此「真正的」理學家們的朱陸之辨，係基於生命追求而來，決不是為了個人現實名利而派系鬥爭或心無主見而盲從附和。所以梨洲以為朱陸二人即使學說真的不同，也可以只因其皆「同植綱常，同扶名教，同宗孔孟」、「原無有背于聖人」，即屬「志同道合」而予以包融不計較，這種言論與理學家們為求生命真理而辨析朱陸的想法並不太相同。

如此一來，則可見梨洲所謂「夫講學者，所以明道也」一語中的大公之「道」，（也就是「盤中走丸」的「盤」），便不是以「道德修行」義為重，而須是另以「文化生活」義為多；亦即遠於宗教旨趣的道德本體，而主要作為現世群體性的價值基準所在。因為若是道德修行義，則當深析朱陸之異與同，細繹二家之長短得失，於其見仁見智之處清晰分判高下，不得以「同植綱常，同扶名教，同宗孔孟」這種合乎社會共同的行為基則與傳統文化典範、有利於人類群居生活的秩序與發展之類的觀點，即輕輕帶過，來予以調和。而正因採取文化生活義的「聖道」，其精神即在實現人文大群的共同價值性，故內容便包羅萬有，凡是有益於或不背於眾人生活的大方向者，俱得在其中，以求共生共榮的歷史文化之豐富發展。因此梨洲認為朱陸「即使意見終于不合，亦不過仁者見仁，知者見知，所謂學焉而得其性之所近，原無有背于聖人」，不必亦不能只存一家而妨礙文化之多元生生；又說「聖道之難明……共扶持其廢墮，胡乃自相齟齬，以致蔓延今日，猶然借此辨同辨異，以為口實，寧非吾道之不幸哉」，力戒旁人守門戶而致爭鬥，否則將不利於公共聖道之傳衍，亦即不利於人文生活的昌盛。

除了調和朱陸異同以外，梨洲在〈明儒學案序〉中亦有類似的觀點。他

說：

> 盈天地皆心也。變化不測，不能不萬殊。心無本體，功力所至，即
> 其本體。故窮理者，窮此心之萬殊，非窮萬物之萬殊也。窮心則物
> 莫能遁，窮物則心滯一隅。是以古之君子寧鑿五丁之間道，不假邯
> 鄲之野馬，故其途亦不得不殊；奈何今之君子必欲出於一途，使美
> 厥靈根者，化爲焦芽絕港。夫先儒之語錄，人人不同，只是印我心
> 體之變動不居。若執定成局，終是受用不得。此無他，修德而後可
> 講學，今講學而不修德，又何怪其舉一而廢百乎！時風愈下，兔園
> 稱儒，實老生之變相；坊人詭計，借名母以行書。誰立廟廷之中正，
> 九品參差：大類釋氏之源流，五宗水火。遂使杏壇塊土爲一闤之市，
> 可哀也夫！……某爲《明儒學案》，上下諸先生，淺深各得，醇疵互
> 見，要皆功力所至，竭其心之萬殊者而後成家，未嘗以矇瞳精神，
> 冒人糟粕。於是爲之分源別派，使其宗旨歷然，由是而之焉，固聖
> 人之耳目也。間有發明，一本之先師，非敢有所增損其間。此猶中
> 衢之罇，後人但持瓦甌樿杓，隨意取之，無有不滿腹者矣。（《南雷
> 文定四集・卷一》，《全集》冊10，頁73～74）

又此序後來之改本說：

> 盈天地皆心也。人與天地萬物爲一體，故窮天地萬物之理，即在吾
> 心之中。後之學者錯會前賢之意，以爲此理懸空於天地萬物之間，
> 吾從而窮之，不幾於義外乎？此處一差，則萬殊不能歸一，夫苟工
> 夫著到，不離此心，則萬殊總爲一致。學術之不同，正以見道體之
> 無盡，即如聖門師、商之論交，游、夏之論教，何曾歸一？終不可
> 謂此是而彼非也。奈何今之君子必欲出於一途，剿其成說以衡量古
> 今，稍有異同即詆之爲離經畔道，時風眾勢，不免爲黃茅白葦之歸
> 耳。夫道猶海也，江、淮、河、漢以至涇、渭、蹄涔，莫不晝夜曲
> 折以趨之，其各自爲水者，至於海而爲一水矣。使爲海若者汰然自
> 喜曰：「咨爾諸水，導源而來，不有緩急平險清濁遠近之殊乎？不可
> 謂盡吾之族類也，盍各返爾故處？」如是則不待尾閭之洩，而蓬萊
> 有清淺之患矣。今之好同惡異者，何以異是？有明事功文章，未必
> 能越前代。至於講學，余妄謂過之。諸先生學不一途，師門宗旨，
> 或析之爲數家；終身學術，每久之而一變。……諸先生不肯以矇瞳

精神冒入糟粕，雖或淺深詳略之不同，要不可謂無見於道者也。余
於是分其宗旨，別其源流，與同門姜定菴、董無休撮其大要，以著
於篇，聽學者從而自擇。中衢之罇，持瓦甌礨杓而往，無不滿腹而
去者。湯潛菴曰：「《學案》宗旨雜越，苟善讀之，未始非一貫也。」
陳介眉曰：「《學案》如〈王會圖〉，洞心駭目，始見天王之大，總括
宇宙。」（《南雷文定五集‧卷一》，《全集》冊 10，頁 75～76）

二序所言大抵相同，〔註 67〕唯改本較淺顯（比如前序中大量之典故即改棄不
用），而論旨更爲清楚、鮮明、集中。〔註 68〕序中主旨在於以變化萬殊的心來

〔註 67〕 古清美《明代理學論文集》頁 385 已謂此二文大致相似；而胡森永：《從理本
論到氣本論——明清儒學理氣觀念的轉變》（台北：台灣大學中文所博士論文，
1990 年），頁 123 亦謂兩稿文字略有異同，但宗旨無大差異，改寫稿似乎在闡
明「窮此心之萬殊，非窮萬殊也」，文字更爲明白。另外，張亨〈試從黃宗羲
的思想詮釋其文學視界〉，頁 180～183 亦謂這兩序中都有批評朱子之學的意
思，反對向外窮理，又謂從兩序的不同，如果說他在思想上有什麼大的變化，
似乎不大可能，最可能的恐怕還是語意上的潤飾，因爲原序也不是否認心有本
體，僅是因強調工夫的重要，但未免語氣太重，易起誤解，故後來改之。

〔註 68〕 學者如錢穆《中國近三百年學術史》、何佑森〈顧亭林與黃梨洲〉等，認爲梨
洲編《南雷文定》時將《南雷文案》中許多論學書刪去，又重改陳確墓誌，
又〈明儒學案序〉兩次易稿而刪去堅持蕺山論「意」之說，顯示其思想改變，
不再堅持己見，默然同意浙西同門的意見。按此說似乎未必成立。蓋梨洲先
刊行《文案》等四種文集，而後鉤除其不必存者，選編改定爲《文定》前後
集，而後又另有新作則收入《文定》三四集，而後再將此四集之《文定》約
爲《南雷文約》，之後又有《文定》第五集之新作，然由《文案》、《文定》、
至於《文約》，其間選文之標準未必只能是因爲思想改變的緣故，我們尚可提
出另外一種可能。大致觀之，或許係出於正式廣爲流傳的考量，比如較屬浮
泛空洞之應酬性質、或其人成就不甚重要、或文中所述無關義理宏旨、或其
義理已雷同於他文他書的墓銘、傳狀、書序即未保留，較屬私人性質者亦不
收（如爲其母親之祭文、其弟之壙誌、夭折兒女之墓誌），而若干涉及生平行
事、恐犯政治忌諱的篇章也割棄（如〈避地賦〉、辭薦出仕清廷之書信）。因
此論學書之刪除者，也許是基於其間所表達之道理皆已可見於其他著作中，
故不須重出（如批駁董吳仲、潘用微、陳確之說諸文，其義理皆不出《明儒
學案》中對諸理學家的評語範圍，而所保留之論學書，則多是討論未見於其
他專著的考證名物之類的零星問題（如律曆、數學、喪禮、官制等等）。且假
使梨洲思想真的有變而放棄《文案》中的若干見解，則其在《文約》之後的
《文定》五集何以仍持續與從前相同的看法呢？茲舉最相關的「蕺山論意」
爲例，其《南雷文案‧卷一‧惲仲昇文集序》早已未選入《文定》前集而遭
棄，然而比《文約》更晚出的《南雷文定五集‧卷一‧答惲仲昇論子劉子節
要書》，仍然堅持前序的觀點，迴護蕺山說法的不悖於義。（錢氏又謂梨洲
《子劉子行狀》和後來的〈先師蕺山先生文集序〉二文對蕺山宗旨的認識前

涵攝各種學術，肯定其存在價值，從而消弭門戶流派的對立相爭。但是梨洲
所言是否緊扣心學之義理呢？

依心學之義理：（1）若站在現象界的立場來說，「工夫」係修行者因其實
踐之事實狀況的需要，而依本體之若干體性所開出之實踐方法；「本體」則是
一定不變之道德根源，但此根源的特性非只一端，猶如水只是一水，但有涼、
濕、流、浮等等特性，用其不同特性可滿足不同需要，如降溫、滋潤、發電、
航行種種。因此修行者可依其自身之氣質與習染的偏向，選擇若干自己所易

後有變。事實上，兩文的見解根本上應仍一致，仍是肯定蕺山的工夫論與本
體論，不過是在行文表達上稍有差異而已）。又其《南雷文定五集・卷三・萬
公擇墓誌銘》作於梨洲八十五歲，距其死不到一年，此文中標舉其四大平生
心得而頗為自負，分別涉及人的心性氣質、宇宙的太極、《周易》圖書象數，
皆為其思想之重大基礎，然皆不異於前此諸著作中所反覆申論者，亦未見梨
洲於此墓銘中有任何放棄之前主張的意思。因此，以為若干《文案》中篇章
的刪除，即是梨洲在《明儒學案》成書之後受到陳確影響而日漸放棄舊說的
證據，並不太能夠成立。

而茲再回到〈明儒學案序〉前後兩次改本之間的異同上，二文主旨皆同，
唯一有別者，則是前文中有關蕺山的一段文字不見於後文中。然細觀之，即可
知前文提到蕺山，並不是要獨尊蕺山學，而是作為一例證，以申明學者應當學
有自得且尊重他人自得之學，不必人云亦云、依傍門戶，如蕺山言「意」在理
學史上的特殊性，即為最佳範例，我人正應客觀理解而尊重保留之，故梨洲後
文所刪，不過是少了一事例之舉證（另代以大海不擇細流為喻），應不是二文
主旨有變，亦不宜說是已放棄維護師說的立場，因為此處行文的主脈並不在於
與人爭辯蕺山學的原貌，（所以後文放棄此事例，當即出自唯恐讀者有誤會梨
洲又將另主一新門戶之顧慮，而此一改寫，亦因之而更全盤一致地鮮明表達其
會通眾人成就的主旨，故在文章的作法上，確實是更佳的改本）。另外，更根
本的說，梨洲堅持師說，並非恪守師說矩矱而不敢突破，也不是要以之來定思
想於一尊，而是認為唯有他所言的蕺山原旨才是真正的原旨，此乃客觀事實而
不容扭曲；同時，又要以其自認為所體會到的那部分來引導學術的多元發展。
亦即其肯定蕺山，係在於其獨創性，猶如上文討論「自得」之觀點中一樣，且
認為此說正確而無弊，故援為標準去批評明代諸儒的得失，以期重新開出新儒
學。（而這也是為什麼《南雷文案・卷六・劉伯繩先生墓誌銘》不見收於《文
定》中的主要原因。蓋劉伯繩一遵其父蕺山之教，梨洲稱其乃是「墨守師說者」，
總欲維持蕺山學之獨尊地位以壓下其他學派並一統蕺山門人的思想使不分
裂，雖有其一時之貢獻，但顯係開新不足、獨創性不夠、頗有門戶色彩，而梨
洲既有《子劉子行狀》、《子劉子學言》、《明儒學案・蕺山學案》之作，則蕺山
之學大概具在，伯繩便屬重出，不足特述以廣傳於世，因此此文不收，或許不
是因為其中摘錄了劉伯繩批評陳確的言論，而自己思想已變為同於陳確，故為
維護陳確起見，竟致不取伯繩墓銘）。這裏頭所涉及「兼收」與「分判」的兩
種態度，詳見下文的說明，而關於陳確墓銘的問題，以下亦將另有討論。

於理解與操作的本體特性，開展出一套工夫次第以使身心達至合於本體的境界。於是可知本體乃是絕對的、單一的，工夫則是相對的、多元的、兼用的，然而工夫若不依本體而來或者不能完全達至本體境界，則其相對性亦不得成立，即此時不得謂之為一種正確、有效的徹底工夫，亦即工夫之正誤當視其所把握到的本體成色如何而定，所以陽明說：「邇來只說致良知。良知明白，隨你去靜處體悟也好，隨你去事上磨鍊也好，良知本體原是無動無靜的，此便是學問頭腦」。另外，修行者的具體造詣依工夫而來，但工夫有正誤、操持有生熟，故造詣彼此不齊。可是本體乃是普遍、恒常、圓滿具足的，不隨現象而變異，由凡夫以至於大聖人，其間之道德根源仍是始終同一、未嘗增損，所以說端茶童子的畢恭畢敬即是大聖人、滿街皆是聖人，這就好比由松子、松苗、小松、而至大松老松，雖各階段的形體有異，但其中之松樹基因始終未變，因此不論一切修行者操持何種工夫、其所至之造詣如何，其本體皆是了無差別。但是人既稟此本體，則終不會自甘於潛隱狀態，故必將暗中自然地推導修行者去尋覓、施用正確的工夫，以成就聖人果位，而不能自限自安於不修行或者半途即止，猶如基因必促使松子利用環境的條件，企圖生長至於成松老樹的狀態，而不會自動停留在某一階段。也就是一切修行造詣固然無礙於本體，但同時又是必有徹上徹下的工夫、必有不斷的修行、必有本體終極圓滿顯露的境界，並非承認造詣皆具同等意義，而是依其工夫所至之造詣與此終極境界的距離遠近來斷其意義高下。亦即造詣不齊而不礙本體，又依本體境界來分判各種造詣所能呈現的本體斤兩如何。（2）若站在本體界的立場來看，表述者等同於心體，但心體並非智力、亦非自我意識，是以不具分析分別之能力、不見內外彼此之林立、亦不能出言語以形容。表述者此際若須進行表述活動，又不欲淪為粗糙馬虎的近似淺說，唯有將表述者自身的智能及自我意識暫時部分關閉，改以模擬道德心體之涵攝萬物的方式去感受體貼心體自身及一切事物，於是事物與心體渾然同質一體。故其必宣稱當下即是，當下即見到日用中的本體流行而等同之，而工夫亦只有一種直超悟入，造詣亦只許一種天人同體，工夫與本體、造詣與境界渾然是一，如楊慈湖、王龍溪、泰州學派即頗多此類論述。總之，依心學之義理：就現象界立場來說，工夫多方但有正誤、造詣並存而有高下、本體之體性多端而境界唯一；就本體界立場來說，則工夫唯一而造詣亦唯一。有了這些認識，即可討論梨洲〈明儒學案序〉的說法。

序中梨洲既以爲學術可以不同，則顯然異於本體界觀察角度堅持唯一的結論。而其以心是變化不已的，一切萬殊的現象皆在此心量之中，從而謂不同的學術流派、義理主張，皆是此萬殊之心的一端，因此可以並存，不必定於一尊，如此一來，亦無法盡契於現象界角度仍有正誤、高下、唯一諸分判的觀察結果。此點需要略加說明。依梨洲所言，義理之學乃修德實踐之學，不是一種講授式的純粹知識性學問，知性之學不妨有客觀共遵的正確標準，實踐之學則須在親身履行中始知實際困難與需要之所在，故與修行者本身具體的情況息息相關，因此是因人而異的，所以才說若「必欲出於一途」，將「使美厥靈根者，化爲焦芽絕港」，而「執定成局，終是受用不得」，唯有將各家見解羅列於前，以聽學者自擇。莫晉〈明儒學案序〉可做爲此意的註腳，他說：

> 道無定體，學無定法。見每歧於仁智，克互用乎剛柔。鈞是問仁，而克復敬恕，工夫頓漸；同此一貫，而忠恕學識，義別知行。各得其性之所近而已……《明儒學案》一書……凡宗姚江與闢姚江者，是非互見，得失兩存，所以闡良知之秘而防其流弊，用意至深遠也……竊謂學貴眞修實悟，不外虛實兩機，病實者救之以虛，病虛者救之以實。古人因病立方，原無成局，通其變，使人不倦，故教法日新，理雖一而言不得不殊，入手雖殊，而要歸未嘗不一。讀是書者，誠能不泥其迹，務求自得之眞，向身心性命上作印證，不向語言文字上生葛藤，則東西相反而不可相無，百川學海而皆可至於海。由諸儒上溯濂、洛、關、閩，以尋源洙泗，庶不負先生提倡之苦心也夫。（〈明儒學案莫序〉，《全集》冊 12，頁 170～171）

此處即認爲法門萬殊，各自皆針對某弊病，原無高下是非，修行者唯取其一以對治己病，而於其他法門則虛心認可而已。但是依照上文的討論，工夫與本體、造詣與境界，其間的關係並非可以任意等同、互換的，所以不能泛說「道無定體，學無定法」，而以一切理學家所言皆是工夫論而已，更進以一切工夫論皆是針對補偏救弊而逕予等同其合理性與有效性；亦即不可僅因「要皆功力所至，竭其心之萬殊者而後成家，未嘗以矇瞳精神，冒人糟粕」、「不可謂無見於道」，即宣稱「終不可謂此是而彼非」，而要「聽學者從而自擇」。須知既有「淺深各得，醇疵互見」、「詳略之不同」，則當明辨此淺深、醇疵、詳略的成因與後果，否則盲目地隨己性之所近去自擇其一或自鑿五丁之間道，終將不能保證必能「由是而之焉，固聖人之耳目」、「百川學海而皆可至

於海」，蓋中衢之罇，各自前飲，固可滿腹，但諸酒品質不同，則未必皆得養生益壽之效。這就好比不了解宗教人的往往會說各種宗教都是勸人爲善，所以並無本質差異，但是深究宗教者，則須判教以別邪正高下、辨究竟解脫與否。梨洲所說者，顯然只言工夫多方、造詣並存、本體體性多端，而未言必有正誤、高下、唯一，只言江淮河漢、涇渭蹄涔皆爲水，而忽略其小大清濁乃是重大的差異，改將人類普遍的道德心體，轉爲個人主觀的心智、特殊的天賦，不去強調心體之超越、絕對、客觀的一面。由此觀之，梨洲〈明儒學案序〉的眞意，並非在於恪遵心學之義理，而當另有所指才是。

細觀此序，可以發現梨洲甚爲痛斥門戶相爭、定於一尊的現象，而此一指斥又佔了序文極大的份量，所謂「兔園稱儒，實老生之變相；坊人詭計，借名母以行書」、「大類釋氏之源流，五宗水火，遂使杏壇塊土爲一鬨之市」、「稍有異同即詆之爲離經畔道，時風眾勢，不免爲黃茅白葦之歸」，這樣的措辭實在是語重心長。〔註69〕關於此等現象的背後動機，梨洲曾說：

> 當今之世，士君子不可爲者有二：講學也、詩章也。束髮授《四書》，即讀時文。選時文者，借批評以眩世，不知先賢之學，如百川灌海，以異而同，而依傍集注，妄生議論，認場屋爲兩廡，年來遂有批尾之學……學詩者……不能究宋元諸大家之論，纔曉斷章，爭唐爭宋，特以一時爲輕重高下，未嘗毫髮出於性情，年來遂有鄉願之詩。然則爲學者亦惟自驗於人禽，爲詩者亦惟自暢其歌哭，於世無與也。不然，刺辨紛然，時好之焰，不可向邇。此無他，兩者皆以進取聲名爲計，睥睨庸妄貴人於蹄涔盃杓之間，不得不然也。(《南雷文定三集・卷一・天嶽禪師詩集序》，《全集》冊 10，頁 64)

〔註69〕 按梨洲對門戶相爭的指斥，早在〈明儒學案發凡〉即已如此，不待於晚年學案之序始爲特提，且反門戶亦不只限於理學界，如前章之討論亦可見其對文學界之復古派與唐宋派、唐詩派與宋詩派的對立深表不滿。此外，梨洲甚至對佛教界的禪宗門戶分別，亦嚴加批評，有關這一方面，可詳見其《南雷文案・卷四・答汪魏美問濟洞兩宗爭端書》、《南雷文案・卷六・蘇州三峯漢月藏禪師塔銘》、《吾悔集・卷四・清化唯岑巘禪師塔銘》、《南雷文定三集・卷二・東星鑒禪師塔銘》、《南雷文定三集・卷一・天嶽禪師七十壽序》諸文（收於《全集》冊 10 頁 176～179、513～525、675～676）。因此，梨洲反對門戶並非一時偶然之言或晚年的轉變，而是其一向的學術態度。事實上，陳榮捷《王陽明與禪》頁 186～188 已曾指出梨洲側重萬殊之精神，貫通《明儒學案》全書，早在寫作之前即是如此。

這裏主張義理學術乃自驗人禽、殊途同歸，文學作品乃出於性情、自暢歌哭，以「自得」來針砭以進取聲名爲其本質的門戶相爭，也就是說門戶之爭往往是夾雜世俗名利的實際考量所致。而馮全垓〈明儒學案跋〉頗能爲梨洲此一心意做一說明，他說：

> 有明講學之家，其辨析較宋儒爲更精，而流弊亦較宋儒爲更甚。垓謂學術必原心術，但使存心克正，兢兢以愼獨爲念，從此存養省察，雖議論或有偏駁，亦不愧爲聖人之徒。倘功利之見未忘，借先正之名目以自樹立其門戶，則矯誣虛僞，勢必色屬內荏，背道而馳。先生是書，殆欲以正心術者正學術歟！（〈明儒學案馮跋〉，《全集》冊 12，頁 172）

因此我們在推尋〈明儒學案序〉的實旨時，便不能忽略此一對社會影響的觀察角度，凡所論證，總須歸結到這條重大線索上。

（二）事實認識與價值決定

按序中大意在謂每一個人須有自得自信的態度，同時又具兼容並蓄的胸襟，而自得與兼容皆可同時成立則係其皆屬於「心」之一端。依本文第二章的討論，梨洲之心乃價值根源，我人對一切事實現象進行是非好壞的價值判斷時，其權衡的法則標準便在於此心，而非存在於外物身上，故說「窮理者，窮此心之萬殊，非窮萬物之萬殊」、「窮天地萬物之理，即在吾心之中」。而價值判斷的形成，係人以價值根源對各種事物所進行的活動，是故同一根源因對象不同，自有不同的判斷結果，如見孺子入井則惻隱、見嗟來之食則羞惡，即所謂「當惻隱自能惻隱，當羞惡自能羞惡」〔註 70〕，故梨洲說此心「變化不測，不能不萬殊」、乃「道體之無盡」。同時，就人類的立場來說，一切的事物與行爲雖未必皆是價值判斷，但人終將一一賦予或追求其價值與意義以爲之定位，而不只是任其客觀實然的存在而已，因此天地間一切的存在事實便是價值根源的作用對象與場域，亦即心乃可指涉一切萬物，故梨洲說「人與天地萬物爲一體」、「盈天地皆心」。梨洲在這裏並非主張唯心論，以爲心是宇宙的起源、心可以變現出所有的天地萬物，其意不過以心爲事物的價值根源而已，並非以心爲事物的存在根源，所以心必在人事物的互涉中始得朗現，否則即處於潛隱不彰而無法把握，故又說「心無本體，功力所至，即其本體」。此語我們在第二章第二節討論境界在工夫之中，與第四章第一節言及心體是

〔註70〕引語見《南雷文定三集·卷一·尚書古文疏證序》（《全集》冊 10 頁 61～62）。

待填實的道德認同感時，已有過說明，然彼處係由現象界之成果狀態，亦即工夫義的角度來看，實則梨洲此語尚另有一層由本體角度來看的深義。

析言之，首先，所謂「功力」，即指一種自覺地認同而追尋道德的努力行為，此由衷之行為的動力顯係來自價值的源頭「心體」，故不論主體之具體心智是否已合其本然風貌，只此行為的出現之當下，心體確已顯已在其中，即是心智單純本然的現形，故說「功力所至，即其本體」。所以這句話乃強調體在用中、體因用而見、即用始能見體，以心並非一種高懸的、靜止的抽象形上本體，而是在人類工夫活動所達之境，當下即是此心在此處所顯之本體，這決非取消或輕視「心」作為價值根源的本體體性，亦即依梨洲，「心體」是實有不虛的，但非別為玄妙之物，而是在人類工夫活動中即刻展現。〔註71〕

〔註71〕錢穆《中國近三百年學術史》頁29～30以為梨洲此乃重工夫，異於傳統心學家之多講本體，且與梨洲平日之論亦不同，係其晚年新解；又其《宋明理學概述》頁402亦謂無論是程朱的性即理或陸王的心即理，都要在宇宙人生界中找出一最高的指導原則，而梨洲此觀念卻不如此，把這統總一切的大原理忽視了，使得宋明理學放散，而開啟新時代的學術。錢氏這種意見似可再商榷。一方面，錢氏對梨洲此序中主張窮理當求於心中而不求於萬物之語，似乎未曾予以重視，故謂梨洲乃著意向外而非向內。事實上，對梨洲而言，工夫、向外、或者萬殊，其之所以值得肯定，皆出於「此心之性理」，倘失此內在本體，則斷非其首肯者。是故如《明儒學案‧江右王門學案一》（《全集》冊7頁393）記鄒守益語錄說：「某常看棋譜，局局皆奇，只是印我心體之變動不居。若執定成局，亦受用不得，緣下了二三十年棋，不曾遇得一局棋譜。不如專心致志，忽思鴻鵠，勿援弓矢，盡自家精神，隨機應變，方是權度在我，運用不窮」，鄒氏即正在肯定一心體之原則以應無窮之感發，我人不宜見其言心體變動不居，即謂之為無心體。另一方面，因為如《宋元學案》，據吳光考證其始編之年不會早於康熙二十五年宗羲七十七歲時（見《全集》冊6，頁908），故當屬晚年之著作，而其中之〈上蔡學案〉（《全集》冊4頁172）即說：「久之則敬即本體」、〈慈湖學案〉（《全集》冊5頁994）又說：「所謂覺者，識得本體之謂也」等等，皆仍明言有「本體」。其實，梨洲早先即已有此種體在用中的思想，並非晚年突發之新論，其《孟子師說‧卷二》（《全集》冊1頁62）已說過：「集義者，應事接物，無非心體之流行。心不可見，見之於事，行所無事，則即事即義也。心之集於事者，是乃集於義矣」，而我們在第二章第二節論「工夫在境界之中」時，也已看到梨洲在許多不同的著作中皆提及本體義與工夫義的區分。更宏觀地來看，梨洲此說亦是心學大家由現象角度申言工夫之必要與不可間斷的通義，當非取消根本本體，梨洲既皆見之，故亦不必晚年來自於陳確的影響。比如《王陽明全書‧語錄‧卷三‧傳習錄下》（冊1頁90、98）云：「心無體，以天地萬物感應之是非為體」、「工夫熟後，渣滓去得盡時，本體亦明盡了」；又如《明儒學案‧北方王門學案》（《全集》冊7頁748、752）載陽明再傳弟子尤時熙說：「聖人言工夫，不言

其次，我們知道梨洲所把握到的心體，事實上是對道德發用的認同感，因之本著此感即對任何世間之人物及其作為凡是表現或合乎道德性質者，皆立即予以全然肯認而對之無有任何異質的隔閡感、距離感。於是我之心智平靜無事之時，此認同感隱而不顯，猶如無有此心體，非真無，只是未宣而已；而凡是一旦目擊一切他人之功力所至者，以其間所涵具的道德初機，便是人人之心體所徹底認同者，而不能自劃於此行為之外；故亦須謂「心無本體，功力所至，即其本體」。顯然地，第一種的意思裏，是實行功力者的道德認同感在作用，這就是自得自信的成立基礎；而第二種意思裏，則是旁觀者的認同感在活動，這即是兼容並蓄的成立原由。有了前者，則人人可以自足自立；有了後者，則人與人便可相合而不對立。然而我們已知認同感畢竟是一有待填實的心體，是故須不斷以道德發用來興繼，因此自立自足與相合無對便皆又是不能中止的持續。也就是一方面當個人展開自覺的功力實踐時，即是價值根源已經發生作用於實踐者身上，故其功力行為即具價值與意義，但下一當下若功力不繼，則價值與意義隨即消失；另一方面則暗示價值根源之朗現，係一在宇宙中無限成長之動態的發展過程，某一時空、某一人物的作為只是暫時的成果，並不能取代、替換另一時空或另一人物作為之價值與意義，欲一成永成地停駐於永恒至善之圓滿境界乃為不可能，唯有每一時空、每一人物皆不斷相續地呈現心體，人人彼此的道德認同感才能滿足其對彼此的企盼，這才是全人類共有之價值根源的彰顯，亦即人人皆須自勉自勵、互待共

道體，工夫即道體也。隨人分量所及，自修自證，若別求道體，是意見也」、「做工夫的即是本體」；又如《明儒學案·甘泉學案四》（《全集》冊8頁245）載甘泉弟子唐樞說：「本等體段，原無一物可見，只從實踐徹悟處便是。若不用功，本體即不呈露；若踐不實、悟不徹，雖有浪講虛解，本然之體亦漫乎無具。故即人工夫所在這些，纔可名本體這些，豈得先有本體，將工夫去合？又先有工夫，復去見著一個本體？」；又如《劉宗周全集·冊二·卷十五·會錄》（頁600、602）載蕺山反對陶石梁主張「識得本體，不用工夫」時說：「工夫愈精密，則本體愈昭熒」、「本體只在日用當行之中，若舍日用當行，以為別有一物可以兩相湊泊，無乃索道於虛無影響之間乎」，而《劉宗周全集·冊三上·卷九·與履思（十二）》（頁615）又載蕺山語：「學者只有工夫可說，其本體處，直是著不得一語。纔著一語，便是工夫邊事。然言工夫，而本體在其中矣。大抵學者肯用工夫處，即是本體流露處；其善用工夫處，即是本體正當處，若工夫之外，別有本體，可以兩相湊泊，則亦外物而非道矣」。我們深知陽明學派主致良知、甘泉學派主張隨處體認天理、蕺山主戒慎獨體，則此等話語自非否定或輕忽「心體」之義。另外，此點又可參考華山、王廣唐〈黃梨洲哲學思想剖析〉，頁74、78。

成，而爲一體之道德大認同，不得脫離人群。〔註72〕

有了這些理解，則可再討論萬殊與一致的關係。我們或許可以下列等式來試著分析梨洲的意思：

$$價 \ 值 \ + \ 事 \ 實 \ = \ 現 \ 象$$

人類一切的意念與行爲所造成的每一存在現象皆包含著價值意義及事實內容兩部分。就理學而言，當一位修行者面對自身的具體處境展開功力的實踐時，這分自覺便是對道德的認同，亦即價值根源的呈現，故得賦予其功力實踐的價值，而亦與另一位有功力實踐的修行者彼此價值相等、不可相代；但因修行者自身的稟賦、操持的久暫生熟、經驗、知識、師友、生平遭遇、時代氛圍等等，造成各自的功力內容與所成就的狀態有異，這便是事實不同，從而構成具體學術現象的紛歧。因此萬殊的學術現象，其淺深、醇疵、詳略、是非、優劣竟乃是一事實問題，並不影響其價值有無，學術價值的來源只和價值根源有關，只要有功力之自覺即具等同而獨立的價值，而萬殊的學術現象即是價值根源在各種事實中的活動結果，藉由萬殊的成果始得以朗現人類普遍的價值根源之全幅存在。所以學者一方面須「修德而後可講學」，即要有必欲自家身心受用的自覺動機，針對自己的特殊性去自擇自得，「要皆功力所至，竭其心之萬殊者而後成家，未嘗以矇瞳精神，冒人糟粕」，使價值根源朗現於自己的活動處，如此始克具有價值與意義；另一方面則須肯定並欣賞前代及他人的造詣，心胸寬廣地兼容並蓄，蓋江河雖遠大於蹄涔，然亦非海，一人之獨見只是人類價值根源在單一時空的暫露，唯有不斷地匯納眾人之成就始得以保障學術免於枯竭死亡，而令價值根源永恒朗現。這即是以道德心體去貞定學術的價值、意義、發展方向、終極目的，並提供蓬勃豐富的生機動力，故說「此處一差，則萬殊不能歸一，夫苟工夫著到，不離此心，則萬殊總爲一致，學術之不同，正以見道體之無盡」。

〔註72〕 張學智：《明代哲學史》(北京：北京大學出版社，2000年)，頁466～468、479
　　　　～484謂一本萬殊是梨洲的根本思想，此思想貫徹在包括哲學史方法論在內的
　　　　一切方面，一本是萬殊的總合而非萬殊之外的東西，乃是兩種不同的觀認角度
　　　　而非兩種不同的存在；一本，從學術史著眼，即文化精神、學術統緒；分殊，
　　　　即各時代有代表性建樹的各個思想體系；一本萬殊就是文化精神、學術統緒體
　　　　現在各時代哲學家的各個不同的哲學思想中，這些思想家共同構成文化精神和
　　　　學術統緒。而有關梨洲此序中的主體性確立及其進境展示的過程與所蘊涵的學
　　　　術史觀，又可參考陳少峯：《中國倫理學史》(北京：北京大學出版社，1996年)，
　　　　上冊頁438～445；及蕭萐父、許蘇民《明清啓蒙學術流變》頁510～531等等。

　　我們發現梨洲這樣的思想並不只限於理學。比如，梨洲甚至亦據此立場去肯定佛道思想的意義，他說：

> 昔明道汎濫諸家，出入于老釋者幾十年，而後返求諸六經；考亭于釋老之學，亦必究其歸趣，訂其是非：自來求道之士，未有不然者。蓋道非一家之私，聖賢之血路，散殊于百家，求之愈艱，則得之愈真。雖其得之有至有不至，要不可謂無與于道者也。崇禎間，士大夫之言學者尚廣大，多以宗門爲入處，蔡雲怡、黃海岸、林可任、錢清溪其尤也。雲怡、海岸終爲綱常；可任白椎秉拂，一往不返；清溪未見其止。四先生者，所至各異，其求道之心則一也。(《南雷文案·卷八·朝議大夫清溪錢先生墓誌銘》，《全集》冊10，頁341～342)

在這裏梨洲異於一向對佛道二家的批評態度，改稱百家學術皆聖賢血路之散殊，學之者不論造詣如何皆與於大道。此種「求道之心則一」的價值肯定與「道非一家之私」的寬宏取徑，亦即是一心與萬殊、自得與並蓄的另一說法。〔註73〕又比如在前文第三章中的文學主張裏，亦認爲作者不可模擬，須寫出一己之真性情，同時又虛心學問以爲根柢，這就與〈明儒學案序〉自得與兼收的觀念一致。而由彼中及本節的諸引文的寫作時間散布在中年以後，並不局限於晚年才突然出現，故知此一思想並非梨洲晚年的重大轉變。但是此一思想較不堅執一家一派的主張，而能欣賞各家之心得，不加排斥，顯然與其《孟子師說》、《明儒學案》及若干論學書信中嚴斥程朱學派與王學末流、力闢傳統諸理學家理氣心性的誤說，大異其趣。關於這種矛盾現象又將如何解釋呢？其實在梨洲晚年的〈明儒學案序〉中仍可以明顯看出堅持心學基本立場，反對以理爲存在於心外的客觀準則、從而企圖在萬物上尋求此理，這是不同意程朱一系思想進路的表態；〔註74〕同時由「誰立廟廷之中正，九品參

〔註73〕按《孟子師說·卷七》「孔子登東山」章（《全集》冊1頁154）說：「游於聖人之門者難爲言，古今諸子百家，言人人殊，亦必依傍聖門之一支半解，而後得成其說，何曾出此範圍。譬之於水，則斷潢絕港，無波濤洶湧之觀；譬之於明，則爝火陽焰，所照無幾，能如聖門之觀瀾必照乎！蓋諸子出其私智，穿鑿於一隅一曲，井蛙之見，或斷或續，不成片段，故不可達之天下，所謂致遠恐泥也。」此雖對諸子之說未予高度讚美，但所謂出其私智、一支半解、仍在聖學範圍，則實與〈朝議大夫清溪錢先生墓誌銘〉一致，故梨洲對諸子的態度亦與〈明儒學案序〉對理學各家雖不許其皆到最高境界，但亦予肯定的態度一致。

〔註74〕另外，我們亦可由梨洲七十餘歲時的文字，即在《明儒學案》成書之後與寫〈明儒學案序〉之前間的篇章中，看出其偏主心學的立場。如《南雷文定後

差」、「諸先生，淺深各得，醇疵互見」、「間有發明，一本之先師」、「或淺深詳略之不同」諸語看來，顯然梨洲對歷來各家之說不是完全服膺、一視同仁，而是仍欲有所分別與鑑定。因此兼容並蓄與分別評定，在梨洲思想裏是同時共在的。〔註75〕我們由上一段的討論可知梨洲區分現象中的價值與事實，依其意，事實鑑定與價值品評乃是不同的兩回事，對學者的淺深、醇疵、詳略、是非、優劣的鑑別，乃是作出事實的客觀分析與陳述，並不是在對其根本的地位與涵具的意義進行價值判斷；而在肯定學術分殊的意義價值之大前提下，並非要否定任何進一步的得失考查之標準。蓋事實是被認識的，價值則是被決定的。認識與決定乃是不同的活動，認識是理解和解釋，決定是選擇「贊許或拒斥」，前者不改變被認識的對象與認識的主體，後者則改變做決定的主體之心態、創造被決定的對象之意義。認識事實而來的鑒定即衍爲《師說》、《學案》等等之指斥諸家的錯誤失當；決定價值所做的品評則是〈明儒學案序〉諸文等同價值、兼收共存之所本。所以此二點乃同一思想的兩個面向，彼此並不衝突對立，亦非思想有所轉變。〔註76〕

集・卷三・翰林院編修怡庭陳君墓誌銘》(《全集》冊 10 頁 432～434) 一文以程朱格物之學令陳錫嘏生病致死，痛惜陳氏閱讀《明儒學案》後，來不及改變學問進路即已亡故；如《南雷文定四集・卷一・移史館論不宜立理學傳書》(《全集》冊 10 頁 211～215) 一文在廢門戶、主張學術自由之中深具申心學、抑程朱的用心。凡此亦可間接說明梨洲一生心學傾向始終不變。而劉述先《心學定位》頁 61～62 亦謂梨洲《學案》之作終不脫門戶之爭；侯外廬等《宋明理學史（下）》頁 761、822 亦指出梨洲雖持折衷諸說、調和異同的態度，然頗有衵護陸王的偏見；鄭吉雄：〈論全祖望「去短集長」的治學方法〉，《臺大中文學報》1999 年 5 月第 11 期，頁 349 亦說梨洲固然長期研讀經史，但他畢生對格物的義解，不採用即物窮理、讀書博覽的說法，並無可疑；曹美秀〈論黃宗羲晚年思想之轉變〉頁 244～245 則謂梨洲晚年在思想上偏於王學的成分實大於朱學，明顯表現出反對朱學的立場。

〔註75〕鄔國平、王鎮遠的《清代文學批評史》頁 19 已謂如果我們因爲梨洲肯定兼容並舉，而以爲其否定思想學術的同一性，那就是莫大的誤會；從根本上說，他還是異中存同的，事實上，對普遍性、恆久性和同一性的追求代表了梨洲更爲逖遠的思想境界。

〔註76〕按梨洲乃是十分看重自己著作的人，寫作態度不苟，常因有新資料而更改舊作，(此點可參見前章論文學處之梨洲改訂舊稿、不亂寫應酬文字之例)，最著名者當屬四度爲陳確撰寫的墓誌銘。因此，如果梨洲在晚年寫〈明儒學案序〉時已放棄《明儒學案》中心學的立場，即使因其老病而無法刪改《明儒學案》，亦當會在〈明儒學案序〉中提出若干對舊作的建言，可是事實上〈明儒學案序〉中並無此種批判字樣，反而還引述陳介眉、湯潛菴、賈若水等人的稱譽，可見梨洲此時仍對《學案》一書十分滿意。

同時，這兩個面向連結起來，即指向一具有價值意義的宏富建構，此由〈明儒學案序〉中之「道猶海也」、「宗旨雜越」、「未始非一貫」、「天王之大，總括宇宙」諸語已可略見端倪。蓋凡是必欲齊一現象、只允許單一現象存在者，乃是不知事實之紛歧多樣，且壓抑價值根源體現於各種事實的活動天性；而凡是

然而許多學者反而依據梨洲四篇陳確墓誌銘，認為梨洲晚年思想受陳確影響而明顯轉變。其實在詳細比較梨洲四篇墓誌銘後，可發現其間的差異主要有二：（1）在內容上，初稿未引述陳確學說的要旨，失於簡略，故梨洲在閱讀陳確遺著後，於二稿中大幅補入學說內容，而三稿則對所補入的陳確學說稍加刪節，四稿則大幅刊削，改採概括濃縮意旨的做法，不再如二、三稿中詳引陳確言論；（2）在觀點上，由初稿之偏重於肯定陳確的遺民志節不愧為蕺山門人，轉向二、三、四稿之肯定陳確的學說大旨不背於蕺山思想，即由看重陳確的操守個性轉向重視其學術地位。至於此四篇墓誌的主要相同處則有二：（1）皆由潛心力行、自得自信的角度來讚美陳確；（2）皆由太過自信而偏執己見、立論尚未臻於純全來批評陳確。因此，我們似乎可說這四篇墓誌銘間的關聯，主要是寫作的發展，而不是思想的轉變。

蓋當如四稿之作法始為較佳的墓銘，即能確實全面了解墓主，而後扼要指出其一生心力所在之事項的特點成就如何，並慎選其生平行事之一二以點出墓主的性情品行，而不似二、三稿般流於冗長地抄錄著作，或初稿般失於記行唯多卻未能記言的疏漏。至於，諸稿中肯定陳確的用心與自得，並質疑其學說的偏頗或局限，正是梨洲區分價值與事實、兼收並蓄且分別鑒定的思想反映。

唯須再作說明者，則是梨洲在初稿中泛稱陳確為「劉門高弟」，在二稿中則稱陳確於蕺山之學「十得之四五」、「從遊雖晚，冥契心髓」，三稿中改稱「十得之二三」、「北面未深，冥契心髓」，四稿中此處仍同於三稿，但卻刪掉二、三稿中批評陳確不解道德心性的本自具足義一段，改添入其不信《大學》一段，而謂其說「未嘗背師門之旨」，係出於個人實踐所得，亦不無道理，劉門弟子們不須斷然反對。這一系列的進展，顯示梨洲漸漸意欲維護陳確學說在蕺山一派當中的地位，此一現象似乎不宜解釋為梨洲個人思想日漸傾向於陳確，而應視為梨洲在閱讀其書之後，了解到陳確強調道德心性的實踐表現，重工夫、重結果，乃是合於蕺山「體在用中」之意，具有矯正王學末流空疏之效，故許為劉門中真知蕺山學之人，但陳確因而忽略心性本自具足的超越層面，即未知蕺山思想尚有「用在體中」一義而為「體用一原」之旨，是故終於將陳確評定為「十得之二三」、「不無張皇」。亦即梨洲對陳確之觀點與態度的轉變，乃是發現其學說中具有蕺山思想的局部，有所見道而未全，並非全無義理，故當隸為劉門高徒，遠勝於全然不解師說的一般弟子，因此梨洲的這一轉變，代表其個人對陳確的客觀認識，而非其後來深受陳確影響，放棄原先的理學主張。至於梨洲此一新認識是否即為蕺山與陳確思想的實相，則是另一問題。（按：北京中華書局《陳確集》頁9及寧波師範學院黃宗羲研究室《黃宗羲詩文選》頁383，謂初稿未涉及學術問題，故重撰一篇，認為乾初於蕺山學十得之四五，引錄乾初原文特多，似有意為之傳布，復有改本，謂十得之二三，所引原文已減少，晚年又改定，篇幅更短，引錄益少，這表明梨洲與乾初的論學之旨是由近而疏的。此觀察亦有理，錄之備參。）

必以現象萬殊各爲不齊價值者,則是不知價值之唯一,徒陷於紛歧之事實,犯了欲在事實中尋求價值的錯誤。藉由唯一價值的貞定與萬殊事實的涵容,人類的文化生活便可健康而豐富,從而消弭貪圖世俗名利而來的門戶之爭、定於一尊,化解其所造成的社會亂象與學術危機。

至此我們可以了解,梨洲所欲闡釋的問題,其實偏重在文化與社會的影響層面,其在事實鑒定以外所提出的價值品評,並不似於理學家們的對各種工夫與境界造詣的分判,而主要是在澄清人們不解其所謂的價值根源之種種體性與隨之而來的發展。此價值根源即其〈陳叔大四書述序〉盤中走丸的「盤」、調和朱陸時所舉的「聖道」、〈明儒學案序〉萬殊一致的「心」,皆是梨洲心性論裏所實際把握到的道德認同感,此感因其具待成性且對人類之道德發用有著全然的肯認,故本此即對任何世間之人物及其作爲凡是表現道德性質者,皆予以包羅、肯定、尊重,更引向積極不斷的體現活動,而足以作爲文化生活裏人文大群的共同價值的基源所在。以下即再進究此一心體所成的宏富建構究竟是何等規模。〔註77〕

三、開創經天緯地的儒學規模

(一)「天地所依仗」的真儒

梨洲說:

> 物未有久而不窮,窮而不變者。時文之法,行之五六百年,其力竭矣……吾聞之「經天緯地曰文」者,必非場屋無用之文也;「通天地

〔註77〕詹海雲:〈清初陽明學〉,收於國立臺灣師範大學人文教育研究中心:《陽明學學術討論會論文集》(台北:臺灣師範大學人文教育研究中心,1989 年),頁 177～195,一文認爲「和會學術異同」爲清初陽明學特性之一,如李顒的不排斥羅欽順、孫奇逢的以程朱陸王皆爲大宗、及梨洲的《明儒學案》皆是,而早在南中王門的薛甲、周沖即試圖和會朱陸、王湛,江右王門的劉陽、黃宏綱、宋儀望、張潢已以周程義理解釋王學。按詹氏所舉諸人係在尋求一道德實踐上的理學義理之同歸與共法,而不欲修行者陷於門戶之議論,徒令義理淪爲知解之辯說,竟不能眞切踐履,而忘了理學本是一門攸關自己道德生命的學問。茲舉孫氏之說爲例,如《夏峯先生集·卷二·與魏蓮陸》中說:「陸王乃紫陽之益友忠臣,有相成而無相悖……我輩今日要眞實爲紫陽、爲陽明,非求之紫陽、陽明也,各從自心自性上打起全付精神,隨各人之時勢身分,做得滿足無遺憾,方無愧紫陽與陽明。無愧二子,又何懟於天地、何懟於孔孟乎?」由此當可見此和會之旨趣仍屬於理學內部,當與梨洲跳出理學思維之兼容並收的文明建構,在本質上並不太相同。

人曰儒」者，必非僥倖富貴之徒也。(《南雷文鈔・王君調先生七十
壽序》，《全集》冊 11，頁 23)

他反對科舉制度長久以來的錯誤制約，使得學習內容盡屬無用的八股文、錄
取人才則難免攙入無術無德之人，而認為須有變革，期以「經天緯地」、「通
天地人」之大作為的新格局。又說：

自科舉之學盛，世不復知有書矣。六經子史，亦以為冬華之桃李，
不適於用。先儒謂傳注之學興，蔓詞衍說，為經之害。愈降愈下，
傳注再變而為時文，數百年億萬人之心思耳目，俱用於揣摩勦襲之
中，空華臭腐，人才闒茸，至於細民亦皆轉相模鍛，以取衣食。遂
使此物汗牛充棟，幛蔽聰明，而先王之大經大法，兵農禮樂，下至
九流六藝，切於民生日用者，蕩為荒烟野草。(《南雷文定三集・卷
一・傳是樓藏書記》，《全集》冊 10，頁 130)

經生之學，不過訓故，熟爛口角，聖經賢史古今治亂邪正之大端，
漫不省為何物。(《吾悔集・卷三・高古處府君墓表》，《全集》冊 10，
頁 265)

《六經》之道，昭如日星；科舉之學，力能亡經。某題某說，主媚
有司；變風變雅，學詩不知；喪吊哭祭，學禮所諱；崩薨卒葬，《春
秋》不載。演為說書，蒙存淺達；棄置神理，助語激聒。(《南雷文
案・卷八・朱康流先生墓誌銘》，《全集》冊 10，頁 348)

凡此，皆在批評科舉令士人只知攻讀時文，使傳統經史等等典籍文獻盡淪為
迎合考試之無用、煩瑣、淺薄的傳注文意之揣模衍說，而真正關係到經世濟
民的大經大法、切於民生日用的一技一藝，及其間所揭示的歷史規律與文化
現象，皆荒廢不究。梨洲又曾舉實例說：

自科舉之學興，士人以華藻給口耳之求，無當於國家之緩急……余
嘗遇士人問「疊山何人」，余應之曰「謝枋得」；又問「枋得何人」，
余不知從何處說起，遂不應。又有士人過余齋頭，見《宋書》有〈陶
淵明傳〉，曰「淵明乃唐以後人乎？」余軒渠而已。兩人者，其一舉
人，其一進士。嗟乎！科舉之學如是，又何怪其無救於亂亡乎！(《南
雷文鈔・振寰張府君墓誌銘》，《全集》冊 11，頁 40～41)

此以親身所見舉人不識謝枋得、進士不知陶潛之事，痛斥科舉之學徒令士人
空疏無學、蒙昧無知，無補於實用以救國。又說：

天地鼓橐籥，邅流自成運；吁嗟運中人，逐浪隨波進；猶如魚喘喁，
終不離濕潤。試觀春秋時，根柢于忠信；未嘗無姦宄，怪蟲嚙樹癭；
其時賢大夫，檢押過霜刃；當其淫亂中，此理仍雷震……。

于中命曰儒，天地所依仗；鴻濛一氣內，錯互非一狀；所貴子儒者，
開物費劑量。……有如泛大海，卒遇黑風浪；舟師認針經，守柁俟
無恙；惡可袖手觀，聊以杜譏謗。後來本領薄，汩入身名障；呼吸
乏奇謀，議論空慨忼。吾學固如此，非常豈所望；是以言儒者，無
關於得喪……。

志士傷世變，開口談權術；抱薪而救火，其勢當愈疾；幽運吹流蠱，
淳風竟蕭瑟；纖兒粉子軰，狡獪破心出；前者苦未工，後來緯更密；
詐之復見詐，未知誰第一。庶幾以真誠，灰轉黃鐘律；嗟彼百色妖，
天空自消失；不解解連環，古語豈草率！譬如累丸家，業以累至七；
欲以累勝之，迸散斯可必；席上非腐談，忠信有十室。

儒家有堂奧，牛毛不足譬；冥契苟未深，出語即乖戾。凡子張空虛，
良楛亂市肆；土硃點《四書》，朱陸急同異。近來學人少，誰何識真
偽？遂以科舉學，劫人之聽視；括帖上下文，原無真實義；推之入
理窟，塗車可略地。有明三百年，人物多顢頇；何怪時厭薄，艱難
得委質；此曹愈紛紜，棄婦等標致。（以上俱《南雷詩曆補遺・脚氣
詩十首》，《全集》册 11，頁 349、351～352）

從這四首詩中可以看出梨洲以爲儒學的規模，必在於以忠信之道德來經世，
有本領，有實效，不逃遁，在歷史中化解危機、在社會上堅持理念，而不取
徑權謀詐偽以求短暫事功，可是明朝的科舉卻流爲空虛淺薄的時文窠臼，使
得三百年間少有合乎此理想標準的人物可言。此種「天地所依仗」、「根柢于
忠信」的真儒者，自覺地擔當起以道德價值引導人類社會發展的重責大任，
才是梨洲所衷心期許的儒學本分。

（二）包羅無遺的大事業

此種經天緯地、通天地人的儒學，並不是單方面地講求實用實效而全偏
於知識技藝的零碎研習，而是其間有一根本富源以貫串整體。關於此義，梨
洲說：

五經之學，以余之固陋，所見傳註……可謂多矣，其聞而未見者尚

千家有餘……言人人殊，莫知適從。士生千載之下，不能會眾以合
一，山谷而之川，川以達於海，猶可謂之窮經乎？自科舉之學興，
以一先生之言為標準，毫秒摘抉，於其所不必疑者而疑之，而大經
大法，反置之而不道。童習自守，等於面牆。聖經興廢，上關天運，
然由今之道，不可不謂之廢也。（《撰杖集・萬充宗墓誌銘》，《全集》
冊 10，頁 405）

這裏對經學提出「會眾以合一」的觀點，欲由傳統傳註之紛紜異說當中，博
觀返約，求得經書所欲垂示的大經大法，若只株守一家成說，在字句間分析
爭辯，則經學必無生命力而衰廢。然則何謂合一的大經大法？梨洲曾對張邦
奇謂陽明捨周程朱子之書而另為異論，加以批評說：

夫窮經者，窮其理也，世人之窮經，守一先生之言，未嘗會通之以
理，則所窮者一先生之言耳。因陽明於一先生之言有所出入，便謂
其糟粕六經，不亦冤乎？（《明儒學案・諸儒學案中六》，《全集》冊
8，頁 545）

據此可知合一者即是以「理」來會通諸經眾說，這種會眾會通並不是照單全
收、依樣葫蘆，而是允許個人的創造性詮釋，故其不以陽明說經為非。然而
是什麼理才能包容各說而別賦新解，又予以一貫之統合呢？梨洲又說：

（黃佐）先生得力於讀書，典禮樂律詞章，無不該通，故即以此為
教。是時陽明塞源拔本論，方欲盡洗聞見之陋，歸併源頭一路，宜
乎其不能相合也。然陽明亦何嘗教人不讀書，第先立乎其大，則一
切聞見之知，皆德性之知也，先生尚拘牽於舊論耳。（《明儒學案・
諸儒學案中五》，《全集》冊 8，頁 516～517）

（李經綸）先生與王、湛異者，大旨只在窮理二字。然先生之所謂
理者，制度文為、禮樂刑政，皆是枝葉邊事，而王、湛之所謂理，
則是根本。根本不出一心，由一心以措天地萬物，則無所不貫；由
天地萬物以補湊此心，乃是眼中之金屑矣。（《明儒學案・諸儒學案
中六》，《全集》冊 8，頁 582）

他認為「根本不出一心」，所謂「歸併源頭一路」的理即是人類的道德心，由
此一價值根源來貞定並發展出一切的知識與活動，即是無所不貫的合一。可
見梨洲之意，實際上最主要的並不是要回到經書中去做傳統的文字研究，亦
即不是匯集歷代傳註以澄清訓釋的經學，而是要以人心之道德為本源，來容

受、貫串、並開拓一切具體的禮樂刑政、制度詞章之種種事物，使得人間的
一切現實皆轉換成具有道德價值的存在，故言「先立乎其大，則一切聞見之
知，皆德性之知」。〔註 78〕所以梨洲釋《孟子・萬章上》「伊尹以割烹要湯」
章時亦說：

> 堯舜之事業，總然件件理會，亦於日用起居不加分毫……樂堯舜之
> 道者，欲其以堯舜之澤被諸天下耳。相傳只此一心，若己納之溝中，
> 仁之至也。其事爲之迹，原無一定，故能變揖遜爲征誅。(《孟子師
> 說・卷五》，《全集》冊 1，頁 125)

此即謂道德心性乃是大經大法之所在，由此自有各種適當的事業表現，只要掌
握此一價值富源，即有多樣多元的內容與作用。又說：

> 夫理不患其不一，所難者分殊耳，此李延平之言也。蓋延平以救儱
> 侗之失，而（李中）先生反之者，欲事事從源頭而出，以救零星裝
> 合之非。兩家各有攸當，非與先儒爲翻案耳。(《明儒學案・諸儒學
> 案下一》，《全集》冊 8，頁 593)

此見梨洲在價值之挺立以外，同時又重視價值根源所落實的、開展的活動，
亦即有體有用，兩不偏廢。如此一來，道理與知識同體相合，即可打造其心
中理想的價值事業。

〔註 78〕 何冠彪，〈明末清初思想家對經學與理學之辨析〉，《明末清初學術思想研究》
（台北：學生書局，1991 年），頁 27～29 認爲黃宗羲主張理學必本於經術，
目的在回復儒家通經致用的傳統，欲使理學本乎經學，通經以達致用，道
德不離事功。按此說似乎不甚諦當，梨洲應不是要貶低理學而將之收入經
學中，而是欲開創一種異於傳統經典傳註之學與空談性命之理學的新儒
學，亦即並非欲納理學於經學中，而是相反地，將理學與經學皆納入另一
新儒學中。何氏的論證，係由於其將陳龍獻與萬斯大的經學主張直接視爲
梨洲思想而以之去觀察梨洲本人的言論，且似乎刻意避開梨洲的以理統整
經學的言論，故有此言。當然梨洲不反對陳、萬的經學方法，但並非即是
梨洲以經學爲其全盤思想的最高指導。事實上，古清美〈清初經世之學與
東林學派的關係〉頁 47～48 已指出梨洲講經學不專於訓詁，而是借此以涵
義理，其經學內涵，即是立其大體的道德上善惡正邪的義理。當然，梨洲
的原意與實際造成的結果並不一致，正如程志華：〈經史才之藪澤也——黃
宗羲的經學思想〉，《河北大學學報（哲學社會科學版）》2004 年第 2 期，頁
30～34 所指出的梨洲在主持講經會時，並未忘記要與內在的心性合一，其
經學思想主要圍繞在闡述「成聖」思想和修正陽明心學而開展，但後來實
際上講經分量大大超過身心性命，已將經書變成學術研究的客體與對象，
不只做爲心之解悟的工具而已，因而否決理學的獨占，強調經學的本身，
而開啓了清學風氣。

　　梨洲既已強調道德爲一切之根本，但並不是要回頭去重新複現古典宋明理學的既有規模，而是要另行開創一番價值性大事業。他說：

　　　　余嘗怪一時風氣，無不講學。蓋講學者，勦襲成說，凡讀《四書》
　　　　者皆可爲之；至於吟詠，雖鄙固狹陋，亦必于魏晉六朝三唐略知梗
　　　　槪，而後可從事。(《南雷文定四集‧卷三‧董巽子墓誌銘》，《全集》
　　　　冊 10，頁 476)

　　　　今夫世之講學者，非墨守訓故之習，則高談性命之理。大言炎炎，
　　　　小言詹詹，有其聲而無宮角，寧當於琴瑟鐘鼓之調乎？(《南雷文定
　　　　四集‧卷三‧兵部督捕右侍郎西山許先生墓誌銘》，《全集》冊 10，
　　　　頁 467)

這是指斥當時理學界的空疏與雷同。在此種不良的學術風氣盛行下，又造成更惡劣的亂象，他說：

　　　　昔之學者，學道者也；今之學者，學罵者也。矜氣節者則罵爲標榜，
　　　　志經世者則罵爲功利，讀書作文者則罵爲玩物喪志，留心政事者則
　　　　罵爲俗吏，接庸僧數輩則罵考亭爲不足學矣，讀艾千子定待之尾則
　　　　罵象山陽明爲禪學矣。濂溪之主靜，則曰盤於腔子中者也；洛下之
　　　　持敬，則曰是有方所之學也。遜志罵其學誤主，東林罵其黨亡國。
　　　　相訟不決，以後息者爲勝，東坡所謂牆外悍婦，聲飛灰火如猪嘶狗
　　　　嗥者也。(《南雷文案‧卷十‧七怪》，《全集》冊 10，頁 632)

　　　　今世以無忌憚相高：代筆門客，張口輒罵歐曾；兔園蒙師，搖筆即
　　　　毀朱陸；古人姓氏，道聽未審，議論其學術文章，已累幅見於坊書
　　　　矣；乳兒粉子，輕儇淺躁，動欲越過前人，抗然自命，世無孔子，
　　　　不當在弟子之列。蓋不特恥爲弟子，相率而恥不爲師。(《南雷文案‧
　　　　卷十‧續師說》，《全集》冊 10，頁 638～639)

此則痛批整個社會充斥妄自尊大、互相攻訐，而內中實無眞本事、眞知見的怪現狀。在這種種批評之餘，梨洲提出正面的指示。他說：

　　　　儒者之學，經緯天地。而後世乃以語錄爲究竟，僅附答問一二條於
　　　　伊洛門下，便廁儒者之列，假其名以欺世。治財賦者則目爲聚斂，
　　　　開閫扞邊者則目爲粗材，讀書作文者則目爲玩物喪志，留心政事者
　　　　則目爲俗吏，徒以「生民立極，天地立心，萬世開太平」之闊論鈐
　　　　束天下。一旦有大夫之憂，當報國之日，則蒙然張口，如坐雲霧，

世道以是潦倒泥腐，遂使尚論者以爲立功建業，別是法門，而非儒者之所與也。(《南雷文定後集・卷三・贈編修弁玉吳君墓誌銘》，《全集》冊10，頁421)

又說：

嘗謂學問之事，析之者愈精，而逃之者愈巧。三代以上，祇有儒之名而已，司馬子長因之而傳儒林；漢之衰也，始有雕蟲壯夫不爲之技，於是分文苑於外，不以亂儒；宋之爲儒者，有事功經制改頭換面之異，《宋史》立道學一門以別之，所以坊其流也；蓋未幾而道學之中又有異同，鄧潛谷又分理學、心學爲二。夫一儒也，裂而爲文苑、爲儒林、爲理學、爲心學，豈非析之欲其極精乎？奈何今之言心學者，則無事乎讀書窮理；言理學者，其所讀之書不過經生之章句，其所窮之理不過字義之從違。薄文苑爲詞章，惜儒林於皓首，封己守殘，摘索不出一卷之內，其規爲措注，與纖兒細士不見長短，天崩地解，落然無與吾事，猶且說同道異，自附於所謂道學者，豈非逃之者之愈巧乎？(《南雷文案・卷二・留別海昌同學序》，《全集》冊10，頁627～628)

這裏一方面痛心於後世理學的庸俗化、淺薄化、狹隘化、公式化，淪爲沽名釣譽的工具，徒然標榜道德性命的高調，來顯示自己的卓越而逞辯爭勝、目空一切，究其實質，則眼高手低、迂腐無知、推卸責任，失卻處理實務的能力，絲毫無益於實際；一方面則可以看到梨洲對學問範圍的期許，舉凡道德、文學、政治、經濟、軍事皆包括無遺，文苑、儒林、理學、心學皆綰合爲一體儒學。如此經緯天地的大規模，自非科舉與理學的老窠臼所能籠罩概括。〔註79〕所以梨洲說：

慨自時風眾勢趨於科舉一途，苟非卓立千古之士，一第進士，便意滿志得，以爲讀書之事畢矣。故流俗之論，雖穿穴經傳，形灰心死，至於老盡者，苟不與策名，皆謂之無成。豈知場屋之外，復有大事！古今事物，錯落高下，不以涯量，帝王之所經營，聖賢之所授受，下而緣情綺靡之功，俱屬吾人分內。學者窮年矻矻，彷彿其涯涘而不可得。……使由是之爲，則且淳之爲道德，流之爲文章，溥之爲

〔註79〕錢穆《中國近三百年學術史》頁32～33已指出梨洲論學極重統整，欲治一切學問於一鑪，重復古典儒學之大全，其願力氣魄之宏大，良可嘆敬。

> 事業。……矻矻章句，錮人性命；視一科名，以爲究竟。正如海師，
> 針經錯亂；妄認魚背，指曰洲岸。所以古人，舉頭天外；些少得志，
> 曾不芥蒂。此志無窮，海怒鵬搴；希賢希聖，以至希天。(《吾悔集·
> 卷二·進士心友張君墓誌銘》，《全集》冊 10，頁 387～389)

此即言我人須由希聖希賢而至於希天，將聖賢道德、帝王事業、藝苑文章盡
視爲一己分內之事，以成就此一「大事」爲人生正確的究竟目標。顯然地，
此種「希天」並非單純的內心道德修養而已。又說：

> 夫道一而已，修於身則爲道德，形於言則爲藝文，見於用則爲事功
> 名節。豈若九流百家，人自爲家，莫適相通乎？(《南雷文定三集·
> 卷一·餘姚縣重修儒學記》，《全集》冊 10，頁 128～129)

至此當可知梨洲係以道德心爲一貫之道，教一切活動有一共同價值根源而相
通相成，不再各分畛域而零散局限；其用心在爲傳統學問開創生面，以建構
道德價值所貞定的宏富文化爲眞正的儒學規模，而這亦其自身博綜之學的來
源基礎。

（三）創造勇爲的豪傑精神

學問規模既是如此，梨洲對學者的期待便總結爲「立志」。他說：

> 學莫先於立志。立志則爲豪傑，不立志則爲凡民，凡民之後興者，草
> 上之風必偃耳。吾因而有慨。如洛閩大儒之門下，碌碌無所表見，僅
> 以問答傳註，依樣葫蘆，依大儒以成名者，是皆凡民之類也。故吾讀
> 宋之文集，遇此等便不欲觀，無奈世眼易欺，不敢置可否於其間，使
> 此學日流於膚淺耳。(《孟子師說·卷七》，《全集》冊 1，頁 151)

所謂立志，即以勇於批判、富於創造、志於表現來自我期許，不要做個隨順
前人、依傍權威、模倣典範的平凡人。梨洲這種立志顯然係著眼於文化的更
新，欲以一己之心得創作注入入人類建設之中，藉由多元的人文積累，以豐富、
壯大歷史文化，而非以成就道德修持的典型爲歸趨。蓋道德上的希聖希賢，
往往認爲各時空下的聖者均在相同的最高境界而欲求自己合乎模範，其所擔
心者正在於不相似，不在於別出心裁、自我樹立。這個道理，實即與我們上
文所謂傳統理學標舉自得乃是有一客觀境界標準在其中，是相合相同的，於
此不妨再看些例子，以更顯豁。比如明儒章懋：

> 或勸以著述，曰：「經自程朱後不必再註。只遵聞行知，於其門人語
> 錄，芟繁去蕪可也。」(《明儒學案·諸儒學案上三》，《全集》冊 8，

頁 371）

又如薛瑄說：

> 自考亭以還，斯道已大明，無煩著作，直須躬行耳。（《明史·卷二
> 百八十二》，頁 7229）

又楊時喬說：

> 薛子亦曰：「程朱大有功於萬世。」又曰：「後人於朱子之書之意，
> 不能遍觀盡識，或輒逞己見，妄有疵議，或勦拾成說，寓以新名，
> 衒新奇而掠著述之功，多見其不知量也。茲欲絕其弊，惟躬行講明，
> 俾天下後世曉然知其功不可背，其講學修德，徙義改過並進，勿專
> 以講為學，又勿為逞己見、寓新名者所搖惑。庶乎斯道明、世運泰
> 矣。」竊意今當必有其人。噫！微斯人，吾誰與從！（《明儒學案·
> 甘泉學案六》，《全集》冊 8，頁 328～329）

再如張岳說：

> 自得之言，出於孟子，其意亦曰漸漬積累，自然有得爾，夫豈必排
> 擯舊說，直任胸臆所裁，而謂之自得哉？三代而下，數聖人之經，
> 秦火之後，人自為說，至程朱始明矣。雖其言或淺或深，或詳或略，
> 然聖人遺意，往往而在。學者不讀之則已，如其讀之也，豈可不深
> 造而致其詳？詳讀古人之書，而有得其淺深詳略之所存，意有未安，
> 姑出己見為之說，期於明是理以養心而已矣，不在創意立說，以駭
> 人耳目也。有是心而言又或未當，其自蔽也甚矣。（《明儒學案·諸
> 儒學案中六》，《全集》冊 8，頁 553～554）

而顧憲成亦說：

> 夫人之一心……能全之者幾何？惟聖人而已矣。自此以下，或偏或
> 駁，遂乃各是其是，各非其非，欲一一而得其真，吾見其難也。……
> 學者之去聖人遠矣，其求之或得或不得，宜也。於此正應沈潛玩味，
> 虛衷以俟，更為質諸先覺，考諸古訓，退而益加培養，洗心宥密，
> 俾其渾然者果無媿於聖人。……苟不能然……其勢必至自專自用，
> 憑恃聰明，輕侮先聖，註腳六經，高談闊論，無復忌憚，不亦懼乎？
> （《涇皋藏稿·卷二·與李見羅先生書》，頁 21）

顧允成也說：

> 近言調攝血氣，喜怒不著，自有調理。此知足下心得之深，直透未

發前氣象，即《六經》且爲足下註腳矣。但恐此意習慣，將來任心太過，不無走作，其害非細。足下必曰：「聖賢之學，心學也，吾任吾心，何走作之有？」不知道心可任也，人心不可任也；道心難明，人心易惑。……弟近來頗無徑悟，只信得《六經》義理日益親切，句句是開發我道心處，句句是喚醒我人心處。學問不從此而入，斷非眞學問；經濟不從此而出，斷非眞經濟。（《小辨齋偶存・卷六・答彭旦陽儀部》，頁 308）

又高攀龍說：

寧守先儒之說，拘拘爲尋行數墨，而不敢談玄說妙，自陷於不知之妄作；寧稟前哲之矩，硜硜爲鄉黨自好，而不敢談圓說通，自陷於無忌憚之中庸。積之之久，倘習心變革，德性堅凝，自當恍然知大道之果不離日用常行，而步步蹈實地，與對塔說相輪者遠矣。（《高子遺書・卷八上・答葉臺山》，頁 485～486）

故自《學》、《庸》、《語》、《孟》、周、程、張、朱諸書而外，不敢泛有所讀。確守師說，亦不敢自立所見。（同上〈答史玉池〉，頁 494）

雖然薛瑄及章、楊、張、顧、高氏諸人係申程朱斥陸王的理學立場，但其中所說實亦充分表現出基於道德修行的實際考量，在對比於完美的聖賢典範之下，創造性、獨特性的自我並不必要、且不可能。因此即使是心學一系的陽明在龍場頓悟後，亦要有《五經臆說》、重定《大學》古本、《朱子晚年定論》之作，關於後者，他曾說：

平生於朱子之說如神明著龜，一旦與之背馳，心誠有所未忍，故不得已而爲此。（《王陽明全書・語錄・卷二・傳習錄中・答羅整庵少宰書》，冊 1 頁 64）

可見陽明所追求者實是「先聖後聖，其揆一也」的「一」之所在，未達此一，則心中不能平安。而陽明弟子王艮亦說：

正諸先覺，考諸古訓，多識前言往行而求以明之，此致良知之道也。（《心齋先生全集・卷五・奉緒山先生》，頁 505）

這裏提出學古的修行方法，其中仍是預設了前代聖賢的言行著述已得眞理，故爲後之學人所當資取印證的標準所在。而蕺山也說：

古人成說如琴譜，要合拍須自家彈。（《劉宗周全集・冊二・卷十五・會錄》，頁 597）

《書》云：「學於古訓乃有獲。」又曰：「學古入官。」故學必以古
為程，以前言往行為則，而後求之在我，則信諸心者斯篤，乃臻覺
地焉。(《劉宗周全集‧冊二‧卷八‧證學雜解（十三）》，頁313)

他雖是強調親身體驗內在心體，但是目標仍在藉由實地鍛鍊以期與古人所達之
普遍心體若合符節，故實地鍛鍊仍須以古為譜、為程、為則。所以蕺山又說：

學者誠於靜坐得力時，徐取古人書讀之，便覺古人真在目前，一切
引翼提撕匡救之法，皆能一一得之於我，而其為讀書之益，有不待
言者矣。昔賢詩云：「萬徑千蹊吾道害，四書六籍聖賢心。」學者欲
窺聖賢之心，遵吾道之正，舍四書六籍無由。夫聖賢之心，即吾心
也，善讀書者，第求之吾心而已矣。舍吾心而求聖賢之心，即千言
萬語，無有是處。陽明先生不喜人讀書，令學者直證本心，正為不
善讀書者，舍吾心而求聖人之心，一似沿門持缽，無益貧兒，非謂
讀書果可廢也。先生又謂「博學只是學此理，審問只是問此理，慎
思只是思此理，明辨只是辨此理，篤行只是行此理」，而曰「心即理
也」，若是乎此心此理之難明，而必假途於學問思辨，則又將何以學
之、問之、思之、辨之，而且行之乎？曰：古人詔我矣。讀書一事，
非其導師乎？即世有不善讀書者，舍吾心而求聖賢之心，一似沿門
持缽，苟持缽而有得也，亦何惜不為貧兒？昔人云：「士大夫三日不
讀書，即覺面目可憎，語言無味。」彼求之聞見者猶然，況有進於
此者乎？(《劉宗周全集‧冊二‧卷十‧讀書說》，頁358～359)

此即認為古代聖賢及其經籍著作，乃先得我心之同然，故即使如陽明欲求本
心之理者，亦須資為輔助、引導，以啟發及印證此一本心。由此觀之，我們
可以知道，不論是陽明專求己心還是蕺山兼而讀書，都是在尋求人心中普遍
的道德根源及其義理，每個修行者其終極的悟境皆是同一不二的，決不是自
樹一格、另謀發展。

然而，梨洲顯然大異於此。其釋《孟子‧盡心下》「孔子在陳」章時又說：

世交道喪，聖王不作，天下之人，兆民之眾，要不能空然無所挾以行
世，則遂以舉世之習尚，成為學術。但論其可以通行，不必原其心術，
揣摩世態，陪奉人情，在世路則為好人，在朝廷則為鄙夫。凡朝廷之
資格，官府之舊規，往來之情面，胥吏之成例，彌縫周至，無有罅漏。
千百年來，糜爛於文網世法之中，皆鄉愿之薪傳也。即有賢者，頭出

頭沒，不能決其範圍，苟欲有所振動，則舉世目爲怪魁矣。以是詩文
有詩文之鄉愿，漢筆唐詩，襲其膚廓；讀書有讀書之鄉愿，成敗是非，
講貫紀聞，皆有成說；道學有道學之鄉愿，所讀者止於《四書》、《通
書》、〈太極圖說〉、《近思錄》、〈東西銘〉、《語類》，建立書院，刊註
《四書》，衍輯語錄，天崩地坼，無落吾事。夫子之惡之，亦逆料其
禍必至於是也。「狂狷」是不安於流俗者，免爲鄉人，方有作聖之路。
　（《孟子師說・卷七》，《全集》冊 1，頁 164～165）

此處痛斥凡以遵循習尚爲學術，不能原於心術有所更新改革，皆是各種領域的
鄉愿；唯有能具不安於流俗、有所振動創爲、關心現實事務的狂狷風格，方有
作聖之路。是則梨洲的聖賢學術，其實已與傳統道德修養的理想不同。他又說：

道之在天地間，人人同具，於穆不已，不以一人之存亡爲增損，故
象山云：「且道天地間有箇朱元晦、陸子靜，便添得些子，無了後
便減了些子」。然無添減而卻有明晦，貞元之會，必有出而主張斯
道者以大明於天下，積久而後氣聚，五百歲不爲遠也。堯舜以來，
其期不爽，至孟子而後，又一變局，五百歲之期，杳不可問。……
說者謂孟子殁千五百年而周子出，河南兩程子爲得其傳。雖然，大
醇而小疵，終不及於三代，豈世運之遞降乎？吳草廬曰：「堯舜而
上，道之元也，堯舜而下其亨也，洙泗魯鄒其利也，濂洛關閩其貞
也。」余以爲不然。堯舜其元也，湯其亨也，文王其利也，孔孟其
貞也。若以後賢論，周程其元也，朱陸其亨也，姚江其利也，蕺山
其貞也，孰爲貞下之元乎？（《孟子師說・卷七》，《全集》冊 1，
頁 165～166）

此則不同意以周程諸理學家等同於孔孟聖學之傳承的全部，以其有疵而不
及，只許爲漫漫過程中的局部；又謂歷史是一階段一階段的氣運所聚，其中
之「道」則有明晦，而所謂道，根據前文論朱陸異同時已知乃人文大群的共
同價值所在。故知梨洲實是心期在眼前與未來開創另一新時代之新學術，此
新學術要能直繼三代之精神規模，突破舊式標舉心性的理學藩籬而「貞下啓
元」，而「主張斯道者以大明於天下」。亦即在新的歷史運會中昌明人文的條
理、意義，即在實然的氣化洪流之中，體現不易的應然價值之理，以形成文
化生活的新氣象。因此此一新學術的打造者，其實質乃是歷史薪傳、文化建
構的自覺承擔者，其所努力的，即在經由所增損創革的種種實務，去彰顯人

類普遍同具的道德天性。實務是積累的成績，故說「積久而後氣聚」；道德是恆在的具足，故說「不以一人之存亡爲增損」。這一將文化確實貫通以道德的宏深心願，便是梨洲「立志」的眞正內容。所以梨洲便針對來知德〈心學晦明解〉中「心學之一晦一明，天實囿之也……天不以全聰明與人矣，故心學不常明，聖人不常生，皆天有以囿之」的觀點予以反對說：

> 其論心學晦明，天實囿之，若是，一陰一陽之道，繼之者未必善矣。
> 嗚呼！人自囿之，而歸咎於天，可乎？（《明儒學案・諸儒學案下一》，
> 《全集》冊8，頁621）

此即挺立人的能動性、創造力，不將歷史運會推諉於無可奈何的天意命定，而須勇於承擔、轉變人間的現實。〔註80〕梨洲又批評金聲「死生利害之隨緣順受」的處世應事態度時說：〔註81〕

> 先生畢竟有葱嶺習氣者，其言逆境之來，非我自招，亦是天心仁愛之至，未嘗不順之，而「順」乃不過爲「無可奈何而安之若命」作一註疏。聖門之學，但見一義字，義當生自生，義當死自死，初不見有生死順逆也。（《明儒學案・諸儒學案下五》，《全集》冊8，頁706）

此亦是但問人心價值性的主動體現，而不是消極被動地順受生命中的遭遇，視爲天心的刻意安排。本於此種積極發揚內在的道德心力以成就文化大事業的基調，梨洲說：

> 舉世非之而不顧，擎拳撐腳，獨往來於天地之間，到得夫焉有所倚
> 地位，方是愼獨。（《明儒學案・東林學案二》，《全集》冊8，頁815）

傳統上對愼獨的詮釋大多採取道德內省修養的角度，但在梨洲這樣的愼獨義中，乃一建設開創、獨立勇爲的豪傑精神爲多，而與一般所說的聖賢氣象不甚相類，此正突顯出其心中理想的所繫。〔註82〕又說：

> 今海內皆知甬上，精綜六藝，翱翔百氏，危儒行，標清議，一切誇
> 誕骫骳之習擊去之。……亦知其所以至此乎？始陳子夔獻……以爲

〔註80〕其實來氏此文，觀其通篇所言，係以人有缺陷而不全，故議論創作不能無憾，後人當推陳出新以承繼，正亦屬肯定人之能動，梨洲未免失於片面武斷，然其思想旨趣卻鮮明可見。

〔註81〕有關金聲本人的說法，可詳見《明儒學案・諸儒學案下四》（《全集》冊8 頁715～718）。

〔註82〕張錫勤等主編《中國倫理思想通史》下冊頁71 已指出梨洲的新型理想人格，完全不同於傳統的「歸屬型人格」，他強調個性、進取，具有鮮明的時代特色。

文章不本之經術，學王、李者爲剿，學歐、曾者爲鄙；理學不本之
經術，非矜《集註》爲祕祿，則援作用爲軻傳。……於是爲講經
會……。天生豪傑，爲斯世所必不可無之人，本領闊大，不必有所
附麗而起。一片田地，赤手可以製造，無論富貴與不富貴，皆非附
麗也。爕獻以一諸生，旅見學宮，揖讓於博士之前，有何氣力，不
及十年而能轉浙河東黃茅白葦之風，槪使之通經學古……是無所附
麗之效也。方今天下多事，不可無爕獻，爕獻亦安能悠悠於邁軸乎？
（《南雷文案外集・陳爕獻五十壽序》，《全集》冊 10，頁 661～662）

茲不論此處是否出於應酬而溢美於其弟子陳赤衷（爕獻），但由所言陳氏之行
事，可見梨洲的豪傑精神乃是對家國社會的現況與前途，懷有強烈的使命感
和責任感，此感則是以主體意識中崇高的、不容已的道德感爲其基石，由之
而生出推動改革人生、人群現實的堅強意志力，毅然地展開行動，改變所處
時空的不當風氣。顯然此種無所附麗、赤手製造的斯世豪傑，乃是文化世界
裏的優秀人物、一時菁英，足以爲某種領域的引領風騷、開創風氣者，而不
僅是傳統理學中所企願的道德聖賢。事實上，道德聖賢亦不過爲此種豪傑當
中的一員，並非唯一，此點由上述「貞下啓元」說，欲在理學家後別開生面，
即可見知；而我們在前文論政治心術時，也已見到其《破邪論・從祀》中以
諸葛亮、陸贄等人應與周、程諸儒同祀孔廟。故梨洲又說：

從來豪傑之精神，不能無所寓。老莊之道德，申韓之刑名，左遷之
史，鄭服之經，韓歐之文，李杜之詩，下至師曠之音聲，郭守敬之
律曆，王實甫、關漢卿之院本，皆其一生之精神所寓也。（《南雷文
定後集・卷一・靳熊封詩序》，《全集》冊 10，頁 59）

此即以豪傑乃人類文化各種領域（諸如學術、思想、政治、歷史、文藝、科
學等等）的傑出創造之表現者。〔註83〕

（四）「道德認同感」與文化建設

討論至此，既已明白梨洲的思想，實際上乃是歸趨爲建構一道德價值的
文化體系，便可理解全祖望對梨洲的評述中所反映出的事實。全氏說：

謂明人講學，襲語錄之糟粕，不以六經爲根柢，束書而從事於遊談，
故受業者必先窮經；經術所以經世，方不爲迂儒之學，故兼令讀史。

〔註83〕關於梨洲所謂的豪傑，請參看馮契《中國古代哲學的邏輯發展》頁 1039～1045
中的說法。

又謂讀書不多，無以證斯理之變化；多而不求於心，則爲俗學。故
凡受公之教者，不墮講學之流弊。公以濂洛之統，綜會諸家，橫渠
之禮教，康節之數學，東萊之文獻，艮齋、止齋之經制，水心之文
章，莫不旁推交通，連珠合璧，自來儒林所未有也。(《鮚埼亭集·
卷十一·梨洲先生神道碑文》)

有明以來學術大壞，談性命者迂疏無當，窮數學者詭誕不精，言淹
雅者貽譏雜醜，攻文詞者不諳古今。自先生合理義、象數、名物而
一之，又合理學、氣節、文章而一之，使學者曉然於九流百家之可
以返于一貫。(《鮚埼亭集·外編·卷十七·二老閣藏書記》)

自明中葉以後，講學之風已爲極敞，高談性命，直入禪障，束書不
觀，其稍平者則爲學究，皆無根之徒耳。先生始謂學必原本於經術，
而後不爲蹈虛；必證明於史籍，而後足以應務。(同上，卷十六〈甬
上證人書院記〉)

在這些讚語之中，並不是說梨洲要片面地提倡或復興經學、史學、理學，或者
要以某種學問去補偏救弊，或者竟只是在嗜博全收而已；而是意欲將人間一切
學術、知識、表現，皆原本於經術之大道，證明於史籍之散殊，亦即使之相通
合一，返於道德心的一貫，從而發明此心之斯理的無窮變化，達到經世應務之
理想，亦即端正文化而昌盛繁茂。〔註84〕再如梨洲二十三世孫黃嗣艾說：

公既閱桑海，趨變博觀，晚年誨後進年少，輒專以讀書爲第一義。
謂學者不窮究經術，則幾無立身餘地，身之不守，國遑恤歟？蓋勘
透理路，事無小大，乃有把握……立國大原，殆捨禮教外無一是處。
民爲邦本，本固邦寧，這本字讀書做人耳。世運循環，一治一亂，
並不待高談玄妙一句話，天人感召，其惟曰慎獨工夫盡人而做起歟！
(《南雷學案·本傳》)

這也是說梨洲要人人由道德心性的慎獨工夫做起，勘透此理而把握一切大小
知識，全面建構禮教的道德文化世界。

總上所述，梨洲的生命情調、治學興趣、思想歸宿，實與理學家的職志

〔註84〕錢穆《中國近三百年學術史》頁 32 謂梨洲此乃欲以博雜多方之學，融成精潔
純粹之知；以廣泛之智識，造成完整之人格。按此見解好像有點顛倒，蓋梨
洲應係以此心之理爲核心、爲基原、爲一貫而去實現在各個領域上，不是以
外在的種種知識來形成內在精神。

不太相同。他不是以亦步亦趨於理學傳統為目標，而是以他對理學的研究中所把握到的若干要義，為人類一切活動及其個人各種學術活動之理論基礎與終極目的的說明。首先他提出獨創自用的自得觀念與兼容並蓄的學術態度，一方面在矯治虛偽、功利、空洞、浮泛、無用的學風，（如科舉時文、理學末流），一方面則在強調創新與融合、承續與發展；如此一來，則足以納受歷代人文的經驗成果，又不斷添益一己之新績，匯為不息的豐壯文化之流，而改善自身的時空氛圍，開創人類生活的新風貌。可謂乃局部借用傳統理學家自得觀念中強調道德實踐必須先有虔誠立志的說法，而不看重其中又須符合最高客觀真理境界的要點，也就是將「為己」之學由道德修養的意義抽換成文化生活的內涵。蓋文化建設、社會命脈的維續，所追求的是一種以人類整體而言乃為漸進上昇的歷程，往往須借助不斷地、大量地試驗與錯誤（try and error）的方式下某種偶然、意外的新發現、新發明，而將這些成功的新成果一個個逐步累加、組織起來，猶如生物的突變之於演化。故須由該文化中每一分子自身更新創造的豐富積累，彼此參考、借鑒、激盪、修正、融合，進而突破現況、邁向新紀元，始能通過各種危機、常保其生機，因此鼓勵廣博學習、多方創造便屬必要。而欲鼓勵學習與創造，則當以保有並肯定每一份子的心血貢獻為前提始得可能，故須採取兼容並蓄的恢宏、尊重態度，以形成自由的學術思想之風氣，保留大量有異有同、相反相成的各式成果，並反對過窄的取徑或特定的權威，儘量別太早地去排除或論定某些人的特殊展現，以免失去其間可能對他人或未來之此刻意想不到的啟發與作用；同時又須倡導以切實為己、真有所見、個人受用為出發，不以盲從附和為標竿，如此始能使廣博學習及多元創造成為可能，這是因為人的動機在面對切己的對象時比較強烈，而思維亦易於深入而靈活，行動亦易於持恆。

　　但是學習與創造亦不可毫無指標與節制，而淪為膚淺的、刻意的標新立異，或流於龐雜漫羨、零碎拼湊，或不切實際、僅供賞玩，或轉用於助紂為虐、圖謀私利以致反成危害，故又須以某種崇高的意義、價值做為規範、引導，而這在梨洲即是揭出人心中的道德認同感，作為其自得與兼容的內在依歸。此感在一己個人，即是心體，而為行動的根源與動力；在人類群體，則是「道」、是「理」，而為公共的律則與理想。本於此感，即必去、亦能夠貞定一切文化活動的發展。蓋道德認同感係是對道德的摯愛，由此摯愛出發，則對所遭際之一切人事物便具有一份不捨不忍的親愛感與責任義務感，簡言之，即具有一段「真情實感」；

有此一段真情實感，則對所遭際之一切人事物思欲有所作為、互動，不會任其敗壞而不聞不問，因之即主動去關懷並介入一切文化的活動；有了此一主動的關懷與介入，則對事物之隱曲能真正一一認識，而探討其客觀本質，訂出或找出該領域的殊相律則，以落實文化的活動；且文化活動的發展，亦因此關懷與介入，不得讓其任意發展而漫無目的，自必導向合乎人群生存的共同最大幸福，以滿足此段真情實感驅使下的心理始可，因之即建成了充滿相親相愛的道德價值與明確意義的文化生活，而文化不再是一堆自然人類的盲目、偶然、隨機的活動之總和。因此，以認同感為源，在其深刻的道德感召下，人自願意用全部生命行動去信仰、繼承、護持，並締造、成就這個道德王國，結果導向於道德價值性的文化體現。而在此感朗顯與實成的過程中，人類心智的萬殊活動各具其價值地位而得以開展，且又始終貫徹著相同的精神而整合為一體，這就是梨洲獨創的自得與群體的兼容兩者之成立關鍵，亦是此兩者相成即為文化建構大規模的理論保證。同時，在此總體性的思想指示之外，我們也可以看到，梨洲個人即本此思想而投身於博綜之學，而其每一領域的根本精神，不論是政治學中以心術為本源的道德文化義涵之政治理念、史學中由道德情操特化而來的歷史意識、文學裏回歸性情而轉化成承載歷史情感的詩史之作、科學上在人文實用目的下的自然實證研究，無不切切於道德認同下的真情實感，皆以之為本源，而終朝向一道德價值性的文化創造。

顯然地，梨洲思想不是單純的理學取向，而是別有寄託。梨洲以其道德認同感的心性主張為其整體思想之基石，使其博綜之涉獵能在道德堅持的引導下，成為一有機的整體，而不為不相連屬的百碎片段。是故他承繼傳統心學而不與之盡合，此轉出正是其思想精彩用意處所不可或缺者，我人既不應忽視心性之學在梨洲思想中的重要性地位，亦不應只孤立地觀其理學主張，而遽謂其見未深，乃一極差的理學家。至此可知，梨洲由感受性、情感性的道德認同感，轉化出主導意識的道德意志力，最終的歸趨在以之作為撐起外王的最高理念、根本信心、弘大剛毅的擔當力及行動力，因此這一道德認同感的地位極其重要而不容稍有懷疑，這也就是他為何要不厭其煩地反對無善無惡，指斥其必導致名教蕩然，而堅持至善本體與情識有別的最深層原因。同時，亦可知梨洲所謂的「心無本體，功力所至，即其本體」種種的工夫主張，乃文化建構的傳承義，而非傳統理學家單純的道德踐履義，即其工夫的實質在於做為成就文明社會的努力、條件，而不是成就道德完美的修行者。

討論至此，既已知梨洲「心性」論具有一跨出理學藩籬的特殊意義，我們則可進一步在下節中藉由其「理氣」觀，發掘此特殊意義的更多內涵，從而了解到其全部的理學主張在其思想中的基礎地位究係如何。

第三節　傳統心學的思想格局與梨洲思想的意義

我們既已藉由梨洲「心性論」與傳統心學的異同，了解到其建構道德價值之宏富文化的思想大旨所在，便可進而檢討此一思想的理論根據與可能的困難。這一問題可由雙方對「理氣觀點」的差異來切入。蓋理氣觀代表其人對宇宙事物的基本看法，影響了各自人生終極取向的大格局。而由前文的討論，既然梨洲心期一種範圍廣大的學術，且自身亦有不少實際窮究經史百家技藝的行動，然則我們是否可說梨洲的學問「已遠遠超出理學家心性理氣、誠意慎獨的格局」、「也大大超出正統儒學的範圍」呢？〔註85〕這樣崇高的評價論定，未免過於簡化與片面，必須予以細論其間曲折始可，而這一曲折的揭示亦須回到雙方思想基本預設的線索上，才能比較清楚地朗現。是故此下將以理氣論為觀察焦點，而以思想所蘊涵的發展大方向為討論重心。

一、傳統心學由內聖而外王的觀點

（一）道德心對客觀事實的涵攝與轉化

其實在理氣觀方面，心學家們一向不太正視「氣」的地位，雖有言及，但所述多是籠統。例如，象山並未認真討論實然之「氣」觀念，〔註86〕其學主要只在單提一心，重點放在論本心之即理，如謂「宇宙便是吾心，吾心即是宇宙」、「萬物森然於方寸之間」、「道未有外乎其心者，自可欲之善，至於大而化之之聖、聖而不可知之神，皆吾心也」、「吾一性之外無餘理」之類。〔註87〕再如陽明亦主言良知，對理氣的論述則較少、較次要，他說：

> 在物為理，處物為義，在性為善，因所指而異其名，實皆吾之心也。
> 心外無物，心外無事，心外無理，心外無義，心外無善。（《王陽明

〔註85〕引語見李廣柏《新譯明夷待訪錄・導讀》，頁5、6。

〔註86〕此點或可參考拙作《陸象山心學研究》（高雄：中山大學中文系碩士論文，1998年），頁43～44。

〔註87〕引語分別見《陸九淵集》，〈卷二十二・雜說〉、〈卷三十四〉、〈卷十九・敬齋記〉、〈卷三十・天地之性人為貴論〉，頁273、423、228、347。

全書‧書錄‧卷一‧與王純甫（二）》，冊2頁9）

程子謂「論性不論氣不備，論氣不論性不明」，亦是爲學者各認一邊，只得如此說。若見得自性明白時，氣即是性，性即是氣，原無性氣之可分也。（《王陽明全書‧語錄‧卷二‧傳習錄中‧答周道通書》，冊1頁50）

人者，天地萬物之心也；心者，天地萬物之主也。心即天，言心則天地萬物皆舉之矣。（《王陽明全書‧書錄‧卷二‧答李明德》，冊2頁53）

這也是將一切事物及義理全收攝於良知本心，而無有根本分別。

眞正對「氣」觀念多所著墨且與梨洲關係密切者，主要是蕺山。〔註88〕按蕺山說：

非流行之外，別有箇無妄之理。（《劉集‧冊二‧卷十三‧學言中》，頁483～484）

盈天地間一氣也，氣即理也。天得之以天，地得之以爲地，人物得之以爲人物，一也。人未嘗假貸於天，猶之物未嘗假貸於人，此物未嘗假貸於彼物，故曰「萬物統體一太極，物物各具一太極」。自太極之統體而言，蒼蒼之天亦物也；自太極之各具而言，林林之人，芸芸之物，各有一天也。（同上，頁480）

由這些「以氣爲理」言論看來，彷彿蕺山認爲物物各自有其殊異而地位均等，

〔註88〕本文以下對蕺山的道德心涵攝萬物之詮釋，係依據牟宗三等人的「道德的形上學」之義理而來，本文的詮釋不過是套用或模仿其方式，加以淺化以施於蕺山而已。而所謂道德的形上學，即經由道德實踐的進路來接近或證成形上學，亦即由仁心不息不已的感通覺潤而爲天地萬物的創造生化原理，其說屢見於牟氏書中。舉例而言，諸如其《心體與性體》冊1頁8～11、115～117、137～138、322～323、冊2頁223～224、《從陸象山到劉蕺山》頁184～188、196～199、《智的直覺與中國哲學》（台北：聯經出版事業公司，2003年）頁237～259、《中國哲學的特質》（台北：學生書局，1990年）第四、五、六、九講等等。又唐君毅《中國哲學原論：導論篇》（台北：學生書局，1993年），頁361～367、503～507、《中國哲學原論：原道篇》（台北：學生書局，1993年）卷三頁473～511、《中國哲學原論：原教篇》頁500～501等等，亦皆有所相關。並可參考蔡仁厚《王陽明哲學》頁146～147、162～178、《宋明理學（南宋篇）》頁236～237、253；劉述先《朱子哲學思想的發展與完成》頁485～520；及吳登臺：〈「心學」是否爲唯心論商榷〉，《鵝湖》1978年9月第4卷第3期，頁10～20等等。

不得相假貸，亦即不具有最高的創生造物能力；唯有其間共同的氣，乃爲超越萬物的形上本體且構成了萬物自身，是故傳統上所謂支配萬物的理不過是氣。然而，再觀蕺山說：

> 盈天地間，一氣而已矣。有氣斯有數，有數斯有象，有象斯有名，有名斯有物，有物斯有性，有性斯有道，故道其後起也。而求道者，輒求之未始有氣之先，以爲道生氣，則道亦何物也，而能遂生氣乎？
> （同上，頁 480）

此即謂在具體自然事物成形後，再經由人類的認識理解，始成爲人文世界中的事物，其間的道德意涵及處理的原則至此方有。於是可見蕺山確實了解到自然事實（氣、數、象）與人類主觀下的道德價值事物（名、物、性、道）之性質不同，而其所著重者，則是此一人文賦予的道德性轉化後之「道」，並非關注宇宙論思路裏之先氣而生氣的「道」，去企圖解決萬物起源的形上本體問題。所以他說：

> 若以太極生兩儀，則太極實有一物矣。爲此言者，蓋擬夫子贊《易》之說而誤焉者也，毫釐之差，千里之謬也。（同上，頁 478）
> 天地之間，一氣而已，非有理而後有氣，乃氣立而理因之寓也。就形下之中指其形而上者，不得不推高一層，以立至尊之位，故謂之太極，而實本無太極之可言，所謂「無極而太極」也。使實有是太極之理，爲此氣從出之母，則亦一物而已，又何以生生不息、妙萬物而無窮乎？今曰「理本無形，故謂之太極」，無乃轉落註腳。太極之妙，生生不息而已。生陽生陰，而生水火木金土，而生萬物，皆一氣自然之變化，而合之只是一個生意，此造化之蘊也。（《劉集·冊二·卷七·聖學宗要·濂溪周子》，頁 268）

觀此反對「理先氣後」之說，可見他其實並不關心氣由何而來、又如何流行而變化生物的具體過程，且又認爲後出的理卻能主宰先在的氣，反而成爲至尊無上的太極，則可知蕺山所重視的當在普遍生意之理，不在「盈天地間」的氣。他又說：

> 天地之大，本吾一體。盈天地間，有一物失所，即我之失所，非徒安全之而已，又必與天下同歸於善，然後有以盡其性。蓋吾善善之量原如此。（《劉集·冊二·卷十二·學言上》，頁 437～438）
> 至哉萬物備我之說。萬物皆備，而後成其所謂我。若一物不備，我

> 分中便有虧欠。一物有虧欠，并物物皆成滲漏。如人身五官百骸，
> 有一官一骸之不備，則眾官骸皆不成其位置。(《劉集·冊二·卷十
> 三·學言中》，頁 506)

據此可見所謂的支配萬物的生生之理，實際上指的是我人心中的道德。蓋因
人類的道德心性必將跨出私我而欲涵蓋一切，與萬物同情共感，使萬物皆得
其正、同止至善，而後始覺圓滿，否則便覺有所虧欠而若傷我者，是故基於
此種「吾善善之量原如此」，而說「天地之大，本吾一體」，不敢令一物不在
道德心貫注下；既然此一普遍地保全照護事物而成其美好的存在與活動，乃
是如此地超出肉身的生命限度而爲無窮盡、無始終的關懷，正如同於天理般
予造化的不息生意，故能即爲普遍生生之理。

　　然而，所謂物我一體，實是道德心量所致，並非人與物本已無別；同時，
心中道德能普化爲霑漑萬物的生生之理，實亦是有待於對道德有所自覺之人
的努力推擴。所以說：

> 纔見得有箇萬物，便不親切。須知盈天地間，本無所謂萬物者，萬
> 物皆因我而名。如父便是我之父，君便是我之君，類之五倫以往，
> 莫不皆然。君父二字可推卻身分外乎？然必實有孝父之心，而後成
> 其爲我之父；實有忠君之心，而後成其爲我之君，此所謂反身而誠。
> 至此纔見得萬物非萬物，我非我，渾然一體，此身在天地間，無少
> 欠缺，何樂如之。(《劉集·冊二·卷十五·會錄》，頁 617)

此即進而申說客觀事物，若由人的立場來認識時，並不只是客觀事物，而是
在人心定位下的事物，人心必賦予該事物以關係脈絡、意義價值，因之轉化
爲道德心涵攝下的事物。比如客觀的父轉化爲吾之父，即是成爲與一己生命
息息相關、帶有不可割捨的情分、負有不可脫卸的責任義務的「吾之父」。所
以說若非「實有」這道德心，則事物無法成此轉化，依然只是原來的客觀存
在而已。故知「盈天地間本無所謂萬物」、「萬物皆因我而名」，並不是眞地說
主觀的精神可以變現或創造出宇宙事物，而是說人心的道德根源總是導向道
德性的涵攝活動，使得萬物與我皆成了同在的生命共體，而非截然不相干的
主客分立。因此又說：

> 盈天地間皆物也。自其分者而觀之，天地萬物各一物也；自其合者而
> 觀之，天地萬物一物也，一物本無物也。無物者，理之不物於物，爲
> 至善之體，而統於吾心者也。雖不物於物，而不能不顯於物，耳得之

> 而成聲，目寓之而成色，莫非物也，則莫非心也。……心非內也，耳
> 目非外也；物非粗也，無物之物非精也。即心即物，非心非物，此謂
> 一以貫之。（《劉集・冊一・大學古記約義・格致》，頁 759～760）

> 身在天地萬物之中，非有我之得私；心包天地萬物之外，非一膜之
> 能圍；通天地萬物為一心，更無中外可言；體天地萬物為一本，更
> 無本之可覓。（《劉集・冊二・卷十二・學言上》，頁 463）

此即描述主體完全置身於道德心的一理之內，進入一物物相涵相攝而泯除物
我、物物、心物種種對立分別的一片道德世界中時的狀態。這樣的視角，自
然不同於客觀觀察宇宙的角度，故本來與人有別、各自獨立的萬物，便全在
心中的道德根源主動涵攝、普照下，而我與天地萬物皆備其中，而「即心即
物，非心非物」，只是一片吾心的至善世界。因為這是主動採取「自其合者而
觀之」，而不以一般「自其分者而觀之」的結果，所以蕺山並非在描述對事物
客觀分析後所認識的客觀事實，而是在宣說主體完全採取道德轉換後所體會
到的真實境界，此境界早已內化完具於主體的道德根源中，一旦主體進入其
中即刻成為其人生生命的呈現，所以此境界亦是一種普遍的真實，亦即「通
天地萬物為一心」不是客觀世界裏的事實之陳述，而是道德世界中的事實之
斷言。

　　既然蕺山的立意總是傾向於主動地進入道德心體的世界，而後表述此世
界中的所知所見，這便顯示一種價值選擇的心態，亦即蕺山認為這樣做比較
適當。所以當他說：

> 周天三百六十五度四分度之一，日一歲，一周天。而天以一氣進退，
> 平分四時，溫涼寒燠，不爽其則，一歲如此，萬古如此。即其間亦
> 有愆陽伏陰，釀為災祥之數，而終不易造化之大常。此所謂「大哉
> 乾乎，剛健中正，純粹精也」。（《劉集・冊二・卷十三・學言中》，
> 頁 493）

> 天道有氣盈朔虛，積而成閏，最是窮則變、變則通、通則久處。其
> 在人心，即是一中趲出過不及之端，如大舜之不告而娶，周公之破
> 斧東征，皆處時勢之不得不然，而委曲旁行以全其愛親之心，所謂
> 過而不過也。（同上，頁 493～494）

這正是以一善去包容一切，故看整個宇宙便全是井然的道德秩序。文中強調
愆陽伏陰的受制於造化大常，而刻意忽略愆陽伏陰的突變事實，亦即認為氣

具有必然規則性，不得僅視之爲氣，而當謂之爲有理之氣、理中之氣。此一
論點實即指出理的優越、主宰地位，而非突出氣的重要以作爲理的存在基礎。
蕺山基於內在道德心的視角去看待外在的自然宇宙，便去揀擇當中似乎具有
規律循環的若干現象，而謂之爲常道，然後加以美化、欣賞、類比，稱讚爲
大哉、純粹、同於人心的一中與全愛，這一稱讚乃是由衷地感動於天人同德，
而實與客觀天地無關，其全係由於先前的道德轉換，整個身心早已浸潤在萬
物備我的境界中所致。所以若是科學家去觀察宇宙，應不會發出「剛健中正」
之類道德價值性的評語，至多只是覺得宇宙有著奧妙的自然機制罷了。因此
可知，對蕺山來說，自然的宇宙其實只得是個道德的宇宙，自然的宇宙他並
不關心，真正有意思而須致力的，則是改以道德心體的立場重新去看待一切
事實，將自然宇宙轉換成親切可愛的道德價值宇宙。然而此一看待，原是心
體的視角，若由此出發，則「看待萬物」即須進而成爲「對待萬物」，亦即真
正地在行動上去關護萬物、休戚與共，而不能老是只在心裏去物我一體。明
白這一點，我們便可了解他對人事的態度。他說：

> 性無性，道無道，理無理，何也？蓋有心而後有性，有氣而後有道，
> 有事而後有理。故性者心之性，道者氣之道，理者事之理也。(《劉
> 集·冊二·卷十五·會錄》，頁 608)

> 無形之名，從有形而起。如曰性、曰仁義禮智信，皆無形之名也。
> 然必有心而後有性之名，有父子而後有仁之名，有君臣而後有義之
> 名，推之禮智信皆然。(同上，頁 607)

這些話語的重點並不是說須先有具體形質的事實基礎，然後才能有道德義理
的價值附生於其上。蕺山係謂萬物既不得爲自然性質，須是在道德心體涵攝
下轉爲道德性質，則我人對待萬物時，必須依循道德的態度、原則、規範等
等，予以明確地處置，以落實、完成此一轉化。故說有心氣事物而後有性理
道義、有父子君臣而後有仁義倫理，即謂唯有將性理道義體現於心氣事物中、
將仁義倫理施行於父子君臣間，性理道義、仁義倫理才成其爲性理道義、仁
義倫理，亦即性理道義、仁義倫理不得虛懸世外而自在自爲。因此可見所謂
先有事物而後有道理，正在申明吾人當主動地對客觀事實施行道德轉化，並
非意欲強調價值的先在事實性基礎，故雖梨洲亦有仁義後起之說，〔註89〕但

〔註89〕是故，若必欲爲梨洲的仁義後起之說尋一源頭，則當謂其語彙源自蕺山即可，
似不需如古清美〈黃宗羲的兩種《師說》〉、〈黃宗羲的《孟子師說》試探〉等

兩人意思不太相同，蓋梨洲以之強調道德的源由必有前在的人情基礎始得成立，蕺山在此則特別強調實然生命須成爲倫理道德的開展對象、作用場域。所以蕺山才說：

> 天者，萬物之總名，非與物爲君也。道者，萬器之總名，非與器爲體也。性者，萬形之總名，非與形爲偶也。（《劉集‧冊二‧卷十三‧學言中》，頁480）

> 離器而道不可見，故道器可以上下言，不可以先後言。「有物先天地」，異端千差萬錯，從此句來。（同上，頁481）

> 君子之所謂道者，率性而已矣。盈天地間皆性也；性，一命也；命，一天也；天即心，即理，即事，即物，而渾然一致，無有乎精粗上下之歧。（《劉集‧冊二‧卷十四‧四庫本劉子遺書學言拾遺》，頁568）

> 盈天地間，凡道理皆從形器而立，決不是理生氣也。……後儒專喜言形而上者，作推高一層之見，而於其所謂形而下者，忽即忽離，兩無依據，轉爲釋氏所藉口，眞開門而揖盜也。至玄門則又徒得其形而下者，而竟遺其形而上者，所以蔽於長生之說，此道之所以嘗不明也。（《劉集‧冊三上‧卷七‧答劉乾所學憲》，頁431）

此即言天道固非形下物，猶如道教般以實然存在爲終極，但亦不得虛懸於器物之上而爲與之相對的獨立物，性理須即氣化流行、形下世界、具體生活而在才是眞性理，不必別尋事物之先的超越形上本體。蓋道與器（或者說理與氣），並非出現時間上、創生次序上的先後關係，而是主從尊卑的上下關係，主人係在僕從簇擁下始爲主人，沒有僕從的主人不算是主人，故說「離器而道不可見」、「凡道理皆從形器而立紀」；然而，作爲形器之主而立形器之綱紀的大道，並不是個驕縱恣控的主人，而是無盡關懷的道德涵攝，是故此種上下關係的實質乃是道器二者的渾然一致，故謂性即命、即天、即心、即理、即事、即物，一切無有歧別對立。蕺山此說的要點，即在「盈天地間皆性也」一語，亦即：天地之間的一切，全數皆是我人道德心性中的道德事物，無有例外；此一天地便是此道德心性唯一的存在與活動之場域，不得逃遁；一切人己、心物即在此場域中，同體共生，融成一片；而此場域中最高的律則，即是順此道德心性之本然，故謂「率性而已矣」。於是可知，此一思想係在確

謂係受到陳確影響所致，蓋劉黃之間已知確有師生關係的存在。

立道德心性的主導地位，而主動地完成道德心之涵攝，因此蕺山歸結說：

> 學者須是見道分明。見道後，方知所謂道不可離者，不是我不可須
> 臾離道，直是道不能須臾離我。（《劉集・冊二・卷十三・學言中》，
> 頁506）

真正的歸宿乃是自覺地進入此一道德世界，故謂人是主動、道是被動，道不能離我，肯定人大道小，須以人弘道，展開踐道的擔當，在天地間奮鬥，去成全萬物，而非「我不可須臾離道」般消極地為某一客觀超越的本體所宰制。

　　總結蕺山的理氣觀，我們可以發現，傳統理學中的理氣論，主要是藉由探討天地創生、宇宙本源的事實問題，以建立人類道德價值的無上地位，是故程朱學派宣說「理生氣」、「理先氣後」，將實然世界歸屬於絕對的應然律則；然而蕺山的理氣觀卻未遵循這一思路，他不去作事實性的分析推測，改而談論價值實踐的問題。蕺山不去追索當前所見的時空究係如何生成出現之問題，他只是直接地接受目下的天地，而主動地採取一價值取向，以人內在的道德心將一切事物轉為道德意義的事物，不只在心中轉成，而且要在天地間實成一片道德的活潑世界。所以他雖說氣在理先、道乃後立，實則這個異於理的氣乃屬幫襯，只是做為此理的體現場地，以突顯此理須與人間事實相即不離。其說畢竟側重在此後起之理的主宰性，是故其「盈天地間，一氣而已」的實質歸趨卻在「盈天地間皆性」，亦即「以理攝氣」、「以道德心攝萬物」，不是竟認氣為理、以物為心。顯然在蕺山的理氣觀中，先在之氣是自然事實，後立之理是人文賦予，二者的來源性質不同，彼此不能相生，所以既不同意理能生氣，但也只說「氣立而理因之寓」，未曾明言氣能生理，故知其並不在討論誰生誰的宇宙本體問題，企圖去為人的道德價值尋一堅強的事實基礎，以滿足形上哲學的理智需求，而是在探討道德心性如何去對待事實世界，使之成為價值世界裏的生命實踐問題。因此，傳統的理與氣二大根本觀念，在蕺山這裏，卻變成其心性的作用對象。這就令人想起蕺山的心性論。所謂道德涵攝的轉成與實成，正是在確定心與物、氣與理有客觀差異的前提下，完全順承道德根源內化鍵結後之定向作用，依體用一原之義，使其皆在意根心體內相涵互攝，並進而落實為「生命道德」的人生體現，故心性有別與道上器下、體用一原與萬物備我、即心言性與即氣言理、心體至善而無惡與造化不爽而剛健中正，乃是異曲而同工。於是我們可以結論說：理氣觀不是蕺山心性觀的理論基礎、事實根據，相反地，理氣觀不過是其心性觀的延伸、補

充；係將意根的體性與內涵，由原來在心性觀的討論裏偏重於分疏其在人類心智內的種種情形，拓展至人類面對廣大的客觀外在世界時，所應持循的態度，亦即理氣觀只是特別去討論意根在宇宙天地間的地位與作用而已。

（二）「價值」與「事實」的混淆

由以上的討論可知，不論是象山、陽明、還是蕺山，都不在於推崇氣的地位，他們在「心即理」的立場上又「以心攝氣」，將自然宇宙化成一個主觀裏的道德世界，從這一點來看，也可說是「心即氣」。而就在「以心攝氣」的思想下，傳統心學家們對於人生的所有作為，便抱持「由內聖而外王」的基本原則。關於這點，我們先看梨洲對陽明再傳弟子胡直的批評。梨洲說：

> （胡直）先生著書，專明學的大意，以理在心，不在天地萬物，疏通文成之旨。夫所謂理者，氣之流行而不失其則者也，太虛中無處非氣，則亦無處非理。孟子言「萬物皆備於我」，言我與天地萬物一氣流通，無有礙隔。故人心之理，即天地萬物之理，非二也。若有我之私未去，墮落形骸，則不能備萬物矣。不能備萬物，而徒向萬物求理，與我了無干涉，故曰理在心、不在天地萬物，非謂天地萬物竟無理也。先生謂：「吾心者，所以造天地萬物者也，匪是，則黯沒荒忽，而天地萬物熄矣。故鳶之飛、魚之躍，雖曰無心，然不過為形氣驅之使然，非鳶魚能一一循乎道也。」此與文成一氣相通之旨，不能相似矣。先生之旨，既與釋氏所稱「三界惟心，山河大地為妙明心中物」不遠……。（《明儒學案·江右王門學案七》，《全集》冊 7，頁 594）

此處胡直申明事物原本是無關道德的自然性存在，唯有人類以心中的道德根源始能使之轉為道德性事物。胡直的觀點正是道德涵攝無盡的典型心學義理，並無悖於陽明學旨，自非佛教心識變現出天地萬物之說。至於梨洲的不滿，我們留待下一小節再予討論。此刻所要觀察的重點，則是胡直的說法雖然顯示傳統心學家能區別出人類道德與客觀自然的根本分際，但是心學家卻未能嚴守在這一分際上，反而基於道德心的涵攝義涵，進一步地以價值性去干預、轉移、模糊事實性問題。

比如象山說：「人乃天之所生……豈可言大於天地？」此即承認人不過是萬物之一，故不能取代他物而大於天地；但他又說：「萬物森然於方寸之間，滿心而發，充塞宇宙，無非此理」、「宇宙便是吾心，吾心即是宇宙」，則因人

類自身的道德心涵攝無盡，而可躍昇上來說大於天地。﹝註 90﹞顯然象山思想的重心，終是落在抬升、挺立價值的地位，使之超格地去涵括消融事實中種種紛歧對立的難題。心學的另一巨擘陽明亦復同此思路。陽明說：

> 所謂心即理者，以其充塞氤氳謂之氣，以其脈絡分明謂之理，以其流行賦畀謂之命，以其稟受一定謂之性，以其物無不由謂之道，以其妙用不測謂之神，以其凝聚謂之精，以其主宰謂之心，以其無妄謂之誠，以其無所倚著謂之中，以其無物可加謂之極，以其屈伸消息往來謂之易，其實則一而已。……無萬象則無天地，無吾心則無萬象矣。故萬象者，吾心之所爲也；天地者，萬象之所爲也；天地萬象，吾心之糟粕也。要其極致，乃見天地無心，而人爲之心。心失其正，則吾亦萬象而已；心得其正，乃謂之人。此所以爲天地立心，爲生民立命，惟在於吾心。此可見心外無理，心外無物。所謂心者，非今一團血肉之具也，乃指其至靈至明，能作能知，此所謂良知也……所以與天地萬物一體也。一物有外，便是吾心未盡處，不足謂之學。（《明儒學案·南中王門學案一》，《全集》冊 7，頁 682～683）

此即自覺地以良知之心去涵蓋收攝天地萬物，使之由客觀事物轉變爲心中事物，故若「心失其正」、「吾心未盡」，缺乏此自覺努力，則人類終只還原爲大自然中的萬象之一。顯然此一思想乃是一種修養境界，強調以價值選擇去突破事實局限，其間早已承認道德價值與事實的區別，而不是質實地以爲事實眞相就是心物同一無別。然而側重於價值選擇卻易於導致輕落事實，如《傳習錄》載：

> 朱本思問：「人有虛靈，方有良知。若草木瓦石之類，亦有良知否？」
> 先生曰：「人的良知就是草木瓦石的良知，若草木瓦石無人的良知，不可以爲草木瓦石矣。豈惟草木瓦石爲然，天地無人的良知，亦不可以爲天地矣。蓋天地萬物與人原是一體，其發竅之最精處，是人心一點靈明，風雨露雷、日月星辰、禽獸草木、山川土石，與人原只一體。故五穀禽獸之類皆可以養人，藥石之類皆可以療疾，只爲同此一氣，故能相通耳。」（《王陽明全書·語錄·卷三·傳習錄下》，冊 1，頁 89～90）

﹝註90﹞ 此處所引象山語，見《陸九淵集》卷十二〈與趙詠道（四）〉、卷二十二〈雜說〉、卷三十四〈語錄〉，頁 161、273、423。

此則顯已進一步將人主動與物的價值相關變成了「同氣相通」的一體，亦即變成事實存在的客觀相同，而人的道德本質即等同爲萬物的本質，則人與物已無實質的差異可言。同樣地，我們已知戢山謂「人未嘗假貸於天，猶之物未嘗假貸於人，此物未嘗假貸於彼物」、「自其分者而觀之，天地萬物各一物也」，顯然他知道人與物各有殊性，但是亦對陽明此語評贊說：

> 只爲性體原是萬物一源，故如人參溫，能補人，便是遇父子而知親；大黃苦，能瀉人，便是遇君臣而知義；如何無良知？又如人參能退邪火，便是遇君臣而知義；大黃能順陰氣，便是遇父子而知親；如何說此良知又是人得其全、物得其偏者？（《劉集・冊四・陽明傳信錄（三）》，頁94～95）

像這種以萬物皆具人類良知的說法，其義起初不過是說人的道德心涵攝無窮，使得人將與人相涉的自然事物轉爲道德事物，對之進行道德的關懷與處置，故覺萬物遍沾我人的道德心。顯然這是一種很偉大的價值信念，但並不應無限擴大，逕視之爲事實眞相，而謂萬物確具人類良知。可是心學家卻往往好以事實存在來說明此種價值轉換，如此處陽明的禽穀養人與藥石療疾、戢山的人參大黃對人體的作用猶如君臣父子間的倫理，反而使「萬物一體、性體一源」變成僞事實，蓋我們可以立即舉出草木毒人、禽獸傷人、人參滯氣、大黃耗血種種相反事例以駁之。是故此種說明有以局部事實概括全體事實的缺失，更易使人誤以價值層面來混淆事實層面，於是事實世界便遭價值世界所扭曲。如《傳習錄》又載：

> 問：「大人與物同體，如何《大學》又說個厚薄？」先生曰：「惟是道理自有厚薄。比如身是一體，把手足捍頭目，豈是偏要薄手足，其道理合該如此。禽獸與草木同是愛的，把草木去養禽獸，又忍得；人與禽獸同是愛的，宰禽獸以養親、供祭祀、燕賓客，心又忍得；至親與路人同是愛的，如簞食豆羹，得則生，不得則死，不能兩全，寧救至親，不救路人，心又忍得；這是道理合該如此。及至吾身與至親，更不得分別彼此厚薄，蓋以仁民愛物皆從此出，此處可忍，更無所不忍矣。《大學》所謂厚薄，是良知上自然的條理，不可踰越，此便謂之義；順這箇條理，便謂之禮；知此條理，便謂之智；終始是這條理，便謂之信。」（《王陽明全書・語錄・卷三・傳習錄下》，冊1頁90）

嚴格地說，對具體事物之厚薄、輕重、緩急一類的價值比較，並不純是道德根

源的自然條理。因為道德根源僅提供我人對事物存在與活動之純粹而普遍的關愛，此關愛並無分別意識，是故對各種事物形成價值等級，從而作為具體行為的取捨基準，則又須涉及個人經驗與文化氛圍裏的種種成素，所以世上有些族群並無父親的觀念、尊重牛隻更甚於人命、崇拜神佛更高於祖先，其價值判斷不皆與中國傳統思想一致符合，但並不是他們沒有人類普同的價值根源。因此陽明此處的說法，過早地將人類普遍的價值意識與具體價值規範的實際內容相混淆，未再詳細指明本心天理和禮文德行二者之間尚有一大段事實條件的存在。〔註91〕如此一來，本是活潑圓融的價值根源，卻可能易於由提供新生不息的內在動力變成束縛人性的無上威權，流於將既有的價值規範全數合理化，視為天經地義，而竟使得文化僵化，減少反省與改革的可能。〔註92〕

（三）以內聖統併外王

　　既然心學家們未能充分正視事實層面，嚴守價值與事實的分際，反而傾向於擴大價值根源來消融一切事實中所內蘊的曲折問題，於是便認為人可以且必須由內聖而外王，也就是透過個人內心的道德修養，即可直接通向處理人群之間、人物之間的各種生活問題，實現圓滿的人間淨土。關於此一內聖外王的思想，我們可以舉陳獻章的話做個大體的說明。〔註93〕他說：

〔註91〕 關於道德判斷並不能只考慮道德原則的問題，尚涉及各種經驗事實與世界觀等等，而非不證自明的結果，可參考羅秉祥：〈陽明良知倫理學之困境與出路〉（收於周博裕主編《傳統儒學的現代詮釋》頁217～235）中的簡潔討論。

〔註92〕 莊萬壽：〈明代華夏主義與王陽明〉，《國文學報》1996年6月第25期，頁77～100 一文指出陽明儘管承認人性皆同皆善，但對南方少數民族（如畬民、瑤族）之殘酷征伐，仍是不能反省明朝華夏民族主義擴張侵略的不人道，仍視彼為冥頑不化的夷狄而殺之，謂為「非我殺之，乃天殺之也」，此乃對異族征伐合法性的道德理論。而劉人鵬：〈聖學道德論述中的性別問題——以劉宗周《人譜》為例〉（收於林慶彰、蔣秋華主編《明代經學國際研討會論文集》頁485～516）則指出蕺山《人譜》雖是無性別的人之所以為人的道德成聖之學，但實則貶抑女性，女性不是和男性對等的主體，不是道德與實踐的主體，且是男人成聖工夫中克制與排斥的對象，男性為女性制定一套道德規範，為她安排社會以至於宇宙地位，而這些規範極不平等。由莊氏及劉氏的觀察，正可見心學家確偶有混淆道德根源與價值規範而導致不道德的發生。

〔註93〕 以下所言心學家的內聖外王觀，基本上乃心學家們的共識，因篇幅所限，不能廣引其他人的言語，有興趣的讀者，可參看《王陽明全書》語錄卷一《傳習錄上》，冊1頁2～3、23；卷二《傳習錄中》〈答顧東橋書〉、〈答聶文蔚（一）〉，冊1頁41、65～66；卷三《傳習錄下》，冊1頁80～81；書錄卷三〈寄鄒謙之（二）〉，冊2頁44等中陽明的話；及《明儒學案》裏賀欽、劉陽、鄒元標、

終日乾乾，只是收拾此而已。此理干涉至大，無內外，無終始，無一處不到，無一息不運，會此則天地我立，萬化我出，而宇宙在我矣。得此霸柄入手，更有何事？往古來今，四方上下，都一齊穿紐、一齊收拾，隨時隨處無不是這個充塞。……會得，雖堯舜事業，只如一點浮雲過目，安事推乎？此理包羅上下，貫徹終始，袞作一片，都無分別，無盡藏故也。自茲已往，更有分殊處，合要理會，毫分縷析，義理儘無窮，工夫儘無窮。（《白沙子全集・卷三・與林郡博》，頁22～23）

天下事物，雜然前陳，事之非我所自出，物之非我所素有，卒然舉而加諸我，不屑者視之，初若與我不相涉，則厭薄之心生矣。然事必有所不能已，物必有所不能無，求於吾前矣，得謂與我不相涉耶？……君子一心，萬理完具，事物雖多，莫非在我，此身一到，精神具隨，得吾得而得之耳，失吾得而失之耳，厭薄之心胡自而生哉？……若曰，物吾知其爲物耳，事吾知其爲事耳，勉焉舉吾之身以從之，初若與我不相涉，比之醫家，謂之不仁。（《白沙子全集・卷一・論前輩言銖視軒冕塵視金玉》，頁69～70）

文章、功業、氣節，果皆自吾涵養中來，三者皆實學也。惟大本不立，徒以三者自名，所務者小，所喪者大，雖有聞於世，亦其才之過人耳，其志不足稱也。學者能辯乎此，使心常在內，到見理明後，自然成就得大。（《白沙子全集・卷四・書漫筆後》，頁66）

此謂人心內在的道德根源涵攝無盡，宇宙萬物皆在其中，故對人生所涉及的事物，皆同感相通，無有厭棄而不予關懷，充分體會此點，則必由此而往，生起道德承擔，展開對具體事物一一探究的努力，尋得合適的處理原則與方式，最終形成外在彪炳的事功。因此，創造事功的動力係來自於內在道德心的不容已，事功的作法係以道德心爲最高判準的依據，而事功的目的則爲彰顯、榮耀此一道德心的存在。是故我人內在的道德心乃是外在事功的欂柄大本所在，明得此心此理，始有眞正的道德性事功，這一過程次第不容顚倒走作，否則內在心性世界已不圓融，外在事功亦無有大成可說，此即是所謂的

薛侃、李材、王艮、羅汝芳、焦竑、何祥、周汝登、劉塙等人的類似說詞（分別詳見《全集》冊7頁107、514、515、635、771、794、807～808、833，冊8頁24～26、86、102、114、137等）。

「志於開來者，不足以盡性命；志於性命者，足以開來」。〔註94〕

顯然地，在這種由內聖以開出外王的思路中，一方面固是內聖必有外王的奮鬥，一方面卻是歸根究底來說，內聖是外王的實質，外王只不過是個延伸性的、後續性的道德問題，外王實已隱然成為內聖的附庸、粧點，不再具有真正獨立的價值與地位，至於內聖則有其獨特意義，不必再依附於外王的結果如何。所以梨洲之師蕺山也說：

> 學者遇事不能應，只有練心法，更無練事法。練心之法，大要只是胸中無一事而已。無一事乃能事事，便是主靜工夫得力處。又曰：「多事不如少事，省事不如無事」。（《劉集·冊二·卷十·應事說》，頁 360）
>
> 至於知之之明，與處之之當，皆一體中自然作用，非關權術。人第欲以術勝之，未有不墮其彀中者。（同上，〈處人說〉，頁 361）

此處仍是只有主靜練心，更無練事權術，唯有先在道德心性上下工夫，而後自然能遇事能應。又說：

> 或曰：「三代之下，惟恐不好名，名字恐未可抹壞。……大抵聖賢學問，從自己起見；豪傑建立事業，從勳名起見。無名心，恐事業亦不成。」（蕺山）先生曰：「不要錯看了豪傑。古人一言一動，凡可信之當時、傳之後世者，莫不有一段真至精神在內。此一段精神，所謂誠也。惟誠故能建立，故足不朽。稍涉名心，便是虛假，便是不誠。不誠則無物，何從生事業也？」（《劉集·冊二·卷十五·會錄》，頁 600～601）
>
> （黃宗）羲問：「孔明、敬輿、希文、君實，其立心制行，儒者未必能過之。今一切溝而出之於外，無乃隘乎？」（蕺山）先生曰：「千聖相傳，止此一綫。學者視此一綫為離合，所謂道心惟微也。如諸公，豈非千古豪傑？但於此一綫不能無出入，於此而放一頭地，則雜矣。與其雜也，寧隘。」（《明儒學案·蕺山學案》，《全集》冊 8，頁 927）〔註95〕

〔註94〕引語係陽明弟子劉陽之言，見《明儒學案·江右王門學案四》（《全集》冊 7 頁 514）。

〔註95〕此條係梨洲早年尚為蕺山弟子時之提問，又梨洲曾記：「陳龍正……拜（蕺山）夫子於舟中，投書一卷，言『天下之風氣，操於紹興。今之利病，無不操於書辦。為六部各衙門書辦者皆紹興人，書辦之父兄子弟皆在紹興。使為郡縣

於此則明顯地以純全的內聖道德去涵蓋吸納外王事功，認爲二者皆是由一至善至誠之道德本體精神而來，凡於此稍有走作者，即使如諸葛亮、陸贄、范仲淹、司馬光等人，亦視爲駁雜而不取，更遑論本是基於建功立名者。這種只爭一線之徹底嚴格的道德意識，或許可謂已狹隘得完全反對外王領域有其任何獨立殊性的可能。

　　如此一來，雖原非欲爲自我成就的獨了漢，但其思想的實質終趨便極易偏傾於內聖之上。比如象山已曾說：

> 德成而上，藝成而下，行成而先，事成而後……德性事，爲尊、爲貴、爲上、爲先。樂師辨乎聲詩，祝史辨乎宗廟之禮，與凡射御書數等事，皆藝也，爲卑、爲賤、爲下、爲後。古人右能左賢，自有定序。（《陸九淵集・卷十五・與陶贊仲》，頁193）

> 顏子視聽言動之間，曾子容貌辭氣顏色之際，而五帝、三王、皋、夔、稷、契、伊、呂、周、召之功勳德業在焉。（《陸九淵集・卷三十一・問德仁功利》，頁370）

> 唐虞盛時，田畝之民，竭力耕田，出什一以供其上者，亦是與堯、舜、皋、夔同心同德。（《陸九淵集・卷十四・與姪孫濬（四）》，頁191）

而鄒守益也說：

> 世俗通病，只認得個有才能、有勳業、有著述的聖人，不認得個無技能、無勳業、無著述的聖人。（《明儒學案・江右王門學案一》，《全集》冊7，頁386）

由上可見在他們的心中，道德已是一生唯一的、根本首出的追求，各種知識、技藝、功勳、事業、仕宦及著述則是可大可小的，甚至是爲卑爲賤、爲下爲

者能化其父兄子弟，則在京之書辦亦無不化矣。』余覽之曰：『迂論。』夫子曰：『今之人誰肯迂者！』余甚悔其先言。」（見《思舊錄》，《全集》冊1頁369；又見《明儒學案・蕺山學案》，《全集》冊8頁927～928）。又李紀祥《明末清初儒學之發展》頁142～150也已指出梨洲少年時所讀之書、本人著作、與結社交友的情形，即已有經世致用的傾向。這些記載顯示梨洲重視文化建構的心態傾向早已不同於蕺山的道德義取向，當初雖未反對蕺山的說法，但至其晚年便在《破邪論・從祀》（《全集》冊1頁193～194）一文中明白主張諸葛亮等人不下於周程等理學家。因此似亦可見梨洲的思想應一直有其自身的思維興趣所在而吸收蕺山言論並加以轉化，逐漸形成自己的系統，當未有晚年轉變的情形。

後的，無妨於道德的本自具足義。只要自家修爲，縱使是做個愚不肖的田畝之人，亦在其視聽言動之間、容貌辭氣顏色之際，而與五帝、三王、伊、呂、周、召的功勳通同。顯然這種無事功的聖人，主要是在達成一己意念品行上的粹然道德，這是朝向內在精神世界的聖賢取向，不是成就外在物質世界的人物抱負。而在其理想中，所謂成就外在物質世界，其根本目標亦仍在於轉化爲一片道德精神世界而已。對此，王艮說：

> 聖人經世只是家常事；唐虞君臣，只是相與講學。（《王心齋先生全集·卷二》，頁 482）

> 學不厭、教不倦，便是致中和、位天地、育萬物，便做了堯舜事業。
> （同上，頁 483）

他認爲所謂堯舜盛世，實際上乃是講求道德教化以一片普行的世界。而同屬心學陣營之甘泉學派的馮從吾的話表達得更清楚，他說：

> 吾儒事業，不外齊治均平。若以家道富厚爲齊，天下富強爲平，此五霸之治平，非帝王之治平也。唯是入其家，見其父慈子孝，兄友弟恭，夫和婦順，方是家齊景象，而家之貧富不與焉。推而一國，必一國興仁興讓，而始謂之治；又推而天下，必人人親親長長，而天下治平，不在國之富不富、兵之強不強也。以富強爲治平，此千載不破之障。
> （《明儒學案·甘泉學案五》，《全集》冊 8，頁 279～280）

此即以打造一人人將道德內化於一切生活的道德社會爲理想，至於家道富厚、天下富強一類的物質績效，竟可勾出於外王範疇之外。至此，可見心學家的思想已朝向於以內聖完全取代外王，在個人生命與群體生活中，皆只剩下一個道德問題而已。是故陽明說：

> 天命之性具于吾心，其渾然全體之中而條理節目森然畢具，是故謂之天理。天理之條理謂之禮。是禮也，其發見於外則有五常百行、酬酢變化、語默動靜、升降周旋、隆殺厚薄之屬，宣之於言而成章，指之於爲而成行，書之於冊而成訓，炳然蔚然……是故君子之學也……求盡吾心之天理焉耳矣。（《王陽明全書·文錄·卷二·博約說》，冊 1 頁 164～165）

此以道德心包含一切制度禮文的大綱大則，只須求之於內心即盡，而不消求諸於外物。而東林學派裏思想頗近於心學一系的孫慎行更說：

> 常人不知禍福，只爲見善不明。至誠既明善，辟如天下百工技藝，

苟一造其至，即成敗得失分數便可以逆計無不審。至誠盡民物，窮古今，貫幽明，洞天地，不過若民情日用之在目前，最是了了，又何不先知？（《明儒學案・東林學案二》，《全集》冊8，頁824）

經綸立本，原非兩事。惟戒慎以立大本，則凡所經綸，皆不睹中實事也。惟恐懼以立大本，則凡所經綸，皆其不聞中實事也。若欲先立本、後經綸，則先有一道以棲其心于寧靜之地，復有一道以調其心于日用之紛，是將以道爲二，以心爲二，而仁淵天不得還爲一也，何名獨？（《明儒學案・東林學案二》，《全集》冊8，頁833）

此則認爲明白道德眞理即可以事事無不前知，學者惟專力於德性根本即可，不得再分先內聖、後外王的進學次第。如此顯然是更純粹地以內聖統併外王，而漸不保留道德修養與知識技藝的領域分際。

　　由此可知，倘若順此心學家的思路繼續再推闡下去，終有可能逐漸走上一個絕對而狹隘的道德之路，實際上已不再有內聖與外王、價值與事實的區別，而其所標榜的由內聖而外王，便很容易變成一種過度樂觀的想望、願景。〔註96〕蓋一切外王的建構皆涉及事實與價值的結合，不能約化爲一個道德價值的問題，而我們也不應忽略了個人的政治行爲有時可能不同於其私下的道德行爲，比如仁厚的領導者往往爲顧及其所領導之團體的生存大利益而採取犧牲其中部分族群或別人的團體之行動。因之，道德與政治不宜簡單地畫上等號，具體政治間所遵行的局部策略原則實與純粹道德的最高原理並不直接相關，由個人的道德修養也不能直接地放大爲群體的政治行爲。〔註97〕

〔註96〕一個極端的例子是蕺山在流寇進逼北京時曾反對引進西方曆法與火器大炮，斥之爲左道，以爲如此禁絕乃「除寇張本」。此種將有益現實的進步科技知識予以輕忽，而獨標人心道德即欲以致治，實可再商榷。（詳見《劉集・冊三上・卷四・闢左道以正人心以扶治運疏》，頁239～242）。

〔註97〕關於儒學傳統中由內聖而外王的政治思想，其間以個人的道德修養爲建構理想政治社會的基礎，將政治之目的與運作皆收於倫理原則之下，混淆道德的自我實現與政治的個人行爲，而對政治系統自身的特殊原理缺乏銳利的認知，遂導致淪爲一不可能實現的完美理想，讀者可參看陳弱水：〈「內聖外王」觀念的原始糾結與儒家政治思想的根本疑難〉，《史學評論》1981年3月第3期，頁79～116、〈追求完美的夢——儒家思想的烏托邦性格〉（收於劉岱主編：《中國文化新論（思想篇一：理想與現實）》（台北：聯經出版事業公司，1996年），頁211～242），二文中的分析。另外，李紀祥《明末清初儒學之發展》頁1～9、54～55將儒學析分爲道德領域的內聖與政治領域的外王，而宋明理學的自我成德之修身及人人成德之教化皆屬內聖，異於以政治本身

　　總而言之，傳統心學其整個思想的本質仍是爲內聖的個人主體性而發，並非一開始即以外王的建構爲其學問的始初本意，故最終很可能以價值問題取消事實問題，於是外王便只是一個內聖的自然延伸。而世間既誠難人人皆聖賢，是以終究退回個人自足的心中靈界，一旦至此，則外王業已失落了。當然這不是說心學家們都是「無事袖手談心性，臨危一死報君王」般不解或不理事情的無用之輩，〔註98〕他們自是心期王治、關心實務，而且也有具體的事功表現，〔註99〕只是在其理論的推闡下，外王畢竟並非首務且實不足以自立。〔註100〕

二、梨洲「實然本體」的理氣新說

（一）以「實然的本體」取代「超然的本體」

　　根據本章第一節中所論，梨洲的心性觀點，是以情爲性、以氣爲心而異於傳統心學家所指稱的心體，類似的轉變也同樣可見於其理氣觀念上。我們由上一小節的蕺山理氣觀，可知第二章中梨洲的理氣觀顯然承襲不少蕺山的

　　　　爲對象的經國濟世之經世外王，我人不應將教化與經世皆納入外王之中。按李氏此一割裂似可再商榷，蓋如此一來，顯然將儒學之政論中的根本預設與終極理念全然砍掉，一切儒家對政治的討論豈非盡成無本之術。不過其此一分判實亦有見於理學對世界的教化與影響，實際上是不足於或不相應於外王之本質的。

〔註98〕引語見顏元《存學編・卷一・學辯一》頁 12。

〔註99〕比如陽明的平定寧王朱宸濠之變亂乃是眾所熟知者，而象山亦有荊門之政。即使是保守的蕺山，據詹海雲〈劉宗周的實學〉（收於鍾彩鈞《劉蕺山學術思想論集》頁 433～456）的觀察，其一生仕宦政績、奏疏內容及學術觀點，在當時皆有實際成效，並非是只有節義而沒有事功之人；而廖俊裕：《道德實踐性與歷史性——關於蕺山學之討論》（嘉義：中正大學中文所博士論文，2002年），頁 225～246 亦謂蕺山政議及鄉保鄉約的理論並非迂闊，係是針對時局、重視世教，具有濃厚的實學經世傾向。

〔註100〕錢穆〈宋明理學之總評騭〉（收於其《中國學術思想史論叢（七）》頁 367～377）已指出理學嚮往一最高人格，此種人格則完全以個人內心境界爲衡量，總愛把人生現實之價值，安放在整個宇宙裏，因此其人生現實依然渺小浮弱，對誠意正心的向內工夫勝過了治國平天下的向外工夫。此外，關於理學由原非遠離社會政治生活，但實則以內心的完善首要而扭曲爲自我內斂的偏差，又可參考林安梧：〈實踐之異化與形上的保存——對於宋代理學與心學的一個哲學解析〉，《聯合文學》1991 年 6 月第 7 卷第 8 期，頁 37～41、楊國榮：〈人格境界與成人之道——理學的人格理論及其內蘊〉，《孔孟月刊》1993 年 6 月第 31 卷第 10 期，頁 17～19、李澤厚：《中國古代思想史論》（台北縣中和市：谷風出版社，1986 年），頁 301～313 等等。

言辭，但二者意思並不太相同。蓋梨洲係質實地以氣爲理，眞正的主體是氣，理不過是此氣的根本屬性而已，重心實已落在於氣，不在於理。〔註101〕一個明顯的例子是梨洲對羅欽順的批評。他說：

> 先生之論理氣，最爲精確，謂通天地，亙古今，無非一氣而已……而卒不克亂，莫知其所以然而然，是即所謂理也。初非別有一物，依於氣而立，附於氣以行也。……第先生之論心性，頗與其論理氣自相矛盾。夫在天爲氣者，在人爲心；在天爲理者，在人爲性。理氣如是，則心性亦如是，決無異也。人受天之氣以生，祇有一心而已……先生以爲天性正於受生之初，明覺發於既生之後，明覺是心而非性。信如斯言，則性體也，心用也；性是人生以上，靜也；心是感物而動，動也……明明先立一性以爲此心之主，與理能生氣之說無異，於先生理氣之論，無乃大悖乎？豈理氣是理氣，心性是心性，二者分，天人遂不可相通乎？……夫心祇有動靜而已，寂然不動，感而遂通，動靜之謂也。情貫於動靜，性亦貫於動靜，故喜怒哀樂，不論已發未發，皆情也，其中和則性也。……惻隱羞惡辭讓是非，心也；仁義禮智，指此心之即性也。非先有仁義禮智之性，而後發之爲惻隱羞惡辭讓是非之心也。……凡人見孺子入井而怵惕，嘑蹴而不屑，此性之見於動者也。即當其靜，而性之爲怵惕不屑者，未嘗不在也。凡動靜者，皆心之所爲也，是故性者心之性。舍明覺自然、自有條理之心，而別求所謂性，亦猶舍屈伸往來之氣，而別求所謂理矣。……先生之言理氣不同於朱子，而言心性則於朱子同，故不能自一其說耳。（《明儒學案・諸儒學案中一》，《全集》冊 8，頁 408～409）

梨洲認爲羅氏既言理氣一，又言性體心用，無乃自相矛盾。其實羅氏的理氣觀與其心性觀皆是強調體用的分別，二者乃是一致的系統。我們在這裏有必要稍微地予以討論。

　　按羅氏之學，以爲有一本體存在，其體性乃是兼具太極與陰陽之雙重性，即兼具「理」與「氣」的雙重性，即既有主宰性、存有性，又具有變化性、

〔註101〕齊婉先《黃宗羲之經世思想研究》頁 66 已謂：「梨洲之所謂理，不具主宰性，亦無理論上之存在實義，乃僅爲於時序運行與萬物生存之萬殊過程中，終不致亂而見之於氣者；以其乃人們所觀察之不失其則之氣化現象，故名之曰理」。

活動性，故理與氣乃是形容本體的兩種特性，二者皆指同一本體，因此二者不分立，皆是一物。所以羅氏首在建立「一元性」的本體，反對割裂宇宙本體的理氣二元論，他說：

> 周子〈太極圖說〉……「無極之眞，二五之精，妙合而凝」三語，愚不能無疑。凡物必兩而後可以言合，太極與陰陽果二物乎？其爲物也果二，則方其未合之先，各安在耶？朱子終身認理氣爲二物，其源蓋出於此。（《困知記・卷下》，頁 86）

此即宣明不得有二個本體的先在。羅氏又說：

> 理果何物也哉？蓋通天地，亙古今，無非一氣而已。氣本一也，而一動一靜，一往一來，一闔一闢，一升一降，循環無已，積微而著，由著復微，爲四時之溫涼寒暑，爲萬物之生長收藏，爲斯民之日用彝倫，爲人事之成敗得失，千條萬緒，紛紛膠轕，而卒不可亂，有莫知其所以然而然，是即所謂理也。初非別有一物，依於氣而立，附於氣以行也。或者因「易有太極」一言，乃疑陰陽之變易，類有一物主宰乎其間者，是不然。夫易乃兩儀四象八卦之總名，太極則眾理之總名也。云易有太極，明萬殊之原於一本也。因而推其生生之序，明一本之散爲萬殊也。斯固自然之機，不宰之宰，夫豈可以形迹求哉？斯義也，惟程伯子言之最精，叔子與朱子似小有未合。……程伯子……曰：「陰陽亦形而下者也，而曰道者，惟此語截得上下最分明，元來只是此道，要在人默而識之也。」……叔子小有未合者，劉元城記其語有云：「所以陰陽者道。」又云：「所以闔闢者道。」竊詳「所以」二字，固指言形而上者，然未免微有二物之嫌，以伯子「元來只此是道」之語觀之，自見渾然之妙，似不須更著「所以」字也。所謂朱子小有未合者，蓋其言有云「理與氣決是二物」，又云「氣強理弱」，又云「若無此氣，則此理如何頓放」，似此類頗多。（《困知記・卷上》，頁 15～17）

> 神化者，天地之妙用也。天地間非陰陽不化，非太極不神，然遂以太極爲神，以陰陽爲化，則不可。夫化乃陰陽之所爲，而陰陽非化也；神乃太極之所爲，而太極非神也。「爲」之爲言，所謂莫之爲而爲者也。張子云：「一故神，兩故化。」蓋化言其運行者也，神言其存主者也。化雖兩，而其行也常一；神本一，而兩之中無弗在焉。

> 合而言之則爲神，分而言之則爲化，故言化則神在其中矣，言神則
> 化在其中矣，言陰陽則太極在其中矣，言太極則陰陽在其中矣，一
> 而二，二而一者也。學者於此，須認教體用分明，其或差之毫釐，
> 鮮不流於釋氏之歸矣。（同上，頁 41～42）

在這裏羅氏所謂的「無非一氣」，不過是在說明只有單一本體而已，並非在理
之外又以氣作爲一更高級的本體；而其所謂的「不宰之宰」，正說明理與氣的
同體性，不是有個外部的理在操控氣。羅氏嚴分形上本體與形下現象兩界，
在兼具理氣二重性之單一本體的作用下，便有神化的妙用，從而形成生生有
序的現象萬物。因爲本體是理氣雙重性，是故其發用亦是雙重性，即兼具存
主與運行兩義的神化二重性；同時，在萬物的現象中，便有理氣本體與神化
妙用二者，但是用固然由體而來，本體的理氣二重性卻不應與發用的神化二
重性相混無別，我人的認知必須「體用分明」才可，亦即理氣二重性所指涉
者爲本體層次，並不同於神化二重性所欲描述的宇宙現象層次，而宇宙萬象
必須有更高的本體作爲其哲學基礎。是故此本體所創賦的人類，其「心」即
具「心性」二重性。前一「心」字是籠統包舉義，指現象界中人類所具的一
切心智事實，故人只有一心；後一「心」字則是特殊專指義，謂人一切心智
事實中的神化妙用部分，故與指涉心智中的理氣本體部分的「性」字相對。
所以羅氏說：

> 心者，人之神明；性者，人之生理。理之所在謂之心，心之所有謂
> 之性，不可混而爲一也。……其或認心以爲性，真所謂差毫釐而謬
> 千里者矣。（同上，頁 5）

> 道心，性也；人心，情也。心一也，而兩言之者，動靜之分，體用
> 之別也。（同上，頁 7）

> 虛靈知覺，心之妙也；精微純一，性之真也。（同上）

> 能思者心，所思而得者性之理也。……而象山之教學者，顧以爲此
> 心但存，則此理自明，當惻隱處自惻隱，當羞惡處自羞惡，當辭遜
> 處自辭遜，是非在前，自能辨之。……凡其當如此自如此者，雖或
> 有出於靈覺之妙……遂乃執靈覺以爲至道，謂非禪學而何？（《困知
> 記・卷下》，頁 102～104）

> 仁智皆吾心之定理，而覺乃其妙用，如以妙用爲定理，則《大傳》

> 所謂「一陰一陽之謂道」、「陰陽不測之爲神」，果何別耶？……不然，
> 則誤以神爲形而上者有之矣。(《困知記・續卷上》，頁 212)

> 理無往不存焉，在天在人一也。……夫感應者，氣也；如是而感，
> 則如是而應，有不容以毫髮差者，理也。適當其可則吉，反而去之
> 則凶，或過焉，或不及焉，則悔且吝，故理無往而不定也。然此多
> 是就感通處說，須知此心雖寂然不動，其中和之氣，自爲感應者，
> 未始有一息之停。故所謂亭亭當當、直上直下之正理，自不容有須
> 臾之間，此則天之所命，而人物之所以爲性者也。愚故嘗曰：理須
> 就氣上認取，然認氣爲理便不是。(同上，頁 202～203)

此中即反覆申言人心中的心性不可相混。所謂「當惻隱處自惻隱」之類的表
現，正是人心中兼具神化二重性妙用的「心」部分，以其有運行義的「化」，
故可在各種情境裏感應無方；以其有存主義的「神」，故感應無方當中有固定
不易的條理脈絡；而這二重性，可以「虛靈知覺」表示其具體內容，即在知
覺能力的運作中服膺一道德虛靈。顯然地，這虛靈知覺尚不是人心中兼具理
氣二重性本體的「性」部分，其只是人心在現象界中的表現情狀，背後由來
的根本才是眞正的主宰。因此，人心在現象界的感應之外，尚有個「中和之
氣」恆在「自爲感應」，此氣即是本體之氣，其自爲的感應皆不離其自身的中
和之理，這個才是眞正理氣二重性的本體之「性」，才是形成人心虛靈知覺妙
用的源頭。羅氏既有如此的分判，則其工夫必須究得此「性」才屬徹底，所
以他說：

> 至精者，性也；至變者，情也；至神者，心也。所貴乎存心者，固
> 將極其深，研其幾，以無失乎性情之正也。若徒有見乎至神者，遂
> 以爲道在是矣，而深之不能極，而幾之不能研，顧欲通天下之志，
> 成天下之務，有是理哉？(《困知記・卷上》，頁 6～7)

> 天命之性，無形象可睹，無方體可求，學者猝難理會，故即喜怒哀
> 樂以明之……使知性命即此而在也。……未發之中，安可無體認工
> 夫？……學者於未發之中，誠有體認工夫，灼見其直上直下，眞如
> 一物之在吾目，斯可謂之知性也矣。(同上，頁 29～31)

此即謂工夫須發揮「心」的能力，決不能停在形下已發之神變妙用的情識一
層，而更須即此入手，以上翻體會到其自身背後的至精性體才是。由以上的
討論可知，羅氏之所以反對朱子「分別理氣」之類的觀點而主張理氣渾然爲

一，係因恐一旦「理」遭到架空，徒然成爲空洞的形式範疇，須從其外部另行補充資以應用變化的質料內容之「氣」始得具有生化萬物的全部基礎，如此的理將失去其作爲第一本體的地位，而無法眞地影響及於世間現實，是故必將存主義的理與運行義的氣全收歸到形上層次，納入單一本體之中，而「元來只是此道」。顯然地，其心性論亦正復由此考量而來，即在嚴肅地致力於追尋人類道德實踐的眞正根源，以確定道德性理的客觀普遍性而不可轉移與違抗，故不肯將道德實踐等閒視爲人類心智的淺層活動，總將道德感應的發用連向於更深的性體，使得道德實踐的深化成爲人生的必要與必然。至此我們可再回來檢視梨洲的批評。

　　梨洲認爲羅氏理氣論與心性論間並不一致，此觀察不甚正確，〔註102〕不過由此卻可看出兩人對理氣的界定只是語言相似，其實指則有異。羅氏有極明顯的體用區分，而梨洲所謂的「舍明覺自然、自有條理之心，而別求所謂性，亦猶舍屈伸往來之氣，而別求所謂理」，倘依羅氏的義理來說，或正可謂犯了以心爲性、認氣爲理、不明體用的謬誤。蓋羅氏的理氣乃是形上一元本體的兩重特性，其心性觀誠是對人類道德心有所親證的描述；而梨洲的「心」

〔註102〕關於羅氏的理氣觀、心性論、修養工夫，可參考劉又銘：《理在氣中》（台北：五南圖書出版公司，2000 年），特別是緒論與第一章的部分。此書對歷來關於羅氏的主要研究論點頗有述評，其頁 31～32 已指出羅氏的理氣觀和其心性論、功夫論間乃是貫通一致而無矛盾，不當再沿襲梨洲的批評；又本文上面所說的「本體理氣雙重性、發用神化雙重性」，實亦與其頁 175～179 所提出的「兩重體用」理解模型相通同，亦與楊儒賓：〈羅欽順與貝原益軒──東亞近世儒學詮釋傳統中的氣論問題〉，《漢學研究》2005 年 6 月第 23 卷第 1 期，頁 261～290 以羅氏乃理氣兩者在本體論意義上的詭譎的同一之見解一致。另外，劉氏承大陸學者一向的觀點而稍易之，認爲羅氏乃氣本論，即使學界不盡同於此種說法（比如容肇祖：《明代思想史》（上海：上海書店，1990 年），頁 196 即稱羅氏承著程朱遺說而爲朱學的後勁；錢穆：《中國學術思想論叢（七）》中之〈羅整菴學述〉即謂羅氏晚年理氣觀實與朱子相同；而鍾彩鈞：〈羅整菴的理氣論〉，《中國文哲研究集刊》1995 年 3 月第 6 期，頁 199～218 根本不承認羅氏有所謂的氣本論，以爲乃是理的哲學與氣的哲學之折衷型態；鄧克銘：〈羅欽順「理氣爲一物」說之理論效果〉，《漢學研究》2001 年 12 月第 19 卷第 2 期，頁 33～57 則以羅氏基本上同於朱子，又有超出的趨向；楊儒賓〈羅欽順與貝原益軒──東亞近世儒學詮釋傳統中的氣論問題〉則以羅氏乃程朱學派內的修正觀點，緊守住超越面，其理、道、太極並非喪失超越的向度，而變成氣的述詞或屬性等等），實亦無妨於本文此處以下對梨洲的討論，蓋不論羅氏以何者爲宇宙本原，而同否於朱子，在其思想中以爲有某種終極實體、持有某種形上學本體論的觀點，則是大家都相同一致的。

與「性」既分別只是羅氏之心的「化」與「神」雙重性妙用而已，並非欲指羅氏心之本體的層次，因此梨洲與心性相對稱的理氣觀，也必然只停留在羅氏由理氣本體而下的神化發用層次上，其理氣觀實已取消羅氏的理氣雙重性的形上本體，一如其心性觀已扣除羅氏的人心中之「性」的部分。

然而這樣的理氣觀是否就只是羅氏的下半截呢？若果如此，則梨洲理氣觀實際只是一種宇宙論，蓋羅氏正頗有以神化雙重性解釋萬物生化問題的意味。然而我們在第二章第一節裏已知梨洲並非意在建構一宇宙發生論，其普遍事實性乃是宇宙整體的實現保障，並不涉及生化次第，故雖與事實同調一致，不得相離，但卻非具體事物。如此一來，反而是討論本體的興味頗濃。因此可知梨洲理氣觀乃是取消形上本體的超越存在，而又另行賦予現實世界本身以本體性，我們不妨姑且稱爲以「實然的本體」取代「超然的本體」，並不是沒有本體，只是依傳統理學的觀點來看，梨洲所指本體和他們的本體層次並不相同。而梨洲理氣觀中的本體既爲實然，故即在現象之中；雖爲實然，但仍算是一種本體，故並非現象。所以他說「太極、兩儀、四象、八卦，因全體而見，蓋細推八卦（即六十四卦）之中，皆有兩儀四象之理，而兩儀四象初不畫於卦之外也」、「統體之神與各具之神，一而已矣，舍各具之外，無所謂統體也」，似乎沒有超越的形上世界，而只有實然的現象事物；但是又說「《易》有太極，是生兩儀，所謂一陰一陽者是也。其一陽也，已括一百九十二爻之奇；其一陰也，已括一百九十二爻之偶」、「二氣雖有形，然不可竟指二氣爲太極」、「其生生不息，自一本而萬殊者，寧有聚散之可言？夫苟了當其生生不息之原，自然與乾元合體」，則又顯有一異於形下事物的本體存在。這種情形，在結構上正如同於本章第一節中所討論的梨洲心性論「以情爲性」，以發用層次中的道德認同感做爲其所把握到的心體，雖非理學家們所謂的心體，但實際上形成一與傳統不同的道德操作本體，亦自有其一套的體用可言，並非取消道德心之有體。〔註103〕

（二）「精神性」與「物質性」合同的本體

然而此一理氣觀中的實然本體和其心性論中的道德心體除了形式結構的

〔註103〕鄧名瑛：〈論黃宗羲的兩個哲學命題〉，《船山學刊》2002 年第 2 期，頁 68、70 已指出梨洲既不以本體爲一實體性存在，又不簡單地將本體與發用等同起來，他從理氣論到心性論始終一如地否定存在一種超越於經驗世界之外的本體，但其本體仍具有對經驗世界的超越性。

相同外，彼此又有何關聯呢？關於此點，我們在上一小節曾引及梨洲對胡直的批評，而謂胡直區分自然與道德本係道德涵攝的心學義理。其實胡直正與梨洲「有我而後有天地萬物，以我之心區別天地萬物而爲理」〔註104〕的意思相似，但是梨洲卻硬要反對胡直以爲理只在人心而不在天地萬物上。梨洲十分堅持此點，在另一段批駁潘用微學說的話中表達得較清楚，他說：

夫大化之流行，只有一氣充周無間。時而爲和，謂之春；和升而溫，謂之夏；溫降而涼，謂之秋；涼升而寒，謂之冬。寒降而復爲和，循環無端，所謂生生之爲易也。聖人即從升降之不失其序者，名之爲理。其在人而爲惻隱、羞惡、恭敬、是非之心，同此一氣之流行也。聖人亦即從此秩然而不變者，名之爲性，故理是有形（見之于事）之性，性是無形之理，先儒「性即理也」之言，眞千聖之血脈也，而要皆一氣爲之，《易傳》曰：「一陰一陽之爲道」，蓋舍陰陽之氣，亦無從見道矣。用微言：「性自性，氣自氣，氣本非性，不足言也。」用微既主張天地萬物一體矣，亦思天地萬物以何者爲一體乎？苟非是氣，則天地萬物之爲異體也決然矣；離氣言性，則四端者何物爲之？仍墮於佛氏之性空。「四端非氣」，而指「剛、柔、善、惡，始可言氣」，一人之心，有從氣而行者，有不從氣而行者，且歧爲兩，又何能體天地萬物而一之也？用微認金木水火土五行爲氣，以爲性豈有五，故必離氣以言性。不知自氣而至五行，則質也，而非氣也。氣無始終，而質有始終；質不相通，而氣無不通。先儒何嘗以質言性？其言氣質之性者，指其性之偏者耳，此孟子「有命焉，君子不謂性」之性，又何嘗竟指此爲性乎？用微又言：「先儒云『虛即是理』、『理生氣』，豈非老莊虛無生氣之說乎？」故凡先儒之言氣者，必曰本乎老。「虛即是理」，固未聞先儒有此言也，獨不觀張子曰：「知虛空即氣，則有無隱顯、神化性命，通一無二。若謂虛能生氣，則入老氏有生于無、自然之論，不識所謂有無混一之常。」則虛無生氣之說，正先儒之所呵者，顧牽連而矯誣之乎？用微又言：「性與天道有分。」夫在人爲性，在天爲天道，故曰「天命之謂性」，言其一也。若謂天道不可以言性，無論背于《中庸》，則又何以曰「渾然天地萬物一體也」？亦自背其說矣。……用微強

〔註104〕引語見《孟子師説·卷六》（《全集》冊1頁134）。

坐先儒以性空，而以性善爲實事。然用微之說，眞性空也。何以言
之？繼之者善也，成之者性也，以一陰一陽之道爲之根柢，用微必
欲去之，則性空矣。(《南雷文案·卷三·與友人論學書》,《全集》
冊 10，頁 146～147、150)

此中的各項論點基本上已見於前文，不煩細論，唯須注意的是梨洲反對離氣
言性。依其意，宇宙間根本只是一氣的存在流行而生生不息，並非別有更超
越的形上來源，而氣乃無始終、無不通，不同於構成萬物形體之五行質素的
有所局限；若無此氣，則天地萬物將缺乏共同的連繫基礎而成爲異質的分立，
同時道德的善性義理亦失去其存在的可能，而淪爲徹底的虛無空滅。因此梨
洲堅持，人既作爲萬物之一，則亦同是此氣，故人類所普遍共具、永恒不變
的惻隱、羞惡、恭敬、是非之心，既是人之氣所顯現的條理，亦與宇宙之氣
的條理相同。也就是宇宙與人同爲一氣，宇宙的理與人心的性二者同一，同
爲此氣之理，故可說「我與天地萬物一氣流通，無有礙隔，故人心之理，即
天地萬物之理」、「人與天雖有形色之隔，而氣未嘗不相通，知性知天，同一
理也。《易》言『窮理盡性以至於命』，窮理者盡其心也，心既理也，故知性
知天隨之矣，窮理則性與命隨之矣」。〔註105〕另外，梨洲又認爲人類的性即是
道德義理未現於行爲事物上的隱然狀態，義理則是性施行表現而出的道德律
則，故說「性即理」；但是我們知道梨洲談論人性時，分明認爲人與物的氣有
精粗之別，故知覺不同，理亦不同，佛教則誤於「人物一氣」而倡輪迴，因
此「人心之理，即天地萬物之理」中的「天地萬物之理」，便不能指萬物所各
具之殊異種性或各事物自身的氣質特點，而係指主宰宇宙的根本秩序條理，
爲一切萬物（包括人類）所服膺的最高律則。

於是我們可以總結梨洲之意，即：(1) 理是宇宙的律則，氣則是理的實存
性本身，亦即理存在與活動的事實基礎，故宇宙只是一氣，而萬物同此一氣、
同膺此理；(2) 萬物又各因此氣理而成其殊異之氣與理，彼此不同，當中唯人
之氣最爲殊絕；(3) 人之性理不只主導人心，且可賦予萬物道德義理，故人類
的殊相律則即是宇宙普遍律則的眞正內容，宇宙之「理」即是人心的道德，梨
洲此意的具體例證，可見於前文第三章論科學時「死而不亡」之類的自然與人
文實同關係中，至於其反對胡直以道德只在人心而不在萬物，亦係以爲胡氏之
說將導致道德心不能實然地、客觀地、完全地支配、主宰萬物，而淪爲只是作

〔註105〕後一引語見《孟子師說·卷七》(《全集》冊 1 頁 148)。

用於人類身上的律則；（4）雖然人心的性理即宇宙萬物的最高條理，但卻有待於人類自覺的努力落實，否則若有自我的私執未去，則落在一己形骸之中，其心之理即不足爲宇宙普遍的理。基本上，梨洲此一實然本體與道德心體二者的氣乃同質但有小大偏全之分、而二者的理則完全等同的說法，其重點在於建立道德的「實有性」與「待成性」。也就是將人的心同質於宇宙的氣、性等同於宇宙的理，使得一方面確立人的道德乃是宇宙間的實有，實爲最普遍的律則；一方面則因心之氣遠小於宇宙之氣，故心之性要在表現上達到宇宙之理的普遍流行狀態，即須強調人之道德又有待人自身的自覺實踐，才能真正有實效成果。在此兩方面中，任何道德實效之應成與能成則建自於「實有」的基礎上，不因「待成」而疑其「實有」，不因恃其「實有」遂輕忽「待成」。

如此一來，宇宙的本體既支配萬物（包括人的心體），但心體又可支配萬物，則理氣本體抑或道德心體才是最高主宰或本原呢？許多現代學者即頗質疑於梨洲究竟是個唯氣論者或唯心論者。其實我們也可不必陷入這個問題的泥淖，因爲梨洲本意不在於宇宙的根本性質是物質還是精神，而是在藉由「盈天地皆氣」、「盈天地皆心」，以氣爲事實基礎、以心爲價值律則，使得天地只是一氣一心，以爲吾人的道德價值尋求一普遍實有的基礎。然而這樣的理氣觀，是否即屬於唯物論呢？我們仍應再略作討論。此點可以看梨洲對同樣主張宇宙本原只是一「元氣」的王廷相是如何地予以批評。〔註106〕他說：

> 先生主張橫渠之論理氣，以爲氣外無性，此定論也。但因此而遂言性有善有不善，并不信孟子之性善，則先生仍未知性也。蓋天地之氣，有過有不及，而有愆陽伏陰，豈可遂疑天地之氣有不善乎？夫其一時雖有過不及，而萬古之中氣自如也，此即理之不易者。人之氣稟，雖有清濁強弱之不齊，而滿腔惻隱之心，觸之發露者，則人人所同也。此所謂性，即在清濁強弱之中，豈可謂不善乎？若執清濁強弱遂謂性有善有不善，是但見一時之愆陽伏陰，不識萬古常存之中氣也。先生受病之原，在理字不甚分明，但知無氣外之理，以爲氣一則理一，氣萬則理萬，氣聚則理聚，氣散則理散，畢竟視理若一物，與氣相附爲有無，不知天地之間，只有氣，更無理。所謂理者，以氣自有條理，故立此名耳。亦以人之氣本善，故加以性之

〔註106〕另一個類似的例子可見於梨洲對唐鶴徵的批評，詳見《明儒學案・南中王門學案二》（《全集》冊7頁701）。按唐氏亦主張只有一氣的思想。

名耳。如人有惻隱之心，亦只是氣，因其善也，而謂之性。人死則
其氣散，更何性之可言？然天下之人，各有惻隱，氣雖不同，而理
則一也。故氣有萬氣，理只一理，以理本無物也。宋儒言理能生氣，
亦只誤認理爲一物，先生非之，乃仍蹈其失乎？（《明儒學案・諸儒
學案中四》，《全集》冊 8，頁 487）

按王氏學說的基本觀點係一質實的唯氣宇宙論，〔註 107〕他認爲「元氣本體具
有此種，故能化出天地水火萬物」、萬物「各殊其性，閱千古而不變者，氣種
之有定也」，因此「氣有清濁粹駁，則性安得無善惡之雜」、「善固性也，惡亦
人心所出，非有二本。善者足以治世，惡者足以亂世。聖人懼世紀弛而民循
其惡也，乃取其性之足以治世者而定之，曰仁義中正而立教焉，使天下後世
由是而行則爲善，畔於此則爲惡」。〔註 108〕依照這種想法，則宇宙只是一塊自
然的生息，所謂善惡不過是後天人爲的選擇與規定。顯然王氏應可劃屬於或
近似於唯物論者。然而梨洲的批評基本上肯定王氏的思路，而謂其錯誤在於
未能徹底認識此自然生息的元氣尚有一根本的律則性，而僅把握到其能提供
表層的殊異紛歧性，是故不知在眾多互異的具體現象與事物中，仍然普遍服
膺此一共同律則，因此理一而性善乃是不容質疑。由此觀之，梨洲仍循王氏
思路，只是走得更深更遠而已，所以若將梨洲視爲唯物論者亦無不可，尤其
是他還明白反對「理能生氣」說，已是否定任何律則或觀念性的獨立先在。
只是細繹其間，倘若全依唯物的角度來看，梨洲的氣論未必比王氏來得高明。
蓋王氏固然未再深入析論萬物中的普遍性究係如何而使其對元氣的描述顯得
太粗糙，但是梨洲亦未免輕視殊異性將對其所宣稱的普遍律則性造成困難，
（梨洲此失，我們留待下文再予細論），反不如王氏以爲每一事物、每一現象
各有其殊異規則而統攬於一存在的共同基礎（即其粗糙的元氣）之上，從而
此寬鬆而無任何特殊限定的基礎便得以包含一切殊異，使之不與殊異性相掣
肘，而在解釋宇宙的局部時更具有效性，（比如上文中他對人類善惡的說明顯
然合乎一般現象的事實），因此梨洲並非一成功的唯物論者。既然不是成功的
唯物論，那梨洲之說尚有重大意義嗎？

〔註 107〕關於王氏生平、著作、時代背景、主要學說、思想體系及其在中國哲學史上
　　　　的地位與評價，可參考葛榮晉：《王廷相》（台北：東大圖書公司，1992 年）。
〔註 108〕此處所引王氏語，見《明儒學案・諸儒學案中四》（《全集》冊 8 頁 494、496、
　　　　498、515）。

　　其實梨洲這種實然本體的理氣觀，固然在形式上接近於一種唯物論立場，以爲實然的宇宙即是全部，而一切的條理律則全都只是此實然宇宙自身的屬性，然而深入地來看，若將梨洲「理、性、善」諸觀念視爲表示精神性方面，則其未曾否定精神性的存在，而是肯定精神性乃是物質（「氣、心」）的眞實主宰律則，如此豈不是成了一種唯心論，或者至少是一種心物合一論嗎？因此，若專就精神來自物質一點而言，梨洲誠帶有明顯唯物味道；但若專就精神係物質自身之實相一點而言，梨洲又呈現濃烈的唯心色彩。若果必欲言之，則應說梨洲之意卻在欲將精神價值實質化、切實化。故其思想的原初本質反而仍是近於唯心一類，無非皆在於肯定精神性的不容質疑，歸趨爲一自覺精神的文化建設，不肯隨順自然做個動物人，竟以謀取個人及群體之生存與繁衍的具體生物性需求爲止境；並不是試圖去論證宇宙只是全然物化唯氣而只剩機械式的物質規律、毫無道德法則的一片自然世界，只不過他是以類似某種唯物的方式去論證、去支持唯心的正確性。然而更重要的，並不是費心於將梨洲理氣觀定位爲唯物或唯心的哲學，〔註109〕（因爲這樣做不過是滿足吾人分類的理智興趣，卻不能再闡明更多梨洲思想的可能義涵），而是在於指出其「實然的本體」比起「超然的本體」究竟有何理論上的優缺特點，從而在儒學思想史上有何新義。也就是我們必須把握住其亦心亦物、心物不分的思想特點，實際上已突顯出「價值」與「事實」之相關性的問題，進而指明其將事實性與價值性皆收歸於眼前的人間時空之中，確有突破傳統心學的可能，反而成爲古典儒學精神重視「此世」、不強調「彼岸」的一種再發揮。〔註110〕

〔註109〕蕺山雖云「盈天地間皆氣也」，又謂「盈天地間皆性也」，但當中並無唯心唯物的矛盾。蓋其理氣觀並非在說明宇宙本體的性質如何，而只是申言價值選擇後，在主觀道德涵攝下的境界。故容肇祖《明代思想史》頁329斷定蕺山不承認氣外有理、心外有性，係因其注重向內的一路，以爲吾心統有萬物的。其說甚諦。然亦有學者如張立文《氣》頁210～211謂蕺山始終未能弄清物質和精神的本質關係，並不是一個純粹的氣本論者，其著作常見到盈天地間「一氣」、「皆物」、「皆道」、「一性」、「皆心」、「此理」等等形式上明顯衝突的命題，卻共存於其龐雜的哲學體系中。又如王健：《中國明代思想史》（北京：人民出版社，1994年），頁183～191認爲蕺山思想體系是矛盾的，其既以形氣爲本，又以道心與人心對立；既強調聞見之知是認識基礎，又說要先求於心。其實此係將蕺山若干言論詮釋爲質實的氣化宇宙論，遂有此種學說內部的分歧現象。

〔註110〕此處及以下的討論，係以思想的哲學性基礎爲焦點，故偏於對梨洲理氣論的探討。然而，鄭師卜五在本論文口試時，曾提出不必全數沿襲當代新儒家的

三、「實然本體」在外王上的新突破

（一）理論的殊勝

梨洲的實然本體顯已觸及一重要的問題，即：價值真地不須有客觀的宇宙實證來支撐嗎？一旦事實不必然、不容許，則價值之努力真可單獨成其價值而不屬愚痴自欺或一廂情願的行徑嗎？而此努力亦豈能真正永恆存在而不為事實規律所改變嗎？我們知道，傳統心學其所論述的重點，主要在把握人內在的道德心，至於此道德心的屬實與否，則因生命情境當下的道德流露而視為不證自明、無庸置疑的「事實」，吾人只須由此顛撲不破、四海皆準的道德心推擴行去、建立各種規範以治己治人即是，於是對此道德心的來源，便僅以崇高之「天命」簡單交代。因此，心學對「道德」一物的思維，殆可謂過早地停留在人出生以後的內心活動，就中尋個源頭便為已足，其人生的體現係屬一價值選擇、義理信念的進路，雖然這一作法誠有其睿見，但就理性思維上的完整與嚴密而言，仍稍嫌有歉。

蓋試依心學義理而推言，不論我人對道德心來源所作探究的最後答案為何，既作為人，則對道德心的處置亦唯有順之一途，縱使是已證明道德心乃為虛妄而須予毀滅，此毀滅之所以應該，仍是基於道德心的考量而來的決定。如此一來，未免對道德心誠有偏執。我人毀滅或發展此道德心，其之所以為應然，亦可以是出於事實不得不如此，而非是一價值選擇所致。然於茲卻可見心學有其可愛處，亦即縱然證明某一行為不合事實規律（例如為上帝所禁絕或須落入地獄永遠受苦），只要是此道德心之應然，亦必在所不惜、義無反顧地去做，此正顯現人自身的主體性，其間的自由意志、主動精神著實令人為之動容。此猶如某人為某一道德理由而觸法，雖法律上終仍需治其罪，但吾人畢竟讚佩其人格。〔註111〕可是由此喻卻也得知，激賞其價值抉擇仍無改於犯罪事實，故心學視為價值根源的本心良知，亦當無法違逆宇宙的終極事實，亦即若欠缺事實的保障，則本心良知並無法真正全然地運作，故對本心良知的「事實性」，必須認真地予以徹底探討，而不宜迴避。

思路，可改由梨洲在甬上講學時與諸弟子間特重「王霸」分辨的問題來下手，而此一王霸之辨背後所涉及者，乃是清人入主中原後的政治反思。鄭師所見極有價值，確為本文討論時所忽略的一大側面，但因本文寫作時限已至，故權且將此寶貴意見附記於此，以為讀者之一助，及日後研究之提醒。

〔註111〕如羅汝芳不避干謁為鄰婦之夫脫獄之類，此事詳見《明儒學案‧泰州學案三》（《全集》冊8頁55）。

　　既然心學在建立價值與事實的一致上，的確較少著墨，因此梨洲的理氣觀，其「實然本體」的重視實有性、以「氣」來確保道德價值與客觀事實的一致，便在爲其道德認同感的心性觀提供堅實的合理化，理氣觀可謂乃其心性觀普遍的、形上的基礎。而此一作法，已能注意到事實與價值的不同、價值必須有事實爲其根據，這就抓到在哲學思維上的問題感，此點洵爲對心學思想的一大補充，雖此補充未必能令心學在整體踐履上更爲有效（此點詳見本節最後的討論），但至少是看到心學在理論形式上的罅隙，而試圖予以彌救。蓋事實與價值之間一旦有分裂，則價值難免將相對化，唯有植基於最高、最普遍事實，以其內在規律爲準則的價值，才能保證此價值的絕對性，亦即價值的終極基礎與地位實不當超出事實之上，而只能在事實之中。

　　除此之外，更重要的是，梨洲本意原即指向於文化的安設，故其主張中，實對外王的領域有其不可埋沒的長處。蓋傳統心學的理氣觀，只是其心性觀的延伸，重點在使本心之理吞併氣的地位，氣只得是個理中之氣，而傾向以絕對的價值消融事實，故易歸趨於以內聖併吞外王，外王簡約爲一純粹道德的內省問題，終致失落外王；而梨洲的「實然本體」理氣觀，則爲其心性觀的實然基礎，重在以氣去併吞理，理之所以是理，乃因其本即爲氣所致，如此便突顯事實的首出性，反而較有可能成就外在的事功，這纔是梨洲思想的最殊勝處所在。析言之，梨洲不循由直承內在心性而開創外王事業的傳統舊思路，轉而先處理一事實問題，他能重新改由實有性的角度去思索人文世界，如此一來：第一，即可使外王獨立，不必依傍內聖；第二，由之進而使外王能爲合理，且屬必要，亦得實現；第三，終使外王的操作具有較可依循的具體原則。以下分別論之。

　　第一，依梨洲之意，宇宙中的理對氣的一切運行有支配主宰性，貞定並維持其全面性的運行發展，但理氣是一，氣可謂是理的實體，理可說是氣的屬性，凡氣之所在則理始在、理必在，如此則即氣便是理，宇宙其實只是一氣而已，不得重理輕氣；且萬物皆分享此氣爲其氣，故一切萬物上之氣亦皆同有此理而地位平等，同爲宇宙中之一員，並未偏重或輕視某一部分的氣。是故與此對稱的人類，其心之性理對一切心智作爲亦得以干涉，即對人類心氣之一切活動予以指引，故性理不止爲道德修養的本源，亦是一切文化事項的宗主；同時，任何心智活動所在，性理隨之而有，性理並不外在於活動，相反地，活動即爲性理的實體，性理乃活動本身的最高規律，活動便是人心

唯一的眞實，而一切活動亦同具性理、同呈性理，而平鋪開展、一視同仁，皆具同等的地位與價值重要性，共同構成了人類生活，無有獨大與偏廢。如此一來，道德修養與政治事務、歷史傳承、文學創作、科學研究……，各種人類活動都一樣重要，無有孰本孰末、孰大孰小的差等，梨洲本人也皆廁身其間，實地從事，遂有其博綜之學。而我們知道，梨洲所實際把握到的性理乃是道德認同感，因此，任何一事、任何一人便皆是此道德感的實體，就其承載及體現道德感而言，彼此的意義殊無二致。所以梨洲認爲凡有功力的理學家，不論其造詣得失皆值得肯定；又認爲道德內省極盡高明的理學大家周、程諸子，自然值得尊敬，但卻非唯一，並不是只有道德家才是偉人，其他如諸葛亮、陸贄等安邦定國的棟樑大臣，乃至於各領域特出的菁英豪傑，同樣具現道德感於其一言一行中，也同樣值得頂禮，未嘗分毫遜色於理學名家。

於是我們發現，傳統心學的「由內聖而外王」，在梨洲這裏，內聖已縮小爲「道德感的貫注」即足，只在醒覺、活化、挺立、加強人們對道德的深深認同，不再必是對道德本體義涵的深度體認，竟走上無窮盡的精微嚴毅之變化生命氣質的心靈工夫歷程；而外王則擴爲「一切人類的活動與創造」，非僅局限於治國平天下的政治領域，企圖求得政治清明，或如理學家們嚮往使世人皆明善行善，形成滿街聖賢、人人君子的社會道德風氣而已；至於由內聖而外王，則變成一切人類活動即是道德感的實體，故同須貫注、依循道德感，成其均等之地位而共生共在，創構一道德價值的宏富文化。雖然看來此仍是以道德爲前提的老路數，然而內聖與外王的內涵已異，〔註112〕傳統上道德精微的舊內聖，反成爲梨洲外王系統中的一物；且此一新內聖不再如同舊內聖能自我具足，其意義與價值係因其可成就新外王，始得其做爲「基礎」之地位，這好比地基之所以受重視，是因其可以蓋成房子，沒有房子的地基，並不具有太多意思，亦即可以自足自立、自成一格的地基是不存在的；故實際上已改以外王吸納內聖，不再以內聖併攝外王，不再只重內聖型的聖賢、看輕事功型的人物，而將其他技藝、知識、生活方式、生命創構、人格型態等等全數輕視、矮化，這就可以通向兼收並蓄的文化昌茂之境。總之，由於梨洲以氣爲理的實體，建立了實然的本體，遂令心氣活動成爲首出之事實，性

〔註112〕陳少峯《中國倫理學史》上冊頁447已指出梨洲繼承理學傳統時，在價值觀上提出新的見解，已在很大程度上，否定了理學單純依靠倫理範世和以人生道德至上價值實現爲歸宿的傳統。

理反成此首出事實的第二序規律，導致外王脫離傳統內聖的挾制，取得獨立而且是根本的地位，從而涵蓋了內聖。這獨立的新外王，其本身之最高條理律則，即心氣活動裏的道德認同感；而新內聖已收爲新外王的一個基本環節，乃是醒覺、厚實此道德認同感對人心活動的主導作用。至於倘若專注在此感裏去滌淨內心的世界，這種修養個人的成就即是舊內聖的境界，它只是廣大新外王中的一分子而已，而其之所以有意義，還係在於人類群體歷史文化中具有涵備、彰顯、傳續價值原則的作用，倒不是因其個人已進入某種自我體悟的具足境界所致，也就是因其在新外王上具有某種象徵與影響才肯定它，不是因爲其在新內聖上有所突出的表現而高度評價；這點在前文論政治時，我們已看到梨洲融合事功與道德爲一體，重道德而不爲無用之道德，須有實務績效的表現才可，而他肯定周、程諸子，乃因「由其言而其行可信」，亦即在「行」的角度來看待，其人雖未當事任，但實隱具能成大功的要件，故亦在推崇之列。因此可知，梨洲學術的關注點實在於外王，不在內聖，他是由外王的需要而尋求建構外王的基礎，即由外王而觸及內聖，故外王不是內聖的妝點附庸，內聖之價值亦只在外王之中才成其意義。

第二，梨洲的實然本體，使得氣、理、事物三位一體，亦即使事實性、價值性、事物三位一體；而所成之人，則是心之氣、心之理與人心三位一體，造成人心之活動事實、人心之道德律則、與人三位一體的效果；而心之氣理與宇宙通同，故從宇宙宏觀而言，即具有人心、人、與宇宙整體之萬事萬物三位一體的作用。在這樣的思想架構下，其理氣觀既爲其心性觀之所以能成立的實然支撐，則可進而支持其外王建構的合理性與必要性。此可由實然本體下道德心體的實有性與待成性兩方面來看。在心、人、事物三位一體前提下，因實有性之故，則唯一的眞實存在只是此世間，此眞實存在又是道德價值的，此道德價值雖是待成但卻實有，〔註113〕這待成性的世間便可成爲我人落實道德的世界，於是使萬物由自然存在變成人心中人文道德的存在，便是絕對合理的。不止絕對合理，而且還是絕對必要。蓋宇宙之氣因其理之主宰而生化不已，氣化本身乃唯一眞實，自不得否定，同樣地，人類紛紜的活動，

〔註113〕林安梧：《中國近現代思想觀念史論》（台北：學生書局，1995 年），頁 11～14 已指出梨洲企圖從宋明理學末流所強調的「實體化的主體性」及「超越的形式理念」的抽象性及空洞性中解放出來，強調「存在的歷史性」，眞正面對了具體而眞實的世界。

本即心氣流行的萬態，乃爲事實而不得否定，只須服膺心氣之性理的主導，則可成其自己不斷的存在與發展，如或不從，則必凌亂旁衍，有如天地之氣處在愆陽伏陰的異動失序之中；然天地愆伏則萬物有傷，宇宙之氣必因其理之故，結束一時的突變，回歸萬古之常以生生不息，而人與人、人與事物若凌亂旁衍則人類活動的一切成果即遭破壞甚或毀滅而不得生存，至少亦是處在此亂象中而一直苦痛，這自非人類所樂見的情形，是故人須自覺主動地使心之性理當家作主，才能驅散凌亂塵霾，走出歷史坎陷，重新踏上發展的正途，以遂生生常新。落實待成性既屬合理而且必要，我們便能放心地以人類的道德價值去經營天地萬物，成就一價值文化的世界；同時，此一經營也就成爲人人責無旁貸的註定命運，不再只是少數社會菁英的宏願私事，而即使一時經營不順，實效不彰，亦不能不持續此經營之奮鬥。

於是可見，一方面，在合理性上，梨洲在「待成性」之外更對「實有性」的予以強調，人心的道德規律即有客觀物質基礎，即氣化而來，眞實有憑，使得人心的性理不是人類自身、或少數人士一廂情願之主觀的偏執、設想、願求、或其修養所至，而是宇宙的普遍事實，故道德心所涵攝轉化的萬物之理，並非竟與客觀的萬物之理無關；這一點除了可破除程朱學派不信人具本心的疑慮，解決心學的論敵之外；更在理論上照顧到價值不得離於事實的重大問題，而將心學偏重於工夫境界義的「萬物同體」之肯定，漸漸轉變爲普遍事實義的確認，消除原先心學所隱含的危機，也就是將道德心的「涵攝」萬物，由個人的修養所至的主觀涵攝，轉變成爲宇宙事實的客觀涵攝，「涵攝」不再是出自個人義理價值抉擇的必然獨斷，而是來自對普遍事實客觀探究後的眞實發現。另一方面，在必要性上，梨洲在「實有性」的前提下更對「待成性」的特別重視，此點則顯示他對人類在宇宙中的地位並非永恆穩定的深刻認識，在這一認識之中所蘊涵對人類前途的不安與化解，係來自了解事實的規律而順應之，以期得長存與福祉，基本上此乃理智思維、客觀認識的思想路數，是智性的、事實的取向，不是純粹德性的、價值的取向；而且在這一認識之中，其所提出的指引對策既是宇宙事實，這就不止有益於走出人類今時的困頓，也可以化解整個人類文明未來發展的進程中，可能出現的無窮新危機、新困難、新挑戰，於是人類便有突破黑暗迎向光明的樂觀信念，但此指引對策又是待成，故人不致自甘苟安，竟期盼於天縱之聖，推諉於他人、於下一代，（所以前節曾提及他反對來知德的天爲之説），而是要立刻去做自

興自決的豪傑，這就形成審慎的樂觀態度，而在其中流露著強烈的積極性、使命感、行動力，富於人之能動的人文精神。

因此，梨洲的理氣觀，將人類放到宇宙中的事實大形勢去了解其本質、特性、身分、地位、處境，這就與傳統心學有了根本的差異，此一差異中，誠有睿見。亦即梨洲充分意識到人文世界是人類生命活動積累的成果，因此不會有一終了的完美狀態，而是一直處於變動的過程，唯有人人自覺、代代相續，始能確保這一變動是朝向進化的發展，而非趨於退步的沉淪。因此梨洲思想的重心，不是擔心如何在理論上完美地解釋或消除根本邪惡的可能存在，而是放在如何防止根本邪惡對人類的徹底毀滅，所以他不把暴君頻出的歷史事實視爲重大的哲學難題，而把如何延續文化慧命以走出各種暴君對社會的危機當作生命關懷的焦點（此點詳見本節最後的討論），亦即不深究氣化何以有過與不及的面向，而用力探討氣化得以生生不息的關鍵。這一關鍵不是氣化以其過與不及來保持生生、以其局部或週期的毀壞與變遷來換取更新（因爲這是屬於氣化何以有過與不及方面的問題），而是氣化的一切現象與活動之中所含藏的生生目的指向。氣化因具此一目的的指向，而成爲律則的、價值的與意義的氣化，是以即便過與不及的情況或屬必然，或可探討過與不及的規則而予以預測、調整，但皆不足以動搖到這一目的指向的層次，而氣化的一切終究都須納入此目的的指向中。顯然地，如此一來，外王便在合理與必要之外，又眞能比較切合實際地實現。蓋其實現不是懸諸某種終極的靜態境界，（倘若如此，則人間可謂自古至今乃至可預見的未來皆無有成就外王的時刻，是故理學家所期的三代盛世實從未見於世）；而是允許爲一種過程，在過程中的每一當下都因其共成此一過程，而可得其已然實成的地位。

第三，梨洲的本體即事實而在，並非超然自在，於是他的道德心體即具體心智的本身，而爲一極平易的心體，這使得外王所需的基礎極易建立。蓋傳統理學，特別是心學一系，由人的道德根源推究至極精微處所成的超然本體（心體），確實十分適合於作爲個人道德修養的內聖之學，能夠滿足或解答踐履中的種種需求與問題，但卻不宜作爲外王的本體。蓋外王所需的本體，不必是一至爲高明奧妙而須每人耗盡心神之後始得悟見其全幅義蘊的超然本體，反而須是人人所易知、易信、易行的道理，且又必能普遍起到指引、權衡、貞定人類一切具體活動並同時給予希望、勇氣、信心的作用，唯有具備簡明及有效的雙重特點者，才是比較理想的外王本體。我們知道，眞正的外

王運作，倘以社會上人人心知身行皆達到聖人完美道德的境界，實屬不甚實際的理想，而且似亦無此必要。外王只要求人人具有基本的、起碼的道德水準即可，在此基礎上，人類的一切行為，不論是個人的或群體的，都變得自有節制而可愛無傷，而可並存發展。於是想成為道德聖賢者，自可由此更進而純淨身心，踏上成聖之路；想成為政壇棟樑、軍事豪傑、工商鉅子、一技一藝之專家、乃至安居樂業、養家糊口的平凡百姓，都可由此而各求知識技能、展現其興趣天分，成就一己的人生、取得各自的社會地位，亦不必浪費時間於體悟所謂的本心與天理。其實這樣的思想，早已可在象山、陽明思想中得著啟發，〔註114〕雖然缺乏直接證據證明梨洲確受此影響，但是顯然梨洲已透過蕺山重視生命道德而更轉手，看重眼前的此世界、此身體、此心智，便將心學中廣大精微的心體，予以化約、向下修正，推導出道德認同感的心體，這對外王應用的領域而言，可謂是一實用型、操作型之新本體，既不艱難，極易體會，又切近有功。〔註115〕所以梨洲便盛讚陽明的貢獻說：

〔註114〕如象山曾說：「學者須是打疊田地淨潔，然後令他奮發植立……然田地不淨潔，亦讀書不得。若讀書，則是假寇兵，資盜糧。」（《陸九淵集・卷三十五》，頁 463）、「前言往行，所當博識；古今興亡治亂、是非得失，亦所當廣覽而詳究之：顧其心茍病，則於此等事業，奚啻聾者之想鐘鼓、盲者之測日月，耗氣勞體，喪其本心，非徒無益，所傷實多。」（《陸九淵集・卷十二・與陳正己》，頁 162）、「誠使聖人者，並時而生，同堂而學，同朝而用，其氣稟德性，所造所養，亦豈能盡同？……非獨士大夫之明有與聖人同者，雖田畝之人，良心之不泯，發見於事親從兄，應事接物之際，亦固有與聖人同者。指其同者而言之，則不容強異。然道之廣大悉備，悠久不息，而人之得於道者，有多寡久暫之殊，而長短之代勝，得失之互居，此小大廣狹淺深高卑優劣之所從分，而流羣等級之所由辨也。」（《陸九淵集・卷二十二・雜說》，頁 271～272）、「人之技能有優劣，德器有小大，不必齊也。至於趨向之大端，則不可以有二。同此則是，異此則非，向背之間，善惡之分，君子小人之別，於是決矣。」（《陸九淵集・卷三十二・毋友不如己者》，頁 375）、「道譬則水，人之於道，譬則蹄涔、汙沱、百川、江海也。海至大矣，而四海之廣狹深淺，不必齊也。至其為水，則蹄涔亦水也。」（《陸九淵集・卷二十二・雜說》，頁 274）。而陽明亦有眾所周知的「拔本塞源論」（詳見《王陽明全書・語錄・卷二・傳習錄中・答顧東橋書》，冊 1 頁 44～47）。凡此皆是肯定人人有基本的道德意識後，則可共成一片祥和社會，不致於挾其知識技能以為非作歹。雖然陸王有此想法，但觀其全盤學說，重點畢竟落在道德心體的體會及修持上，且其心體雖是切近於人生當下而簡易直截，但其義涵實則博大精深，故對心體的體會及修持便決非三天兩頭即可完成，是故終屬內聖的修養之學，而與梨洲關注外王的基本取向不同。

〔註115〕本文第一章中曾提及許多學者以「經世」來概括梨洲學，其言謂蕺山本有重

陽明先生者出，以心學教天下，示之作聖之路。馬醫夏畦，皆可反
身認取，步趨唯諾，無非大和眞覺，聖人去人不遠。孟子曰：「人皆
可以爲堯舜」，後之儒者，唯其難視聖人，或求之靜坐澄心，或求之
格物窮理，或求之人生以上，或求之察見端倪，遂使千年之遠、億
兆人之眾，聖人絕響。一二崛起之士，又私爲不傳之秘，至謂千五
百年之間，天地亦是架漏過時，人心亦是牽補過日，是人皆不可爲
堯舜矣，非陽明亦孰雪此冤哉！……夫道一而已，修於身則爲道德，
形於言則爲藝文，見於用則爲事功名節。豈若九流百家，人自爲家，
莫適相通乎？（《南雷文定三集・卷一・餘姚縣重修儒學記》，《全集》
冊 10，頁 127～129）

我們倘知道梨洲原即以外王爲本意，便可了解此中的美詞並非任意稱美，亦
非在於爭理學門戶。其所以如此讚佩，蓋因不欲心體過分艱難而耗盡學者心
力，終導上一純道德修行的無限踐履過程。他要的是個簡明又徹底有效的東
西，以之爲外王之本即可，故特別不喜歡程朱一系經由複雜辛苦的窮索工夫
才能求得天理，遂乞靈於陽明良知而轉化之爲道德認同感，並將陽明知行合
一看輕其間的本體義，而改以「行」釋「致」，強調直接由此本體去實行，不
似其師總將陽明心學深化內化爲獨體意根。因此其與傳統心學家雖皆是由一
段道德心的眞摯關懷出發以涵攝一切外王建構活動，但梨洲的道德心是比較
淺且不再上推的認同感，直順此人人易知的心體行下去即是，故其涵攝能允
許事實性，而傳統心學的道德心則精微深密，不斷上推至於天道本體，故其
涵攝只是價值性的長大。總之，理學傳統中的道德超然本體，雖欲發揮影響
世間運作的實際功用，但終是不盡可能，儒者們不是繼續堅持有體必有用而
用力於大幅闡釋本體的義蘊上，〔註116〕便是轉將心力朝向實效致用上，專言

視客觀世界之傾向，如重視氣、氣質之性，然而仍以內聖工夫尋求解決客觀
世界問題之方法，至梨洲則將其重客觀之傾向充分發揮，自外王世界之外王
工夫尋求解決之道。按此觀察能指出蕺山重內在、梨洲重外在的差異，誠爲
睿見。但應更清楚地辨析，蕺山的重客觀，乃是獨重內在道德心體的落實爲
生命道德，故實是重內在聖德，而不是重外在事功；而梨洲承蕺山語彙，卻
與蕺山異趣，將其生命道德轉爲實然世界的道德感受及行爲，這一「轉手」，
在本質上不宜視爲蕺山學的直接發展，而應視爲梨洲個人原有之文化建構取
向下的創獲。

〔註116〕心學家方面的例子已見於前一小節。茲舉程朱一系爲例。如程頤說：「聖人治
天下之道，唯此二端而已。治身齊家以至平天下者，治之道也。建立治綱，

具體事功的不可替代性及操作的技術面，而對道德本體逕予輕忽或予以肯定但懸而不多論。〔註117〕然而梨洲能跳出此種框架，重新建立外王上的新本體，既不至於保守者的有體無用、終是高談闊論卻束手無策，亦不至於激進者的有用無體、只能濟一時之難，故能使得外王有了實現的契機，拓展了儒學思想的新規模，此可謂梨洲作為其全盤思想的理論基礎——理氣觀的「實然本體」之新思路——所蘊涵的一大意義所在。

另外，梨洲的道德心體既為平易，逐使其關注焦點不必分散在對心體體證修養的精嚴工夫論上，而能集中在構思如何由此心體開出外王適用的理論性指導原則上。也就是其本體論雖多襲取蕺山語彙，但內涵則異，改採一質實的價值論，即以氣為一切價值的存在保證，故重點只在強調道德價值的真

分正百職，順天時以制事，至於創制立度，盡天下之事者，治之法也。」（《二程集・河南程氏經說・卷二》））又說：「百工治器，必貴於有用，器而不可用，工不為也。學而無所用，學將何為也？」、「讀書將以窮理，將以致用也。今或滯心於章句之末，則無所用也，此學者之大患。」、「學貴乎成，既成矣將以行之也。學而不能成其業，用而不能行其學，則非學矣。」（《二程集・河南程氏粹言・卷一》）此則分學問為治道與治法，而認為學必致用成業始可，則治道與治法殆並列而不得分輕重，然其學實以言治道為多。而朱熹《朱子文集・卷十三・癸未垂拱奏箚一》亦云：「自天子以至庶人，壹是皆以修身為本，而家之所以齊、國之所以治、天下之所以平，莫不由是而出焉」。至其再傳弟子真德秀著《大學衍義》雖欲包舉治道治法以為皇帝所遵，然其畢竟於〈尚書省箚子〉說：「聖人之道，有體有用……其所謂格物、致知、誠意、正心、修身者，體也；其所謂齊家、治國、平天下者，用也。」又於〈大學衍義序〉說：「明道術、辨人才、審治體、察民情者，人君格物致知之要也；崇敬畏、戒逸欲者，誠意正心之要也；謹言行、正威儀者，修身之要也；重妃匹、嚴內治、定國本、教戚屬者，齊家之要也。四者之道得，則治國、平天下在其中矣。」全書內容亦終側重於闡釋內聖之要，而未多涉治平之法。

〔註117〕 如南宋陳亮即強調事功本身之意義而嘗與朱子辯論，以為漢唐事功值得肯定，而不必專美三代，要以適用為主，其說詳見《陳亮集》卷二十〈答朱元晦〉數書，並可參考牟宗三：《政道與治道》（台北：學生書局，1995 年），頁221～269 中的討論。又如明朝丘濬不滿於真德秀偏重修齊而忽略治平，乃撰《大學衍義補》，搜羅國家掌故、古今制度變革、時政得失，其序中言：「儒者之學，有體有用。體雖本乎一理，用則散於萬事……闕其一功，則少其一事，欠其一節，而不足以成其用之大，而體之為體，亦有所不全矣。然用之所以為大者，非合眾小，又豈能以成之哉。是知大也者，小之積也。譬則網焉，網固不止一目，然一目或解，則網有不張。……真氏前書，本之身家以達之天下；臣為此編，則又將以致夫治平之效，以收夫格致誠正修齊之功……前書主於理，而此則主乎事。」此則顯以實際政治問題之處理為重，詳言於治法之用而欲以之體現治道之體。

實不虛，至於工夫論則不再似蕺山之深微細密，僅單單集中在對道德認同感的認識相信（即有本靜存、靜中識取）、集中強化（即心智單純化、實務修治）、活絡發揮（即工夫在境界之中）上，而又順此轉成提出幾個治學之人心中須具的重要原則，如：廣博學習、徵之於實、獨創自得、兼容並蓄、眞情實感⋯⋯之類，凡此原則，並非傳統理學的內聖修養工夫，但卻是外王操作中頗爲踏實而有用的一套建議。

（二）理論的架構

再進一步來看，這些重要原則的提出，皆受其理氣心性的思想架構所支撐。蓋依其說，在宇宙中，人類亦一物，與萬物共列其間，皆爲有限、變異，但共構自然界之生生豐滿，在宇宙整體中皆各有其不易不朽的地位，而皆膺受普遍事實性的氣及普遍律則性的理。若觀察角度縮小、下降一層，個人之在人群猶如萬物之在宇宙，則在人類自身的世界中，每一個人皆列居人群之中，皆爲有限、短暫，但共構文化之興繼繁榮，在歷史及社會中皆各有其不易不朽的地位，而皆通同的氣是心、皆服膺的理是性。是故，心是一切心智的活動，是一切人的普遍事實性，分享之（如天賦、遺傳、習染等），則引導出個人的殊相事實性，所以人各有其剛柔智愚等等偏至的氣質、人格、行爲表徵，亦各有其功業、文章、道德、技藝等等專門的成就、乃至於各種的學說、思想，這些皆是心智對自身及事物的部分把握，亦即普遍心智的特殊顯化及作用；性則是道德認同感，是一切人的普遍律則性，而爲意義與價值的總源所在，不論心智如何地特殊顯化及作用，總須依道德認同感來導引出殊相律則而保全其地位，所以任何個人的偏至氣質各有其特色但皆須實踐道德生活，而各種專門的領域，各有其自身本質規則而亦皆必以道德爲其終極依歸，比如：政治有其殊相的典章而以道德爲其至高理念、史學有其殊相的史料而以道德爲其貫通精神、文學有其殊相的修辭而以道德爲其最後目標、科學有其殊相研究而以道德爲根本指導。

因此，一方面，有限的萬物所成的整體即是宇宙的豐滿，是故任何個人皆是有限，只是人群中的一小點，其思想、其成就都不圓滿，都不能凌壓、禁絕他人而獨尊，但亦在貢獻於人群共成的文化長河中，成其偉大，得其不得被取代的地位；亦即有限的萬物體現了無限的宇宙，而有限的個人則在彼此不斷的薪傳、述作、發明、創造之中，積累建構了無限未來、充滿可能的文化發展，所以宇宙是永恆的生生，而文化亦是無窮的待成，就在永恆的生

生中呈現宇宙的豐盈洋溢，而在無窮的待成裏彰顯文化的圓美希望。另一方面，人的具體心智是理氣統一共在、亦理亦氣的，故所謂「窮理者，窮此心之萬殊，非窮萬物之萬殊」、「只是印我心體之變動不居」，即欲人充分體認到心智之事實性（心）與律則性（性）妙合下生生不已的道德之義。心乃活動變化之心氣，故製作萬殊、表現紛紜，必然會有多彩多姿的殊化，積成人類多元而繁富的文化事實；性乃不變的道德認同感，故心氣萬殊所成的文化，皆須一一宰制於道德律則，始能彼此相安相生，遂全其各自的萬殊；心性乃妙合為一的心體，故文化與道德不能相離，人類生活的實質便成一道德價值性的文化體現，達到梨洲所心期的儒學真規模。同時，律則性皆在事實性中，便已在價值之外觸及事實之必要性，此一思維方向即要求真正在肯定一切萬物的普遍事實性的前提下，又同時去正視每一事類、每一領域的總相事實性，以及其間各自單獨存在的具體事物（事件）之別相事實性，故能確切研討每一事實的基本內容及自身特殊規律，發現總相律則與別相律則，而發揮價值貞定事實的作用，如此始克成就一文化建構，不至淪為一場空談的美夢。雖然不可諱言的，梨洲於此的討論及其本人的實踐猶有未詳甚至是疏失處，（比如徵之於實而仍有迷信、強調文化更新而仍深護封建禮教），﹝註118﹞但其大意及企圖卓然展現，總算是真正去研究博綜事務，至少已是開啟外王落實的可能性。比如：政治學上實務訓練的重視、歷史學上史料搜錄與編著的講求、文學上藝術技巧的強調、科學上自然規律的認知，凡此種種皆是對總相及別相的探觸，而迥異於前此的心學傳統之只見及普遍性而已。

總上所述，梨洲理氣論之實然本體的思想誠乃其學說的總理論基礎，其在梨洲思想中的理論意義、作用地位，決不容小覷。實然本體一方面成為其心性論之基礎，一方面又成為博綜之學的基礎，此二方面又有層次地理論連結在一

﹝註118﹞如梨洲在《孟子師說・卷四》「君子之不教子」章中強調天下無不是的父母；在「不孝有三」章中認為舜不告而娶只是未使瞽瞍主婚而已，若真不使之聞，則不孝將大於無後。又如《南雷文案・卷七》〈唐烈婦曹氏墓誌銘〉稱美曹氏在夫亡後屢屢尋死乃是「於生死之際，處之至精」的義烈節行，並非賢智之過；而又如〈陳母沈孺人墓誌銘〉則對於元配無子而以妾之子過繼，竟使此子傷心於不得服生母之喪的事情，只稱許此子之孝，並未反省禮制的不合情理；甚至在《金石要例》認為元朝以下破壞古例，應在碑銘上只書婢妾所生之子，不得書其母姓名。類似此種思想，顯然與近代以來社會變遷後反省禮教、追求人性滿足的進步思潮不太相應。（以上諸文分別詳見《全集》冊 1 頁 97～98、101，冊 10 頁 334、325，冊 2 頁 264）。

起而為文化建構。簡言之，實然本體即提供價值的事實基礎、賦予事實的價值律則，使任何事物皆是既真實又有價值的，因此人可以且必須依人心之道德去作用於此有價值理序的世界中，成就、創造一道德性的價值文化。梨洲實然本體的最大作用，就在於將超越的形上本體下拉、禁絕任何玄虛杳遠的形上追求之中，反而將形下的現象世界擡升，重新賦予現實人間以本體性格之永恆與無限的事實及價值，不令人間只是變異無序的現實，這正是蕺山生命道德化的另一新變，因此即使其思想雖仍是隸屬於內聖外王的儒家傳統，但其並不沿襲由內聖開出外王的傳統心學思路。傳統心學所關心者乃是一己能否成聖、如何成聖，故著眼於自己心體上，看重心體完美表現的典範樣態，復因內聖之需而連帶地不遺棄外王，其說以價值根源體性之分析、工夫的作法、理想境界的描述為主，是為內聖義理之思想進路。而梨洲所關心者則是眾人之生存活動是否已有希望、已有意義，故著眼於全體人類普同的道德感知上，將此感知與世間其他事物並列，看重其處在現象世界中的實際活動表現，係因外王之需而及於內聖之思考，而後再落實外王行動，是為外王建構之思想進路。因此傳統心學，皆是始終扣緊本心，以圓滿具足的價值根源之自身為歸宿，不論事實如何，只要成就價值本身即足，故一切現象的價值與意義，皆須視其與達致價值根源圓滿具足境界之距離而定。倘若依此道德獨大之立場來看，梨洲轉將價值附於事實之中，誠然有使道德性命之學流於淺易膚薄之虞，不過梨洲這一思想取向，實較心學立場更客觀、視野更寬闊，因為其從每一個人、每一代人生命相關相延出發，將全人類之整體當作思考的對象，非以一己之內心世界為焦點而已。這是一個比傳統心性之學更適合於作為外王方面種種體制與建設的新思維，這樣的睿見，確實也是值得我人由衷地讚嘆與深思。因此我們可以說梨洲理氣心性的說法比不上傳統的嚴密精深，但是顯然他對文化生活的實質作用、意義與價值，卻探索得更深。

綜觀梨洲的全盤言論，乃是「道德文化」的取向，而非「內聖之超越」的進路，故轉向儒學經世的方面，以為如此始是回歸儒本，因此其思想與陽明學的差異，是誤解或是救弊，其實皆不重要，重要的是，梨洲的主張代表心學發展的另一可能方向，即：其以眼前的人身與世間，為一切問題與解答、理論與實踐的唯一場域，奮鬥在此，理想亦在此，這一人文精神傳統的再度顯揚才是他在整個心學思想史上的定位。〔註119〕析言之，依傳統心學家所見，

〔註119〕唐君毅：《中國人文精神之發展》（台北：學生書局，1984年），頁17～20對

最理想的至善境界已先在完具於本心的道德世界中，我人的努力不過是調整
現實的人生及世界以與之徹底合模；然而依梨洲之意，至善境界卻是一人心
深處未完成的文化理想願景，其間實質的內容仍有待於思索創造，並非早已
先在具足，人類的奮鬥即在充分體會並承擔此願景，從而依以設計藍圖，在
充滿變數的現實的人間不斷地建構出此一終極憧憬。顯然地，傳統心學家是
較爲保守的、停滯的、定型的，而梨洲則是開放的，富有未來性與創獲性。
因此梨洲的思想，其根本性格及歸趨乃是一價值文化的思維，而不能單純地
劃屬於生命道德的踐履；同時，其理想願景既肇基於人心深處，則必須先對
人心內在具有某種深度的認識。是故若單就著重人心的根本基要地位而言，
梨洲仍可歸爲心學一系的思想家，視之爲繼承心學的新轉變，而其本人亦自
視如此，斷斷於王學的正統性；〔註120〕但若就其思想的全盤旨趣所在來看，
梨洲實不必再隸屬於心學傳統的隊伍中，而當判歸爲另起的一種新學術思
維。而總結來看，梨洲對理氣心性的種種規定，並不能單純地、直接地說勝
過傳統心學家，只能說二者思想的關懷焦點已自不同，是故發展不同的觀念
以適合各自的需求，於是傳統心學家的說法較能排解道德修養的踐履難題而
安頓內在深邃的心靈，至於梨洲的意見則轉能正視人類群體生活的未來發展
而提供人文發展的指南，二者各有擅場。然若針對心學家偏傾內聖、造成外
王的隱沒而言，梨洲重新以外王爲主、以內聖爲基，此一新思想亦可視爲原
始儒學傳統的回歸、再現，從而匯入清代學術的思潮中，〔註121〕比較貼近、

人文精神有精要的說明，大意謂人文之思想爲對人性、人倫、人道、人格、
人之文化及其歷史之存在與其價值，願意全幅加以肯定尊重，不有意加以忽
略，更不加以抹殺曲解，以免使人同於人以外或人以下之自然物等思想。

〔註120〕黃尚信：〈黃梨洲思想淵源探索──明代王學對黃梨洲思想的影響〉，《新竹師
院學報》1990年12月第4期，頁34～35謂梨洲一生所操持的宗旨就是「自
信有良知在」，此乃得之於陽明而成爲其學的基本態度，然陽明身處承平，歷
事是爲了鍊心，事功可以水到渠成，梨洲卻須秉此認知，全然從發用上看，
以經世致用爲依歸，其學問思想才有著落處，才算是對其國破家亡的時代重
任的負責交代。黃氏此見甚是，傳統心學由內聖而及於外王，梨洲則因尋求
外王而肯定其內聖基礎，以之重新開展外王。

〔註121〕先秦原始儒學的主要精神，是以人爲主體，由此而擴展到人所生存的世界，
主要以尊貴的人性、禮讓的人間秩序、和諧的天人關係、敬而遠之的鬼神世
界爲內容，強調道德與道德實踐的生命哲學，但並不將自然生命與道德生命
對立起來，而是互相依存的關係。至於清學的特質，主要表現在重經驗世界、
重經世致用、重客觀知識三方面，其注重知識的精神，則是中國現代化的重
要基礎。以上分別詳見鮑師國順：《儒學研究集》（高雄：復文圖書出版社，

2002 年）中之〈儒家思想對現代人生的啓示〉、〈先秦儒家生命觀之探討〉，及《清代學術思想論集》（高雄：復文圖書出版社，2002 年）中之〈清學的名義與特質〉、〈清代學術思想的時代意義〉諸文。據此可知，梨洲思想確實較貼近於原始儒學的飽滿，並與清學合拍。

另外，牟宗三《政道與治道》頁 199 亦已指出儒者之道德意識必然涵蓋家國天下而爲一，其內聖不能不攝外王，宋明儒者對外王畢竟不足，而顧炎武、黃梨洲、王船山諸人對外王的鄭重要求，本是內聖之教的固有本分，亦眞能相應孔孟所傳之二帝三王之弘觀德業而立言。而林煌崇《明末清初之經世學風與史學思想》亦已詳細述論明末清初的經世風潮與經世史學，指出其不僅只在回應亡國世變之激，更是回歸經世思想與人文精神之中國學術大傳統的結果。又趙園《明清之際士大夫研究》頁 413～425 謂明遺民學尚淵綜會通，追求闊大的學術以至人生境界，學而經世待後王，體現義理熱情和知識論的統一；楊國榮：〈儒家價值觀的歷史轉換──明清之際的儒學〉，《孔孟學報》1994 年 9 月第 68 期，頁 173～177 謂明清之際諸儒反對內聖壓倒外王的價值定勢，從理學回歸原始儒學，進行價值重心的轉換；鄭吉雄：〈清代儒學中的會通思想〉，《中華學苑》2001 年 2 月第 55 期，頁 61～95 謂清代的儒者，都本著會通的觀念，在舊有的學術基礎上，進一步在不同領域的學問中做整合和串聯的工夫，此種精神合爲一種思潮；又鄭氏〈乾嘉學者經典詮釋的歷史背景與觀念〉，《臺大中文學報》2001 年 12 月第 15 期，頁 241～282 謂清初儒學乃是一「儒學淨化運動」，重新審定儒學與其他思想的界線，清除不屬於儒學者，因之而回歸於傳統經典；龔鵬程《晚明思潮》第九、十章亦認爲如何良俊、黃宗義等人之例，可知明代另有一博雅之學的傳統，講究博極經史術藝，具有復古態勢，乃與清初學風有甚深之淵源。

另外，有關明清之際的學術思潮大勢及其個性特徵，可再參考余英時《歷史與思想》及《中國思想傳統的現代詮釋》中有關清代思想動向與觀念發展的文章，及程運：〈晚明學術風氣之分析〉，《中華文化復興月刊》1971 年 6 月第 4 卷第 6 期，頁 4～8、溝口雄三：〈論明末清初時期在思想史上的歷史意義〉，《史學評論》1986 年 7 月第 12 期，頁 99～140、山井湧：〈明末清初的經世致用之學〉，《史學評論》1986 年 7 月第 12 期，頁 141～158、王家儉：〈晚明的實學思潮〉，《漢學研究》1989 年 12 月第 7 卷第 2 期，頁 279～302、陳鼓應及辛冠潔主編：《明清實學思想史》（濟南：齊魯書社，1989 年）、黃愛平：《樸學與清代社會》（石家庄：河北人民出版社，2003 年）；及方祖猷《清初浙東學派論叢・明清之際的經學思潮和史學思潮》，頁 1～21；何冠彪：《明末清初學術思想研究》（台北：學生書局，1991 年），頁 1～51；詹海雲：〈清初實學思潮〉，國立中山大學中國文學系：《第一屆清代學術研討會論文集》（高雄：中山大學中文系，1989 年），頁 9～50；成復旺：〈返回經典，走向實學──略論明清之際學術思想的轉變〉，國立中山大學中國文學系：《第四屆清代學術研討會論文集》（高雄：中山大學中文系，1995 年），頁 1～15；陳祖武：〈論清初學術〉，國立中山大學中國文學系：《第四屆清代學術研討會論文集》頁 17～31；路新生：〈從援佛入儒和儒釋之辨看理學的興衰與乾嘉考據學風的形成〉，《哲學與文化》1994 年 5 月第 21 卷第 5 期，頁 443～460；王汎森：〈清初思想中形上玄遠之學的沒落〉，《中央研究院歷史語言研究所集

符合於現代人關注知識、制度、功利問題的思維興趣。

（三）理論的困難

討論至此，我們可再附帶一提的是，在梨洲實然本體所界定下的道德心體，亦不可諱言的有其理論上的可能困難或者不清之處，當然，這只是理論上的，而不是實踐上的。首先我們發現，其理氣觀中實然本體的說法，在於說明宇宙及其事物具有實在性與價值性。當中顯然有二個根本問題未曾予以充分解釋：一是眼前所見的宇宙、人類所生存的時空，何以即是唯一的真實，並無其他特殊或超越的事實存在；二是此一宇宙時空的存在與活動本質何以即為生生不息的律則，此律則又何以即等同於人心的道德律則。關於第一個問題，也就是未曾對氣的來源作出解說與反省，以致未能證明其說中以「世間即唯一真實」的根本前提的合理性，這不能不說是對宇宙第一因的理論探討上的欠缺，〔註122〕而過早地將任何形上可能及探索的全部斬斷，無法對人類在宇宙中的真正狀況再進行更深入的思維。關於第二個問題，萬物的生衍只是以不息為目的嗎？就算是，那所謂不息是不斷重複現況抑或有所變易？假如是前者，則此律則所具有意義是否極為有限而不足以滿足人類的價值期許？假如是後者，則變易之極是否仍是不息？若否，則生生不當為宇宙根本律則；若是，則此不息必將至於異乎眼下的境地，如此亦不能簡單地以不息為最高律則，而當以此最終境界的內容與特性來重新提出真正的宇宙律則。此外，梨洲既謂萬物的種性中不具人類的道德，又謂人心之理即萬物普遍之理，且又僅以一「氣」即欲彌合此矛盾，仍是未曾真正解釋何以「道德律即宇宙律」乃是事實如此而非價值應然的結果，未曾真正說出萬物是如何地服膺人類道德律而成其殊異的氣與理，否則即不得生衍於世上，是故終於引起學界對其思想當隸屬於唯心或唯物的爭論，而指責此乃其思想的致命傷。〔註123〕雖然此類困難或可動搖其實然本體的理論成立，不過倘若我們同意任何一種思想都有其難以證明的基本預設，則亦能直接予以准可，逐觀其依此預設推衍所成的境地，而僅針對此境地有否益於我人的思考

刊》1998 年 9 月第 69 本第 3 分，頁 557～587 等等。

〔註122〕陳郁夫：〈劉蕺山與黃梨洲對禪佛的批評〉，《國文學報》1988 年 6 月第 17 期，頁 162 謂梨洲對一氣流行生生不已的動力來源沒有作解說，乃其理論最大缺陷所在。

〔註123〕如徐定寶《黃宗羲評傳》頁 186 即說梨洲把各具哲學個性的氣、心、理皆視為世界之本原，是他在哲學思考中顯得最為精彩的地方，遺憾的是，這裏也成了其理論失誤的致命傷。

或生活來做品評，倒也不必因此遂輕視其全盤思想。

其次，梨洲心體所突顯出的「實有性」乃是「客觀事實」的眞相如何，「待成性」則是「主體價值」的落實完成，而又將二者合同，反因其「實有性」的干擾，終將令「待成性」的道德成就在理論上有所不圓滿。蓋其一方面既以天地人物同爲一氣所化，何以天地本體之氣能循理而萬古不失其則，亦即愆陽伏陰一下子即消失，但至於所生化出的人身，卻會失去其道德理則之主導性而衍生出惡、甚至終生皆爲惡人呢？亦即何以同爲一氣，而人之表現與天地不類？何以天地與其他萬物皆不待成而唯獨人卻待成？另一方面，氣之流行既不失其則，何以會有愆陽伏陰的發生呢？若以此種過與不及乃是暫態，終不逾常，則此暫態似亦是氣之必然性質之所表現者，則人之惡豈不亦是必然發生；即使吾人依性理而修養身心，亦將偶有惡行惡念，不可能根除惡而成爲至善之理想聖人矣，一如天地間永有愆陽伏陰的現象存在。也就是事物實際表現的狀況不同於其事實性的律則，則此不同亦必在此事實性內，導致事實性必將此不同亦含於其律則性中。是故最高的普遍性便只能是兼容一切，而將梨洲所謂的「常態」與「異常」予以巧妙地調和運作，造成眞正「恆常」的永續存在，這一恆常才是眞正的普遍性律則，而「常態」與「異常」皆在其間而皆爲「常」，只是出現頻率不同而已，然而如此一來，惡便有其必然性與合理性了。關於梨洲此種價值與事實的糾葛困難，反映在他對魏校的批評中。他說：

> （魏校）先生言：「理自然無爲，豈有靈也。氣形而下，莫能自主宰，心則虛靈而能主宰。」理也、氣也、心也，歧而爲三，不知天地間祇有一氣，其升降往來即理也。人得之以爲心，亦氣也。氣若不能自主宰，何以春而必夏、必秋、必冬哉？草木之榮枯，寒暑之運行，地理之剛柔，象緯之順逆，人物之生化，夫孰使之哉？皆氣之自爲主宰也。以其能主宰，故名之曰理。其間氣之有過不及，亦是理之當然，無過不及，便不成氣矣。氣既能主宰而靈，則理亦有靈矣。若先生之言，氣之善惡，無與於理，理從而善之惡之，理不特死物，且閒物矣。其在於人，此虛靈者，氣也。虛靈中之主宰，即理也。善固理矣，即過不及而爲惡，亦是欲動情勝，此理未嘗不在其間，故曰「不爲堯存，不爲桀亡」，以明氣之不能離於理也。（《明儒學案·崇仁學案三》，《全集》冊 7，頁 41～42）

按魏校的理氣觀基本上認爲「理本該得如此，然卻無爲，不能自如此；氣是

箇盛貯、該載、敷施、發用底，凡理之能如此處，皆氣所爲也；氣滯於有而運復不齊，便有差忒不能盡如此處，但他原能如此，不害其有所以該得如此底」，此即主張理氣不同，理乃應然，氣乃實然，理得氣始有表現，氣得理始爲圓滿純善，故理氣是二，但相合始佳；至於人的心，則是氣之「精英中之最精英者」，故能「妙得這個理」，虛靈而爲人的主宰，故能以之變化人氣質中的渣滓而「復性之本體」。魏校如此的想法，能令學者專心於服膺應然的道德義理，而不牽扯到實然的困惑，比如「春宜溫厚而弗溫厚，秋宜嚴凝而弗嚴凝，此非理該如此，乃是氣過不及，弗能如此」，不致因事實現象與理想律則的不合而旁騖於事實的思索、游移於價值的信守，因此實頗爲適合於道德踐履的實務層面。〔註124〕然而梨洲堅主氣之具主宰規則義而有絕對自由，即使「有過不及，亦是理之當然，無過不及，便不成氣」，如此一來，雖然看似能形成一連結宇宙自然與人類身心的廣效理論，實際上反而賦以合理性予一切已經存在及可能存在的事物，即使其依人類的觀感乃是不應該或不想要。因此梨洲宇宙氣理與人類心性的對稱類比，即使可以解釋宇宙事物，但卻不免將與人類心願有所矛盾。這一點，我們可以舉個例子來看。梨洲曾說：

> 天地之生萬物，仁也。帝王之養萬民，仁也。宇宙一團生氣，聚於一人，故天下歸之，此是常理。自三代以後，往往有以不仁得天下者，乃是氣化運行，當其過不及處，如日食地震，而不仁者應之，久之而天運復常，不仁者自遭隕滅。（《孟子師說‧卷四》，《全集》冊1，頁90）

我們知道太陽一向普照，有時自有日蝕發生，此乃自然界的正常現象。但是大自然的種種現象皆是巧妙的機制，各有其對生物繁衍的功能，好比打雷引發森林大火看似災難，但其亦可更新林相，使得森林永保生機，不致老化死亡，乃是自然界必要的階段。因此若類比到人事之上，則顯將暗示人間政治終必治亂相尋，猶如陰晴風雨之相代，如此實不可謂治世爲經常之正、亂世爲偶然之變，而當謂治亂循環本即人間政治之實然規律，從而構成永遠處理不盡的政治課題，使人類成爲政治的物種，就在政治變動之間得逐其心志的興趣作爲。這樣一來，不只政治的理想境界永不可及，並且無以處置暴君秕政，至少在某一時空下暴君秕政的存在註定有其必然與必要，而對人類歷史進程作出不可替代的

〔註124〕此處論魏校之引語，詳見《莊渠遺書》卷五〈體仁說〉（頁794）、卷十三〈復余子積論性書〉（頁928～929）、卷十六〈理氣說〉（頁964～965）。

貢獻。可是這對正生存於悲慘迫害中的痛苦人民來說，將是多麼令人無法苟同的論證。然而梨洲卻還是說「不仁得天下者，乃是氣化運行」，「久之」才能改變，這就有點問題。雖然他本來想說，理是宇宙之主導規律，有理則氣終不失序，而萬物生生不息；人稟此理而有性，若知性知理則不終為惡，歷史與政治不終為亂，而人文世界得以延續不已。但是卻似乎疏忽了宇宙之理並不能保證氣的永不失序，氣偶然的過與不及之現象，是否亦是理呢？若是，則理之內容並非簡單的井井有序而已，而是一更複雜的機制以將此失序亦納入其中而使之發生；若否，則理固然是純全的生發有序，但氣失序的不斷出現豈非意味著來自另一種理，則原先的理將未必是主導的規律，而尚有與之地位等效的其他規律，或者可能存在著高於此理而能全然主宰氣的終極規律。不論是何者，皆可見宇宙的規律並非簡單可說。因此一旦類比到人身而言時，性便不是吾人所認知地那般道德分明，或是不能完全主導人的行為。是故梨洲企圖為價值打造事實基礎，但反而在理論上取消了精神境界上的圓滿具足，不如魏校或傳統心學先釐清人文與自然，再以道德涵攝轉化自然，直接擺脫此種事實問題對價值選擇的干擾，而一心行去來得簡易直截，不必反覆游移於理想與現實的對壘，更能有效於個人生活中的道德操持。不過，這個缺失其實也只是「理論上」的「可能」困難而已。蓋一切法門本皆相對正確，倘能依梨洲所言的道德認同感樸實做去，久之也必能克除己私而上通聖賢境域，猶如我們不必爭論錢緒山的四有還是王龍溪的四無在理論上比較正確，只需擇其一而徹底實踐，自能有道德光輝，一味在理論開頭上即不斷設想未來，其實並不合乎實際。另外，則如我們前文所說的，梨洲主要不是欲在理論上完美地解釋或消除根本邪惡的可能存在，而是要防止根本邪惡對人類的徹底毀滅，故他不是要肯定暴君頻出的歷史事實，而是要正視此事實而予以主動扭轉此惡境以延續文化慧命，是故其既已指出氣化的目的指向，則此種氣化現象的難題，終只是理論上的問題，倒也不是實際上的困難，亦即不致於因此而使得梨洲的道德文化建構無法落實於行動層面上。

　　最後，梨洲的實有性使得世間唯有此現實、待成性則確定了道德文化的建構，則將使得一切哲學玄遠的形上本體思維不能更活躍，又使任何出世的宗教活動遭到壓抑，這對於人們追求更徹底的真相及心靈上的平安，也略顯不足。舉例來說，梨洲個人對佛教的態度，基本上正如全祖望所說的「南雷

當日與二氏多還往，而於其學則攻之甚嚴」，〔註125〕亦即與他個人有交情者除外，而對其餘的僧侶或佛教義理大抵均無好評。〔註126〕比如他甚至曾說：

> 余居四明山中，僧舍不啻千餘，閒時遊覽，但見有物象人，詰之，口輒動，所謂僧也，此曹不可與談笑。(《南雷文定三集·卷一·平陽鐵夫詩題辭》，《全集》冊 10，頁 73)

似此未免過度地嘲笑佛僧之非人而不值共語。因此，他不同意信仰佛道宗教，固可做為世變時的權宜棲身，但總須保有原先儒家式的氣節倫理堅持，不可真地虔誠為徒。如說：

> 近年以來，士之志節者，多逃之釋氏，蓋強者銷其耿耿，弱者泥水自蔽而已。有如李燮避仇，變姓名為傭保，非慕傭保之業也。亡何而棒篦以為儀仗，魚螺以為鼓吹，寺院以為衙門，語錄以為簿書，搥鼓上堂，拈香祝聖，不欲為異姓之臣者，且甘心為異姓之子矣！忘其逃禪之始願也，是避仇之人而誇鼓刀履豨之技也。(《南雷文案·卷十·七怪》，《全集》冊 10，頁 631)

此即對遺民逃禪而後竟真心皈依者直斥為「甘心為異姓之子」，這樣強烈的指責，其實也不太公平。因為有些人在時代巨變後，最終全然走上出世之路，實係悟見到政治及人生的虛妄本質而來的生命選擇。〔註127〕總之，我人可以不信教，但在思維的程度上，不能不達到宗教的深度而認真討論其所關懷的事項，並應對其個人的信仰保持尊重才是。不過，由梨洲這樣的批判，卻也充分顯示其特重人間文化生活的存續與發展，而這份堅持之下的一段人文精神，確實是人類不可或缺的，否則，人間恐將過於流蕩或枯索。

〔註125〕引語見《鮚埼亭集·卷二十一·五嶽游人穿中柱文》。

〔註126〕關於梨洲對佛教教義的指責，可看陳郁夫〈劉蕺山與黃梨洲對禪佛的批評〉，此文已整理為指斥佛教於心外求性、但見流行而不見真常、有一本而無萬殊、工夫枯槁異於儒者之存心養性、言輪迴而混人物於一性、言天神地獄而無稽於事理六點。除此之外，梨洲又從佛教謂治學為有執又斷滅無情、斬絕孝心而對國家社會、學術風氣的危害直同洪水猛獸。此點可見於《孟子師說·卷七》(《全集》1 頁 158～159)、《宋元學案·明道學案上》(《全集》冊 3 頁 663)、《南雷文案外集·壽張奠夫八十序》(《全集》冊 10 頁 655)、《南雷文定五集·卷二·文淵閣大學士文靖朱公墓誌銘》(《全集》冊 10 頁 498～499) 等等。

〔註127〕一個例子是明遺民金堡出家後強調佛法重於節義，因而梨洲對之大加批評，其實金堡的心地與操守並無不良。詳見廖肇亨：〈金堡之節義觀與歷史評價探析〉，《中國文哲研究通訊》1999 年 12 月第 9 卷第 4 期，頁 95～116。

第五章　結論：道德文化的世代建構

　　文化是人類活動的綜合成就，〔註1〕只要有人類，不論其爲何種族群、團體，皆得有其文化。人類的活動固然有人的需求和創造的能力在其中，乃爲人類天性的展現，可是這一切既現的活動卻不總是經由百般觀察試驗與深思熟慮而後的揀擇行爲，也不總是毫無缺憾而能符合或照顧到個體與群體之眞正欲望、感情、理性、意志等等的所有願求。因此生存於不同時空裏的個人和眾人，便不必然能藉由其所身處的文化場域中得著完善的生活福祉與生命圓融，而文化裏已有的成果亦不必然能被繼續保有和更新，甚至可能出現倒退的情況或毀滅的危機。也就是文化現象不一定達到高度的文明狀態，〔註2〕

〔註1〕　「文化」的定義乃是人類學的一大課題，歷來的界說已多達一百餘種以上，然而其間的側重面或哲學基礎容或有異，彼此皆承認文化與人類的不可分離性則同，亦即文化係包含人類的創造，並非純粹自然的產物。是故本文於此不擬細釋文化之義界，而僅採取一廣泛的説法，以指涉人類在物質、制度、精神等方面一切生活的總體系及子系統。

〔註2〕　按臺灣中華書局辭海編輯委員會編、熊鈍生主編：《辭海》（台北：臺灣中華書局，1984年），頁2048「文化」條說：「人類社會由野蠻而至文明，其努力所得之成績，表現於各方面者，爲科學、藝術、宗教、道德、法律、風俗、習慣等，其綜合體，則謂之文化」，又頁2049「文明」條說：「人類社會開化之狀態；用爲形容詞，與野蠻相對待」；而布魯格編著、項退結編譯：《西洋哲學辭典》（台北：華香園出版社，1992年），頁140「文化」條亦說：「自然乃指人天生與俱的一切，以及未經人爲的外界事物，而文化則包括人的意識和自由行動的一切成果……僅是外在的物質文化通常稱爲文明，它的任務乃是作爲內在精神文化之基礎和先決條件」。據此，則文明的一般用法，當偏指人類在物質上有所成就，異於洪荒的野蠻世界，而不以指涉精神境界。然而精神境界須要人自身的努力追求實現，正代表心智上的轉化或成長，而文明既具脫離原始野蠻的詞義，本文即藉其強調「開化」之義，用以特指人類內

唯有人人對自身身心現象及大眾行爲事實有客觀而深入的認識、分析、反省，形成充分自覺的核心價值之追求而傳承之，始克將茫然混然的文化活動轉成明確的文明創造之承擔，讓世世代代薪火相傳的人類在此世間上的一切言行思想及其結果，均得到價值與意義的定位，從而朝向建構出物質上與精神上滿足人心最永恒渴求的理想目標穩健地前進，而此種將文化導向人類天性的充分完成，乃是「文化哲學」的核心課題。〔註3〕

然而在另一方面，人做爲一個生命的個體存在，其關懷不總是文化性的。我們始終不能忽略一個人當其因某種際遇、某種活動、或某種內在精神性的自湧，暫時排除或放下其所身處的文化、時空裏的一切身份地位、人倫關係、及緣此身份與人際而擁有的任何事物、而生出的種種牽纏，甚至離開以「人」自居的立場意識，獨自去面對赤裸裸的生命本身時，其內心將對宇宙與生命終極性的事實真相與價值目的有一種最深邃的不安、最根本的疑惑。事實上，唯有當他對此難題展開探究之後，才可能形成對自我生命的安頓。此一安頓，是對生命純粹本身最高最徹的圓足與歸依；在此安頓之下，他也回過頭來重新審視一己在人類世界中所有的一切，而對之具有一套明確的方案，呈現出與此安頓相應相契的人間生活，細至一念一慮、一喜一悲，大至對一家一國、以至整個世界人群、萬物眾生的態度、祝願與行動。顯然地，這種終極性的生命思維，其進路是帶有形上哲學性質的、或高級宗教色彩的、亦可以是開

在精神高度發揚的文化狀態，即以「文明」一詞表徵文化的高級型態或終極理想型態，即能滿足個人和團體生活的高層次需求、體現人類最高完美幸福的文化，從而或略不同於一般的習慣用法。

〔註3〕文化哲學的任務在於深入探討文化現象的本質，從文化發生的根本原因和條件上去了解，從而歸結出其終極目標，更判斷其發展的方向和範圍。而文化的主要目標是人類需要的滿足，但也包含在人性中的精神能力之進一步發展，因此文化活動的規律和範圍乃將人類較低層次的需要隸屬於較高層次，更將較高層次的需要隸屬於人性的目的上，以達到人類最高的完美境界。關於此點，詳見布魯格《西洋哲學辭典》，頁141～142「文化哲學」一條。另外，劉述先：《文化哲學的試探》（台北：志文出版社，1970年），頁211～227對文化哲學的理論建構方向（由挖掘各支特殊文化的核心觀念及其發展興衰的歷史解釋，抽引出文化生成所根據的普遍性原理，來找出未來理想的根本途徑），及馮滬祥：《中國文化哲學》（台北：學生書局，1993年），頁1～41對文化哲學所討論的基本問題（文化的定義及本質、文化的起源及動因、文化發展的理想目標、文化興衰的契機、文化工作者的結構、文化建設的推動方法）及其使命意義（作爲文化建設的哲學基礎、精神動力、羅盤指針、失調時的固本藥方），有簡要的說明討論。

始某實證科學的行動初機，而與上述的文化性思維是不同面向的，乃至於是不同層次的。

文化思維係以人類群體爲其關懷的始點，雖其此一始點的預先認識可能已深入宇宙及人性的最深處、其終點亦可能不斷前伸而跨出人類本位的主體意識，因之而通同於生命思維，但不是每一個文化思維者都觸及到此一深入與跨出後的通同。事實上，一旦有此通同，也可說其早已不是文化思維所能包涵的了；這是因爲文化思維的本質實以人群的全幅現世生活爲其前置限定，故其始點終點皆扣緊人文大群的溝通共性，而不能脫離以人類群體爲宇宙間之特殊存在的意識。至於生命思維則是以純粹的宇宙事實及生命本身爲其致思的原點，雖其最後必對人間一切的生活有所提示或開展，但此種提示開展，不論在其方案上與落實上，皆只是其生命安頓的餘事或妝點，餘事與妝點固對榮耀此安頓來說亦屬不可或缺者，但顯非其內在的本質必需。也就是在生命思維下也可以容受或衍生某種文化思維，但生命思維的飽足事實上已在其後續的文化思維之實現終點前提早完成，蓋文化思維裏的種種早在其生命安頓中獲得價值與意義的定位，此猶如未來世間的任何變化，皆早已在創造的上帝之中，這尚未實現的變化根本無傷於此刻上帝自身之存在的圓滿。因此，文化思維與生命思維兩者當然可以、也應該互通互涵，可是基本思路上的分野乃是差異巨大的、甚至是根本異質的；此外，兩者各自裏頭的思想者，其思維的廣狹深淺長短不齊，是故其間不少人的眼光往往搆不著互通互涵的境界，而不能亦不願對自身有切實的反情、與對對方有同情的認識，以致充其見解所至之終趨，竟與一己異調者水火不容、截然抗斥。

有了以上兩種思維的認識，我們便可對梨洲全盤的思想進行總結。關於於梨洲，他身處明清之際天崩地解的時代，人生歷程由反清復明的武裝行動轉向學術活動，其思想具有明顯經世致用的史學性格，既堅守王學的修正派角色，又有引人注目的政治批判，及各種領域的博綜成就，從而成爲清代經學之先導、浙東史學之開山，在明清之際學風的轉移上極具樞紐地位——這些已是學界的通識。然而，目前的研究對於梨洲諸說之間的理論聯結及其歸趨的實質，似乎尚未能充分道出箇中緣由與義涵，是故本文即致力於回到梨洲本人的說法上，去揭示其思想的整體架構與根本性質，以冀有所小小的補充。這並非意欲否定或取代既有的其他研究取向及成果，事實上，本文還是藉由這些研究的幫助才得以有此視野。經由以上各章節的探討後，本文大致

上得出以下幾點結論。

第一，梨洲思想的基本性質自是屬於經世致用的類型。然而，經世致用是中國學術裏的舊名詞，其指涉甚廣，具此思想的人物各自所採行的方式、認定的途徑，互有異趣。梨洲此一經世致用的眞正內容，則是「道德價值性之宏富文化的世代建構」，主要在將人類全面的文化生活貞定於人心內在的道德認同之上，在人類的歷史長河中代代興繼、世世努力、相互感召，不斷地、主動地、積極地、自覺地傳承接棒，以得逐其整體圓滿的存續與發展，而提升轉進至具有明確核心價值性的文明狀態。因此依現代學術的角度來看，其思維的根本性格乃是關懷人文大群現世全幅生活的文化性思維，而其所成就的思想體系在大體上即可謂是一種「文化哲學」的型態。縱使他本人並非思辨極爲精密的哲學家，亦無妨於我們由其學的整體所觀察到的此一意圖及事實。

第二，在梨洲價值文明的建構裏，理氣觀爲其思想的根本基礎，以之解釋並推闡其後續的全盤學說。其氣是普遍事實性，理是普遍律則性，氣提供了眞實不虛的存在基礎，理則由其律則目的性，賦予價值標準與意義所在；而理氣妙合爲一，則造成事實與價值的統體共在的實然本體，保障了宇宙的眞實生成與豐富盈滿、事物的存在與活動及其規則、特性、價值和意義。其中分享此本體而來的人類，心是此物種的殊相事實之氣，性則是殊相律則之理而爲心之體，主導、支配著人類的一切活動；究其實質內容，心是尋常的具體心智，性則是道德感知，亦即心智中對道德表現所具之自發的、全然的認同感；而人的心以其分得宇宙之氣中的殊絕部份，其性通同於宇宙之理，故足以爲萬物普遍的價值根源，亦得以本此基礎而成爲永恆眞實的存在，達到死而不亡的實有狀態。是故可謂天地一氣，以說明事物皆同有其事實性；又可謂盈天地皆心，以說明事物皆不離人心的價值性；而兩者並舉，即點出一切事物皆爲事實不虛與道德價值之統一共在者。

第三，既然人類和世間的一切皆是同其眞實的、道德的，我人即對之產生摯切的關懷，而具有行動的意志，展開以道德爲核心價值的文明建構。亦即一方面在個人心智的先決基礎上，藉由靜中識取與實務修治，使心智單純化，回歸並貫徹其本然心體的不息流行，貞定一己的自覺信念與行動方向，這一方面可以說是梨洲的內聖工夫；又一方面在此基礎的前提下，承此心體的流行，讓具體心智在生活際遇中不斷自然地開展，服膺內在本然的道德律則，以眞情實感、獨創自用、兼容並蓄爲主要原則，置身各種博綜的、實際

的知識、技藝、事務之研討學習與處理更革，承先啓後，解決自身所處時空中的難題，以實現文明的具體建構，而就在貢獻於此代代相續的連綿建構中，個人始得成其生命存在及活動的價值、意義、地位，這一方面可以說是梨洲的外王活動。

第四，以梨洲個人爲例，在政治學方面，由心術修養的本源，揭示一道德文化義涵的政治理念做爲現實政治的終極指引，形成各種制度的規劃；在史學方面，由道德情操特化出古今人我一體的歷史意識，來參與歷史活動，維繫歷史的成果及進化，落實各種史學工作；在文學方面，由道德的性情本源出發，在文道是一的歷史意識型塑下，表現一己所處時空中的個性、探究文學的傳統特質，而成就承載歷史感情的詩史之作；在科學方面，則基於自然與人文的同質，來對自然事物的現象與規律進行實證研究，並形成風氣與傳統，達到有裨人文世界的實用目的。總之，在各種博綜涉獵中，皆是以道德認同感爲其基源、核心、指導與引領，來肯定且保障對其特殊事實的客觀探討，而終匯入一道德文化的目的指向之中。因此，各種專門的領域，即在此一不斷維續、開展的道德性宏富文化中各有其殊相律則，成其價值與意義，取得其獨立的地位，而又彼此相合共成，不淪爲彼此對立、分裂、或不相關涉的畛域；同時，任何某領域的個人表現與創造，亦因其組成、增益此一群體文化的存在與發展，而許其成就。

第五，以上道德認同感之下的內聖與外王的從事，其之所以可能與必要，係緣梨洲由實然本體所界定下的道德心體，乃是兼備事實的實有性與價值的待成性，而提供心智活動、道德價值、人身事物，皆爲同質共體的理論保證之故。在此種本體與心體下，其內聖與外王實已與傳統心學所說者不同，並不再是如彼純粹的道德心體之直接涵攝轉化所致的生命境界，而是一種客觀、普遍的事實之認識。此種新內聖與新外王不只在形式關係上，外王獨立，不必依傍內聖，而轉爲以外王來確定內聖的意義地位、以在群體中之作用來確定個人的意義地位；且在內容性質上，內聖已改爲易知易行的一段道德認同之加強醒覺與涵養，不走向精微嚴毅的無限心靈工夫，外王則擴爲一包羅人心智活動萬象成果的文化大規模，不限於端正社會道德風氣的政治治平之世；最終更在實務展現上，使得外王的操作具有較爲實際的價值基礎及可依循的具體原則，避免了傳統心學可能的道德獨大，竟致失落或無效於外王的結果。

第六，梨洲諸多語言雖取自陽明學派，甚至與蕺山如出一轍，但應與陽明、蕺山思想的根本性質不太相同。事實上，陸王心學乃至整個宋明理學，係帶有十分濃厚的生命思維之色彩，皆以至深的道德本源來化解其心中最深的疑惑，不論我們是否同意其成德的實踐之學合乎終極事實而已圓足生命的安頓，其人確是致力於此、亦自安於此的，而其偏於內聖、輕忽外王亦是有理可言的。詳味陽明的四句教之說，其間並未悖逆或溢出此種成德之學的義理標準及規範，故決非此學中的異端大害，而蕺山思想實亦與之相通相合。蕺山學可謂陽明心學深化與內化後的純粹型態，係扣緊道德根源在我人心智中原初的內化鍵結（亦即「意根」），而逐漸開展為一「生命道德」的眞實人生，其心性理氣諸說，皆在宣說心體的體性及道德涵攝的境界。因此蕺山反對陽明四句教、指斥王學末流之空疏者，係站在有間於粹然心學立場上的反，這是置身理學界內部的反。至於梨洲則是站在不利於文化建構立場上的反，恐其動搖他本身所提之成就價值文明的理論基礎，而不斷斷斷致意，這是立足理學界外部的反；同時梨洲亦本於此一立場，去為心學爭正統、批判程朱學派、調和朱陸、乃至於肯定一切宋明理學大家的初心與實踐。顯然地，兩者本質上有所不同，梨洲乃一文化思維的角度，以「創文化」為其思想歸終，而與陽明、蕺山等以「成聖人」為思想目標之生命思維者異趣。梁啓超謂梨洲「親受業蕺山，以接姚江之傳，雖然，梨洲學自梨洲學，非陽明亦非蕺山也」，〔註4〕此評誠然。

第七，梨洲之所以不是陽明或蕺山思想的複現，其箇中原由主要在於梨洲本係出自文化思維之所需，去主動地揀擇心學之局部思想以建造、完成一己的新體系。基於兩者在思維性格的根本差異，我們便知此種揀擇不是附於心學驥尾的繼承，而是創造性的詮釋或轉化，更正確地說，是另外的一種新思想的積極呈現。梨洲既然在思維取向與思想內容上，不類於傳統的心學，是故不太適宜視為陸王心學或整個宋明理學的殿軍，我們對其評價，亦不應只是站在理學內部中，簡單地稱其短於內聖、長於外王而已。

第八，關於梨洲思想的定位，既不能由理學的視角來界定，則當改由其本身文化思維的性格來看待。梨洲的道德價值文明的建構，其在思想史上的特點即在發揚原始儒家此世間的人文化成精神，並匯入明末清初的經世實學思潮中，而又在此一發揚與匯入中，以其個人成學淵源和理學密切因緣下，藉由理學中若干觀念與議題的啓發與滋養，使其能比較有系統地建立道德價

〔註4〕引語見其《飲冰室合集‧文集》卷七〈中國學術思想變遷之大勢〉頁80。

值文明的理論規模，進至於文化哲學的層次，從而不是僅簡單地將學術研究、道德修養、與解決社會問題的實際效用統言並提的經世致用之說。亦即理學對於梨洲全盤思想實有加分效果，正因資於理學所成的理氣心性之架構，其說始得立基於宇宙與人性的某種認識，試圖建立指引文化活動的最高價值理念，導向人類天性的充分完成，成爲儼具首尾的一套哲學理論。倘若我們竟將其心性理氣的主張視爲理學門戶的習氣之爭，而將之劃開於其經世致用之學，則梨洲思想將不具哲學思想上的深義。總言之，理學不只是其思想的理論基礎，亦是使其思想具有高級理論深度的主因。當然我們知道，其理論內部不是完美無缺而已解決所有的哲學問題，但這種缺失，尚不足造成實行上的干擾或困難。

第九，梨洲思想應爲同一整體，其基調脈絡一貫而明顯，當中應不存在晚年思想轉變的現象。倘若我人一定要點明梨洲思想的進程，則當謂其「文明建構」之思想由雛型而日趨成熟，而整個進程乃同一思維進路的持續發展、添益與完成，其間思想的方向、規模或架構並非有所異質的轉向、跳躍，或曾對其最重大的根本觀念加以揚棄與改設。

以上的結論，實際上只意在說明梨洲思想應是首尾一致的思想體系，以道德價值性之宏富文化的世代建構爲其內涵，而此一文化建構即其全盤思想的旨歸所在。這個結論，自然還遺留下不少問題，特別是梨洲此一思想的淵源與流衍，及其在整個明清之際的大思潮中與其他主要思想家的異同、互動之類，誠有必要予以進一步探討，以釐清思想發展的史實脈絡。此外，對於梨洲思想在文化哲學上的效力與局限、及其由之而來的現代意義亦十分值得關注。蓋今世物質昌盛，文化發展之高度可謂空前未有，但人類的現況與未來，不論在心靈、物質或生活上，不論在個人、群體或國族中，都仍充斥著混亂與疑惑、潛藏著威脅與災難，這是一般人都極容易感受、察覺到的事實。因此如何開創出明確的新理念以徹底健全社會的運作、導向文明的圓滿境界，實爲我人刻不容緩的一大課題，而梨洲思想中的道德貞定之說，其具體主張或思維方向，應當大有可資取法之處。

主要參考書目

（依編著者姓氏筆劃數排序；同一姓氏者，先單名、後複名，各自再以姓名中的第二字筆劃數排序，複名者若第二字筆劃數又同，再以第三字筆劃數排序；編著者如爲外國人士，以其譯名之首字爲「姓氏」；編著者如爲團體機關之類，亦視同人名，以其名稱之首字爲「姓氏」。）

一、典　籍

1. 王艮撰：《王心齋先生全集》（東京：古典研究會，1977 年）。
2. 王畿撰：《王龍溪全集》（台北：華文書局，1970 年）。
3. 王守仁撰：《王陽明全書》（台北：正中書局，1976 年）。
4. 王廷相撰：《王氏家藏集》（台北：偉文出版社，1976 年）。
5. 方孝孺撰：《遜志齋集》（台北：臺灣中華書局，1970 年）。
6. 丘濬撰：《大學衍義補》（台北：臺灣商務印書館，1971 年）。
7. 江藩撰：《國朝漢學師承記》（北京：中華書局，1983 年）。
8. 朱熹撰：《四書集註》（台北：學海出版社，1988 年）。
9. 朱熹、呂祖謙撰、江永集注：《近思錄集注》（台北：中華書局，1987 年）。
10. 全祖望撰：《鮚埼亭集》（台北：華世出版社，1977 年）。
11. 阮元撰：《疇人傳》（台北：商務印書館，1965 年）。
12. 呂坤撰：《明呂坤呻吟語全集》（台北：侯象麟重印本，1975 年）。
13. 李光地、熊賜履編：《朱子全書》（台北：臺灣商務印書館，1967 年）。
14. 李慈銘撰、由雲龍輯：《越縵堂讀書記》（上海：上海書店，2000 年）。
15. 沈善洪、吳光等主編：《黃宗羲全集》（杭州：浙江古籍出版社，1985 年～1994 年）。
16. 紀昀等撰：《四庫全書總目》（台北：藝文印書館，1979 年）。
17. 眞德秀撰：《大學衍義》（台北：臺灣商務印書館，1981 年）。
18. 徐世昌撰：《清儒學案》（台北：世界書局，1966 年）。

19. 孫奇逢撰：《夏峯先生集》（北京：中華書局，1985 年）。

20. 高攀龍撰：《高子遺書》（台北：臺灣商務印書館，1983 年）。

21. 陳亮撰：《陳亮集》（台北：鼎文書局，1978 年）。

22. 陳確撰：《陳確集》（北京：中華書局，1979 年）。

23. 陳俊民校編：《朱文公文集》（台北：德富文教基金會，1990 年）。

24. 陳獻章撰：《白沙子全集》（台北：臺灣商務印書館，1973 年）。

25. 陸九淵撰：《陸九淵集》（台北：里仁書局，1981 年）。

26. 張廷玉等撰：《明史》（北京：中華書局，1987 年）。

27. 章學誠撰、葉瑛校注：《文史通義校注》（台北縣樹林鎮：漢京文化事業有限公司，1986 年）。

28. 程顥、程頤撰：《二程集》（台北縣樹林鎮：漢京文化事業有限公司，1983 年）。

29. 黃百家撰：《學箕初稿》（台北：商務印書館，1979 年）。

30. 黃宗羲編：《明文海》（北京：中華書局，1987 年）。

31. 黎靖德編、王星賢點校：《朱子語類》（北京：中華書局，1986 年）。

32. 趙爾巽等撰：《清史稿》（北京：中華書局，1977 年）。

33. 錢林輯、王藻編：《文獻徵存錄》（台北：明文出版社，1985 年）。

34. 戴璉璋、吳光主編：《劉宗周全集》（台北：中央研究院中國文哲研究所籌備處，1997 年）。

35. 顏元撰：《存學編》（北京：中華書局，1985 年）。

36. 魏校撰：《莊渠遺書》（台北：臺灣商務印書館，1983 年）。

37. 羅欽順撰：《困知記》（台北：中國子學名著集成編印基金會，1978 年）。

38. 譚嗣同撰：《譚嗣同全集》（北京：中華書局，1981 年）。

39. 顧允成撰：《小辨齋偶存》（台北：臺灣商務印書館，1983 年）。

40. 顧炎武撰：《顧亭林詩文集》（台北縣樹林鎮：漢京文化事業公司，1984 年）。

41. 顧憲成撰：《涇皋藏稿》（台北：臺灣商務印書館，1983 年）。

二、今人著作

（一）專　書

1. 丁守和、方行主編：《中國文化研究集刊（第三輯）》（上海：復旦大學出版社，1986 年）。

2. 于化民撰：《明中晚期理學的對峙與合流》（台北：文津出版社，1993年）。

3. 方豪撰：《中西交通史》（台北：中國文化大學出版部，1983年）。

4. 方祖猷撰：《清初浙東學派論叢》（台北：萬卷樓圖書公司，1996年）。

5. 方祖猷、滕復主編：《論浙東學術》（北京：中國社會科學出版社，1995年）。

6. 王茂、蔣國保、余秉頤、陶清撰：《清代哲學》（安徽省：安徽人民出版社，1992年）。

7. 王健撰：《中國明代思想史》（北京：人民出版社，1994年）。

8. 王㵽撰：《明清之際中學之西漸》（台北：臺灣商務印書館，1987年）。

9. 王友三撰：《中國無神論史綱》（上海：上海人民出版社，1986年）。

10. 王政堯點校：《黃宗羲年譜》（北京：中華書局，1993年）。

11. 王俊義、黃愛平撰：《清代學術文化史論》（台北：文津出版社，1999年）。

12. 王國良撰：《明清時期儒學核心價值的轉換》（合肥：安徽大學出版社，2002年）。

13. 王雲五撰：《清代政治思想》（台北：臺灣商務印書館，1970年）。

14. 王運熙、顧易生主編：《中國文學批評史（下冊）》（上海：上海古籍出版社，1991年）。

15. 王潔卿撰：《中國法律與法治思想》（台北：王潔卿發行，1988年）。

16. 牙含章、王友三主編：《中國無神論史》（北京：中國社會科學，1992年）。

17. 毛禮銳、沈灌群主編：《中國教育通史》（濟南：山東教育出版社，1987年）。

18. 中央研究院近代史研究所編：《近代中國經世思想研討會論文集》（台北：中央研究院近代史研究所，1984年）。

19. 左東嶺撰：《王學與中晚明士人心態》（北京：人民文學出版社，2000年）。

20. 史泰司撰、楊儒賓譯：《冥契主義與哲學》（台北：正中書局，1998年）。

21. 古清美撰：《黃梨洲之生平及其學術思想》（台北：國立臺灣大學文學院，1978年）。

22. 古清美撰：《明代理學論文集》（台北：大安出版社，1990年）。

23. 尼微遜等撰、孫隆基譯：《儒家思想的實踐》（台北：臺灣商務印書館，1980年）。

24. 布魯格編著、項退結編譯：《西洋哲學辭典》（台北：華香園出版社，1992年）。

25. 包賚撰：《呂留良年譜》（台北：廣文書局，1971年）。

26. 包遵彭主編：《明史論叢》（台北：學生書局，1968年）。

27. 甲凱撰：《宋明心學評述》（台北：商務印書館，1981 年）。

28. 甲凱撰：《史學通論》（台北：學生書局，1985 年）。

29. 平善慧、盧敦基譯註：《黃宗羲詩文》（台北：錦繡出版社，1992 年）。

30. 加藤常賢等撰、蔡懋棠譯：《中國思想史》（台北：學生書局，1978 年）。

31. 北京大學哲學系中國哲學史教研室編：《中國哲學史（下冊）》（北京：中華書局，1985 年）。

32. 向世陵撰：《變》（台北：七略出版社，2000 年）。

33. 牟宗三撰：《中國哲學十九講》（台北：學生書局，1991 年）。

34. 牟宗三撰：《心體與性體》（台北：正中書局，1994 年）。

35. 牟宗三撰：《智的直覺與中國哲學》（台北：聯經出版事業公司，2003 年）。

36. 牟宗三撰：《從陸象山到劉蕺山》（台北：聯經出版事業公司，2003 年）。

37. 牟宗三撰：《政道與治道》（台北：學生書局，1995 年）。

38. 牟宗三撰：《中國哲學的特質》（台北：學生書局，1990 年）。

39. 朱伯崑撰：《易學哲學史》（台北：藍燈文化事業公司，1991 年）。

40. 朱則杰撰：《清詩史》（江蘇：江蘇古籍出版社，1992 年）。

41. 朱貽庭主編：《中國傳統倫理思想史》（上海：華東師範大學出版社，1989 年）。

42. 朱葵菊撰：《中國歷代思想史（六）清代卷》（台北：文津出版社，1993 年）。

43. 朱義祿撰：《逝去的啓蒙──明清之際啓蒙學者的文化心態》（鄭州：河南人民出版社，1995 年）。

44. 朱義祿撰：《黃宗羲與中國文化》（貴陽：貴州人民出版社，2001 年）。

45. 任繼愈撰：《中國哲學史》（北京：人民出版社，1990 年）。

46. 宇野精一主編、洪順隆譯：《中國思想（一）儒家》（台北：幼獅文化事業公司，1987 年）。

47. 存萃學社編集：《清代學術思想論叢》（香港：大東圖書公司，1978 年）。

48. 吳光撰：《古書考辨集》（台北：允晨文化實業公司，1989 年）。

49. 吳光撰：《黃宗羲著作彙考》（台北：臺灣學生書局，1990 年）。

50. 吳光撰：《儒家哲學片論》（台北：允晨文化實業公司，1993 年）。

51. 吳光撰：《儒道論述》（台北：東大圖書公司，1994 年）。

52. 吳光主編：《黃宗羲論──國際黃宗羲學術討論會論文集》（杭州：浙江古籍出版社，1987 年）。

53. 吳光、季學原主編：《黃梨洲三百年祭──紀念黃宗羲逝世三百週年國際學術研討會論文集》（北京：當代中國出版社，1997 年）。

54. 吳宏一撰：《清代詩學初探》（台北：水牛牧童出版社，1977 年）。

55. 吳相湘撰：《孫逸仙先生》（台北：傳記文學出版社，1971 年）。

56. 吳雁南主編：《心學與中國社會》（北京：中央民族學院出版社，1994 年）。

57. 吳雁南、秦學頎、李禹階主編：《中國經學史》（台北：五南出版社，2005 年）。

58. 狄百瑞撰、李弘祺譯：《中國的自由傳統》（台北：聯經出版事業公司，1983 年）。

59. 呂妙芬撰：《陽明學士人社群——歷史、思想與實踐》（台北：中央研究院近代史研究所，2003 年）。

60. 呂景琳、郭松義主編：《中國歷代經濟史（明清卷）》（台北：文津出版社，1998 年）。

61. 余英時撰：《歷史與思想》（台北：聯經出版事業公司，1994 年）。

62. 余英時撰：《中國思想傳統的現代詮釋》（台北：聯經出版事業公司，1993 年）。

63. 何俊撰：《西學與晚明思想的裂變》（上海：上海人民出版社，1998 年）。

64. 何丙郁、何冠彪撰：《中國科技史概論》（台北：木鐸出版社，1983 年）。

65. 何炳松撰：《浙東學派溯源》（北京：中華書局，1989 年）。

66. 何炳松撰：《通史新義》（上海：上海書店，1991 年）。

67. 何冠彪撰：《明末清初學術思想研究》（台北：學生書局，1991 年）。

68. 何冠彪撰：《明清人物與著述》（（台北：臺灣商務印書館，1996 年）。

69. 何冠彪撰：《生與死：明季士大夫的抉擇》（台北：聯經出版事業公司，1997 年）。

70. 沈清松撰：《物理之後——形上學的發展》（台北：牛頓出版公司，1991 年）。

71. 汪奠基撰：《中國邏輯思想史》（台北：明文書局，1993 年）。

72. 宋衍申主編：《中國史學史綱要》（長春：東北師範大學出版社，2001 年）。

73. 李世英、陳水雲撰：《清代詩學》（長沙：湖南人民出版社，2000 年）。

74. 李明友撰：《一本萬殊——黃宗羲的哲學與哲學史觀》（北京：人民出版社，1994 年）。

75. 李宗侗撰：《中國史學史》（台北：華岡出版有限公司，1979 年）。

76. 李紀祥撰：《明末清初儒學之發展》（台北：文津出版社，1992 年）。

77. 李約瑟撰、陳立夫主譯：《中國之科學與文明》（台北：商務印書館，1971）。

78. 李振綱撰：《證人之境——劉宗周哲學的宗旨》（北京：人民出版社，2000 年）。

79. 李維武撰：《中國哲學史綱》（成都：巴蜀書社，1988 年）。

80. 李廣柏撰：《新譯明夷待訪錄》（台北：三民書局，1995 年）。

81. 李澤厚撰：《中國古代思想史論》（台北縣中和市：谷風出版社，1986 年）。

82. 杜維明撰：《杜維明文集（三）》（武漢：武漢出版社，2002 年）。

83. 杜維運撰：《清代史學與史家》（台北：東大圖書公司，1984 年）。

84. 杜維運、黃進興編：《中國史學史論文選集》（台北：華世出版社，1976 年）。

85. 周志文撰：《晚明學術與知識分子論叢》（台北：大安出版社，1999 年）。

86. 周金聲撰：《中國經濟思想史（二）》（台北：周金聲著作發行所，1965 年）。

87. 周博裕主編：《傳統儒學的現代詮釋》（台北：文津出版社，1994 年）。

88. 林安梧撰：《中國近現代思想觀念史論》（台北：學生書局，1995 年）。

89. 林保淳撰：《經世思想與文學經世——明末清初經世文論研究》（台北：文津出版社，1991 年）。

90. 林慶彰撰：《明代經學研究論集》（台北：文史哲出版社，1994 年）。

91. 林慶彰、蔣秋華主編：《明代經學國際研討會論文集》（台北：中央研究院中國文哲研究所，2002 年）。

92. 林聰舜撰：《明清之際儒家思想的變遷與發展》（台北：學生書局，1990 年）。

93. 金林祥撰：《教育家黃宗羲新論》（西寧：青海人民出版社，1993 年）。

94. 金毓黻撰：《中國史學史》（上海：上海書店，1989 年）。

95. 金耀基撰：《中國民本思想史》（台北：臺灣商務印書館，1993 年）。

96. 季學原、桂興源撰：《明夷待訪錄導讀》（成都：巴蜀書社，1992 年）。

97. 季學原、章亦平主編：《黃宗羲研究資料索引》（杭州：浙江古籍出版社，1993 年）。

98. 胡適撰：《我們的政治主張（胡適文存/第二集第三卷)》（台北：遠流出版社，1986 年）。

99. 胡楚生撰：《清代學術史研究》（台北：學生書局，1988 年）。

100. 侯外廬撰：《中國思想通史（第五卷）》（北京：人民出版社，1958 年）。

101. 侯外廬、邱漢生、張豈之主編：《宋明理學史》（北京：人民出版社，1984 ～1987 年）。

102. 侯家駒撰：《中國經濟思想史》（台北：中央文物供應社，1982 年）。

103. 段昌國、劉紉尼、張永堂譯：《中國思想與制度論集》（台北：聯經出版事業公司，1981 年）。

104. 計其邁撰：《黃宗羲》（天津：新蕾出版社，1993 年）。

105. 南懷瑾、徐芹庭撰：《周易今註今譯》（台北：商務印書館，1995 年）。

106. 高準撰：《黃梨洲政治思想研究》（台北：中國文化學院，1967 年）。

107. 徐文珊撰：《中國文化新探》（台北：大中國圖書公司，1984 年 9 月）。

108. 徐世昌撰：《清儒學案》（台北：世界書局，1961 年）。

109. 徐定寶撰：《黃宗羲評傳》（南京：南京大學出版社，2002 年）。

110. 徐定寶主編：《黃宗羲年譜》（上海：華東師範大學出版社，1995 年）。

111. 徐復觀撰：《中國思想史論集續集》（台北：時報出版公司，1982 年）。

112. 唐君毅撰：《中國人文精神之發展》（台北：學生書局，1984 年）。

113. 唐君毅撰：《中國哲學原論：導論篇》（台北：學生書局，1993 年）。

114. 唐君毅撰：《中國哲學原論：原教篇》（台北：學生書局，1990 年）。

115. 唐君毅撰：《中國哲學原論：原性篇》（台北：學生書局，1989 年）。

116. 唐君毅撰：《中國哲學原論：原道篇》（台北：學生書局，1993 年）。

117. 唐明邦撰：《中國近代啓蒙思潮》（南昌：江西人民出版社，1993 年）。

118. 唐富齡撰：《明清文學史（清代卷）》（武昌：武漢大學出版社，1991 年）。

119. 唐凱麟撰：《走向近代的先聲——中國早期啓蒙倫理思想研究》（湖南：湖南教育出版社，1993 年）。

120. 孫叔平撰：《中國哲學史稿（下冊）》（上海：人民出版社，1990 年）。

121. 孫廣德、朱浤源編著：《中國政治思想史》（台北縣蘆洲市：國立空中大學，1999 年）。

122. 韋政通撰：《中國思想史》（台北：水牛出版社，1994 年）。

123. 夏乃儒主編：《中國哲學三百題》（上海：上海古籍出版社，1988 年）。

124. 馬積高撰：《賦史》（上海：上海古籍出版社，1987 年）。

125. 馬積高撰：《清代學術思想的變遷與文學》（長沙：湖南出版社，1996 年）。

126. 容肇祖撰：《明代思想史》（上海：上海書店，1990 年）。

127. 梁啓超撰：《飲冰室合集》（北京：中書書局，1989 年）。

128. 梁啓超撰：《中國近三百年學術史——清代學術概論 合刊》（台北：里仁書局，1995 年）。

129. 章炳麟撰：《章氏叢書》（台北：世界書局，1982 年）。

130. 張越撰：《中國清代思想史》（北京：人民出版社，1994 年）。

131. 張少康撰：《中國文學理論批評史（下冊）》（台北：水牛出版社，2005 年）。

132. 張立文主編：《氣》（北京：中國人民出版社，1990 年）。

133. 張立文主編：《理》（北京：中國人民出版社，1991 年）。

134. 張永堂撰：《明末清初理學與科學關係再論》（台北：學生書局，1994 年）。

135. 張君勱撰：《新儒家思想史》（台北：弘文館出版社，1986 年）。

136. 張仲謀撰：《清代文化與浙派詩》（北京：東方出版社，1997 年）。

137. 張廷榮撰：《清初四大師生命之學》（基隆：法嚴出版社，2000 年）。

138. 張岱年、方立天編：《中華的智慧》（台北：貫雅文化事業公司，1991 年）。

139. 張金鑑撰：《中國政治思想史》（台北：三民書局，1989 年）。

140. 張高評撰：《黃梨洲及其史學》（台北：文津出版社，1989 年）。

141. 張晉藩撰：《中國法律史論》（北京：法律出版社，1982 年）。

142. 張國華撰：《中國法律思想史》（北京：法律出版社，1982 年）。

143. 張國華、錢鑫賢主編：《中國法律思想史綱》（蘭州：甘肅人民出版社，1987 年）。

144. 張學智撰：《明代哲學史》（北京：北京大學出版社，2000 年）。

145. 張錫勤、孫實明、饒良倫主編：《中國倫理思想通史》（哈爾濱：黑龍江教育出版社，1992 年）。

146. 張麗珠撰：《清代義理學新貌》（台北：里仁書局，1999 年）。

147. 曹國慶撰：《曠世大儒——黃宗羲》（石家庄：河北人民出版社，2000 年）。

148. 陶清撰：《明遺民九大家哲學思想研究》（台北：洪葉文化事業有限公司，1997 年）。

149. 敏澤撰：《中國文學理論批評史》（吉林：吉林教育出版社，1993 年）。

150. 許總撰：《宋明理學與中國文學》（南昌：百花洲文藝出版社，1999 年）。

151. 許錟輝撰：《黃宗羲》（台北：臺灣商務印書館，1979 年）。

152. 陸寶千撰：《清代思想史》（台北：廣文書局，1983 年）。

153. 陳來撰：《有無之境——王陽明哲學的精神》（台北縣三重市：佛光文化事業公司，2000 年）。

154. 陳少峯撰：《中國倫理學史》（北京：北京大學出版社，1996 年）。

155. 陳文章撰：《黃宗羲內聖外王思想之研究》（屏東縣內埔鄉：睿煜出版社，1998 年）。

156. 陳文華撰：《杜甫傳記唐宋資料考辨》（台北：文史哲出版社，1987 年）。

157. 陳立夫等撰：《中國科學之發展》（台北：中央文物供應社，1978 年）。

158. 陳良運撰：《中國詩學批評史》（南昌：江西人民出版社，2001 年）。

159. 陳旻志撰：《殘霞與心焚的夜燈如舊——一代儒俠黃宗羲的「文道合一」論》（台北：萬卷樓圖書公司，2002 年）。

160. 陳居淵撰：《清代樸學與中國文學》（南昌：百花洲文藝出版社，2000 年）。

161. 陳祖武撰：《清初學術思辨錄》（北京：中國社會科學出版社，1992 年）。

162. 陳祖武撰：《中國學案史》（台北：文津出版社，1994 年）。

163. 陳寅恪撰：《柳如是別傳》（北京：生活讀書新知三聯書店，2001 年）。

164. 陳清泉、蘇雙碧等編：《中國史學家評傳》（河南：中州古籍出版社，1985 年）。

165. 陳福濱撰：《晚明理學思想通論》（台北：環球書局，1983 年）。

166. 陳鼓應、辛冠潔主編：《明清實學思想史》（濟南：齊魯書社，1989 年）。

167. 陳榮捷撰：《王陽明與禪》（台北：學生書局，1984 年）。

168. 陳榮捷撰：《朱子新探索》（台北：學生書局，1988 年）。

169. 陳伯元先生六秩壽慶祝壽委員會編：《陳伯元先生六秩壽慶論文集》（台北：文史哲出版社，1994 年）。

170. 郭紹虞撰：《中國文學批評史》（台北：文史哲出版社，1990 年）。

171. 淡江大學中文系主編：《晚明思潮與社會變動——中國社會與文化學術研討會論文集》（台北：弘化事業股份有限公司，1987 年）。

172. 國立中山大學中國文學系編：《第一屆清代學術研討會論文集》（高雄：中山大學中文系，1989 年）。

173. 國立中山大學中國文學系編：《第四屆清代學術研討會論文集》（高雄：中山大學中文系，1995 年）。

174. 國立臺灣師範大學人文教育研究中心編：《陽明學學術討論會論文集》（台北：臺灣師範大學人文教育研究中心，1989 年）。

175. 馮契撰：《中國古代哲學的邏輯發展》（上海：上海人民出版社，1995 年）。

176. 馮契等撰：《中國哲學範疇集》（北京：人民出版社，1985 年）。

177. 馮滬祥撰：《中國文化哲學》（台北：學生書局，1993 年）。

178. 嵇文甫撰：《晚明思想史論》（上海：上海書店，1990 年）。

179. 嵇文甫撰：《左派王學》（上海：上海書店，1990 年）。

180. 黃公偉撰：《宋明清理學體系論史》（台北：幼獅出版社，1971 年）。

181. 黃保真、成復旺、蔡鍾翔撰：《中國文學理論史（明清鴉片戰爭前時期）》（台北：洪葉文化事業公司，1994 年）。

182. 黃敏浩撰：《劉宗周及其慎獨哲學》（台北：學生書局，2001 年）。

183. 黃愛平撰：《樸學與清代社會》（石家庄：河北人民出版社，2003 年）。

184. 黃嗣艾撰：《南雷學案》（台北：明文出版社，1985 年）。

185. 勞思光撰：《新編中國哲學史》（三上）（台北：三民書局，1993 年）。

186. 勞思光撰：《新編中國哲學史》（三下）（台北：三民書局，1992 年）。

187. 傅偉勳、周陽山編：《西方漢學家論中國》（台北：正中書局，1993 年）。

188. 項維新、劉福增主編：《中國哲學思想論集‧清代篇》（台北：牧童出版社，1978 年）。

189. 曾繁康撰：《中國政治思想史》（台北：大中國圖書公司，1959 年）。

190. 喬治忠撰：《清朝官方史學研究》（台北：文津出版社，1994 年）。

191. 萬世章撰：《中國政治思想史》（台北：三民書局，1987 年）。

192. 鄔昆如撰：《哲學概論》（台北：五南圖書出版公司，1991 年）。

193. 鄔國平、王鎮遠撰：《清代文學批評史》（上海：上海古籍出版社，1995 年）。

194. 董金裕撰：《忠臣孝子的悲願——明夷待訪錄》（台北：時報文化出版公司，1998 年）。

195. 葛榮晉撰：《王廷相》（台北：東大圖書公司，1992 年）。

196. 楊幼炯撰：《中國政治思想史》（台北：商務印書館，1980 年）。

197. 楊國榮撰：《心學之思——王陽明哲學的闡釋》（北京：生活讀書新知三聯書店，1997 年）。

198. 楊國榮撰：《王學通論——從王陽明到熊十力》（台北：五南圖書公司，1997 年）。

199. 溝口雄三撰、林右崇譯：《中國前近代思想的演變》（台北：國立編譯館，1994 年）。

200. 廖可斌撰：《明代文學復古運動研究》（上海：上海古籍出版社，1994 年）。

201. 趙岡、陳鍾毅撰：《中國經濟制度史論》（台北：聯經出版事業公司，1986 年）。

202. 趙園撰：《明清之際士大夫研究》（北京：北京大學出版社，2000 年）。

203. 蒙培元撰：《中國心性論》（台北：學生書局，1990 年）。

204. 管敏義主編：《浙東學術史》（上海：華東師範大學出版社，1993 年）。

205. 寧波師範學院黃宗羲研究室編著：《黃宗羲詩文選》（上海：華東師範大學出版社，1990 年）。

206. 臺灣中華書局辭海編輯委員會編：《辭海》（台北：臺灣中華書局，1984 年）。

207. 劉岱主編：《中國文化新論（思想篇一：理想與現實）》（台北：聯經出版事業公司，1996 年）。

208. 劉岱主編：《中國文化新論（思想篇二：天道與人道）》（台北：聯經出版事業公司，1993 年）。

209. 劉節撰：《中國史學史稿》（台北：弘文館出版社，1986 年）。

210. 劉又銘撰：《理在氣中──羅欽順、王廷相、顧炎武、戴震氣本論研究》（台北：五南圖書出版公司，2000 年）。

211. 劉大杰撰：《校訂本中國文學發展史》（台北：華正書局，1991 年）。

212. 劉世南撰：《清詩流派史》（台北：文津出版社，1995 年）。

213. 劉述先撰：《文化哲學的試探》（台北：志文出版社，1970 年）。

214. 劉述先撰：《朱子哲學思想的發展與完成》（台北：學生書局，1984 年）。

215. 劉述先撰：《黃宗羲心學的定位》（台北：允晨文化實業公司，1986 年）。

216. 劉澤華主編：《中國古代政治思想史》（天津：南開大學出版社，1992 年）。

217. 蔡仁厚撰：《王陽明哲學》（台北：三民書局，1992 年）。

218. 蔡仁厚撰：《宋明理學（北宋篇）》（台北：學生書局，1991 年）。

219. 蔡仁厚撰：《宋明理學（南宋篇）》（台北：學生書局，1989 年）。

220. 蔡元培撰：《中國倫理學史》（台北：商務印書館，1981 年）。

221. 鄧立光撰：《陳乾初研究》（台北：文津出版社，1992 年）。

222. 鄧志峰撰：《王學與晚明的師道復興運動》（北京：社會科學文獻出版社，2004 年）。

223. 鄭吉雄撰：《易圖象與易詮釋》（台北：喜瑪拉雅基金會，2002 年）。

224. 鄭昌淦撰：《中國政治思想史》（台北：文津出版社，1995 年）。

225. 鄭宗義撰：《明清儒學轉型探析》（香港：中文大學出版社，2000 年）。

226. 潘德深撰：《中國史學史》（台北：五南圖書出版公司，1994 年）。

227. 蔣維喬撰：《中國近三百年哲學史》（台北：中華書局，1978 年）。

228. 錢穆撰：《中國近三百年學術史》（台北：商務印書館，1995 年）。

229. 錢穆撰：《陽明學述要》（台北：正中書局，1990 年）。

230. 錢穆撰：《宋明理學概述》，《錢賓四先生全集（第九冊）》（台北：聯經出版事業公司，1995 年）。

231. 錢穆撰：《中國學術思想論叢（七）》，《錢賓四先生全集（第二十一冊）》（同上）。

232. 錢穆撰：《中國學術思想論叢（八）》，《錢賓四先生全集（第二十二冊）》（同上）。

233. 錢穆撰：《中國史學名著》（台北：三民書局，1980 年）。

234. 鮑世斌撰：《明代王學研究》（成都：巴蜀書社，2004 年）。

235. 鮑師國順撰：《儒學研究集》（高雄：復文圖書出版社，2002 年）。

236. 鮑師國順撰：《清代學術思想論集》（高雄：復文圖書出版社，2002 年）。

237. 繆天綬選註：《明儒學案》（台北：商務印書館，1968 年）。

238. 謝扶雅撰：《中國政治思想史綱》（台北：正中書局，1970 年）。

239. 謝國楨撰：《黃梨洲學譜》（台北：商務印書館，1968 年）。

240. 謝國楨撰：《黃梨洲（宗羲）年譜》（台北：文海出版社，1973 年）。

241. 謝國楨撰：《明末清初的學風》（不詳：仲信出版社，1981 年？）。

242. 謝國楨撰：《明清之際黨社運動考》（台北：商務印書館，1968 年）。

243. 謝國楨撰：《晚明史籍考》（台北：藝文印書館，1968 年）。

244. 鍾彩鈞主編：《劉蕺山學術思想論集》（台北：中央研究院中國文哲研究所籌備處，1998 年）。

245. 蕭公權撰：《中國政治思想史》（台北：聯經出版事業公司，1993 年）。

246. 蕭萐父、李錦全主編：《中國哲學史》（北京：人民出版社，1989 年）。

247. 蕭萐父、許蘇民撰：《明清啟蒙學術流變》（瀋陽：遼寧教育出版社，1995 年）。

248. 薩孟武撰：《中國社會政治史》（台北：三民書局，1991 年）。

249. 薩孟武撰：《中國政治思想史》（台北：三民書局，1992 年）。

250. 韓經太撰：《理學文化與文學思潮》（北京：中華書局，1997 年）。

251. 羅光撰：《中國哲學思想史（清代篇）》（台北：學生書局，1981 年）。

252. 譚丕模撰：《清代思想史綱》（上海：上海書店，1990 年）。

253. 嚴迪昌撰：《清詩史》（台北：五南出版社，1998 年）。

254. 蘇德用纂輯：《劉蕺山黃梨洲學案合輯》（台北：正中書局，1970 年）。

255. 龔鵬程撰：《詩史本色與妙悟》（台北：學生書局，1986 年）。

256. 龔鵬程撰：《晚明思潮》（台北：里仁書局，1994 年）。

（二）單篇論文

1. 丁國順撰：〈從「功夫即本體」的命題看黃宗羲哲學思想的實質〉，《浙江學刊》1992 年第 3 期，頁 90～94。

2. 山井湧撰、盧瑞容譯：〈明末清初的經世致用之學〉，《史學評論》1986 年 7 月第 12 期，頁 141～158。

3. 王汎森撰：〈明末清初的人譜與省過會〉，《中央研究院歷史語言研究所集刊》1993 年 7 月第 63 本第 3 分，頁 679～712。

4. 王汎森撰：〈心即理說的動搖與明末清初學風之轉變〉，同上，1994 年 6 月第 65 本第 2 分，頁 333～373。

5. 王汎森撰：〈清初思想趨向與《劉子節要》──兼論清初蕺山學派的分裂〉，同上，1997 年 6 月第 68 本 23 分，頁 417～448。

6. 王汎森撰：〈清初的講經會〉，同上，1997 年 9 月第 68 本第 3 分，頁 503

〜588。

7. 王汎森撰：〈日譜與明末清初思想家——以顏李學派爲主的討論〉，同上，1998 年 6 月第 69 本第 2 分，頁 245〜294。

8. 王汎森撰：〈清初思想中形上玄遠之學的沒落〉，同上，1998 年 9 月第 69 本第 3 分，頁 557〜587。

9. 王汎森撰：〈潘平格與清初的思想界〉，《亞洲研究》1997 年 7 月第 23 期，頁 224〜268。

10. 王成勉撰：〈明末士人之抉擇——論近年明清轉接時期之研究〉，《食貨月刊》1986 年第 15 卷第 9、10 期，頁 435〜445。

11. 王師金凌撰：〈論道德經的無爲〉，《中山人文學報》1995 年第 3 期，頁 37〜45。

12. 王明蓀撰：〈黃梨洲的詩論〉，《文藝復興》1984 年 9 月第 155 期，頁 38〜44。

13. 王思治、劉風雲撰：〈論清初遺民反清態度的轉變〉，《社會科學戰線》1989 年第 1 期，頁 128〜137。

14. 王家儉撰：〈晚明的實學思潮〉，《漢學研究》1989 年 12 月第 7 卷第 2 期，頁 279〜302。

15. 王紀錄撰：〈論黃宗羲史學思想的學術淵源〉，《河南師範大學學報（哲學社會科學版）》1999 年第 1 期，頁 60〜64。

16. 王紀錄撰：〈黃宗羲的歷史哲學〉，《煙台師範學院學報（哲學社會科學版）》2003 年第 2 期，頁 24〜28。

17. 王雪梅撰：〈黃宗羲《孟子師說》述論〉，《四師範學院學報（哲學社會科學版）》2000 年第 4 期，頁 9〜13。

18. 王揚宗撰：〈「西學中源」說在明清之際的由來及其演變〉，《大陸雜誌》1995 年 6 月第 90 卷第 6 期，頁 39〜45。

19. 王瑞昌撰：〈劉蕺山「虛無」思想論略〉，《北京行政學院學報》2000 年第 1 期，頁 65〜68。

20. 王瑞昌撰：〈論劉蕺山的無善無惡思想〉，《孔子研究》2000 年第 6 期，頁 76〜86。

21. 方同義撰：〈劉宗周與黃宗羲政治哲學比較〉，《寧波師院學報（社會科學版）》1996 年第 4 期，頁 14〜18。

22. 方延豪撰：〈明末浙東詩社考略〉，《藝文誌》1974 年 10 月第 109 期，頁 61〜65。

23. 方祖猷撰：〈黃宗羲及其弟子宗譜詩文輯佚〉，《寧波大學學報》1992 年第 1 期。

24. 中國哲學史編輯部編：〈溫家寶總理與史曉風先生關於黃宗羲思想的通信〉，《中國哲學史》2005 年第 3 期，頁 5～6。

25. 史洪川撰：〈承學統者未有不善於文──關於黃宗羲文統思想〉，《河南理工大學學報（社會科學版）》2005 年第 1 期，頁 66～68。

26. 白砥民撰：〈黃宗羲和朱舜水〉，《寧波師院學報（社會科學版）》1984 年第 2 期。

27. 古清美撰：〈黃梨洲東林學案與顧涇陽、高景逸原著之比較〉，《孔孟月刊》第 22 卷第 3 期，頁 47～50。

28. 古清美撰：〈清初經世之學與東林學派的關係〉，《孔孟月刊》1985 年 11 月第 24 卷第 3 期，頁 44～51。

29. 甲凱撰：〈明儒學案與黃宗羲〉，《中央月刊》1972 年 2 月第 4 卷第 4 期，頁 139～144。

30. 甲凱撰：〈清代史家論文舉例──清初史家對於文學的一些看法〉，《簡牘學報》1986 年第 12 期，頁 15～27。

31. 成中英撰：〈談明儒學案中的明儒氣象〉，《幼獅月刊》1978 年 2 月第 47 卷第 2 期，頁 19～20。

32. 朱則杰撰：〈黃宗羲與浙派詩〉，《浙江師範學院學報》1983 年第 2 期，頁 23～27。

33. 朱義祿撰：〈論黃宗羲的戲劇觀〉，《船山學刊》1998 年第 2 期，頁 42～48。

34. 朱義祿撰：〈論宋明理學的「一本萬殊」──兼論朱熹與黃宗羲在「一本萬殊」上的異同〉，《朱子學與 21 世紀國際學術研討會論文集》（武夷山：武夷山朱熹研究中心，2001 年），頁 539～553。

35. 朱鴻林撰：〈明儒學案中之唐伯元文字〉，《國家圖書館館刊》1996 年 12 月第 2 期，頁 129～142。

36. 沈文叔撰：〈從黃宗羲的明夷待訪錄論其對傳統政治的看法〉，《法商學報》1991 年 6 月第 25 期，頁 105～121。

37. 何雋撰：〈論《明夷待訪錄》的經世觀念〉，《中國文化月刊》1997 年 4 月第 205 期，頁 16～34。

38. 何佑森撰：〈黃宗羲晚年思想的轉變〉，《故宮文獻》1971 年 12 月第 3 卷第 1 期，頁 35～42。

39. 何佑森撰：〈清初三大儒的思想〉，《故宮文獻》1973 年第 4 卷第 3 期，頁 11～16。

40. 何佑森撰：〈黃梨洲與浙東學術〉，《中國書目季刊》1974 年 3 月第 7 卷第 4 期，頁 9～16。

41. 何佑森撰：〈顧亭林與黃梨洲──兼述清初朱子學〉，《幼獅學誌》1978

年 12 月第 15 卷第 2 期，頁 60～74。

42. 何冠彪撰：〈浙東學派問題平議——兼辨正黃宗羲與邵廷采之學術淵源〉，《清史論叢》1986 年第七輯。

43. 何冠彪撰：〈論章炳麟對黃宗羲與王夫之的評價——兼論章炳麟自述少年事蹟的可信性〉，《國立編譯館館刊》1996 年 6 月第 25 卷第 1 期，頁 201～216。

44. 汪從飛撰：〈在經典文本的解釋背後：略論晚明遺老的釋經〉，《甘肅社會科學》1996 年第 6 期，頁 36～38。

45. 吳光撰：〈試論浙學的基本精神——兼談浙學與浙東學派的研究現狀〉，《浙江學刊》1994 年第期，頁 50～55。

46. 吳振漢撰：〈明代邸報的政治功能與史料價值〉，《人文學報》2003 年 12 月第 28 期，頁 1～31。

47. 吳登臺撰：〈「心學」是否為唯心論商榷〉，《鵝湖》1978 年 9 月第 4 卷第 3 期，頁 10～20。

48. 吳演南撰：〈黃宗羲的經濟思想〉，《復興崗學報》1972 年 6 月第 10 期，頁 145～152。

49. 吳耀庭撰：〈明末清初民族主義的激揚沈潛與流變〉，《中山學報》2001 年 12 月第 22 期，頁 101～111。

50. 李明友、渠玉九撰：〈黃宗羲的理想人格散論〉，《寧波師院學報（社會科學版）》1996 年第 4 期，頁 26～29。

51. 李明輝撰：〈劉蕺山對朱子理氣論的批判〉，《漢學研究》2001 年 12 月第 19 卷第 2 期，頁 1～32。

52. 李芳桐、蔣民撰：〈泰州學派的歸屬——兼評黃宗羲的儒佛觀〉，《學海》2002 年第 2 期，頁 39～41。

53. 李紀祥撰：〈清初浙東劉門的分化及劉學的解釋權之爭〉，《第二屆國際華學研究會議論文集》（台北：中國文化大學文學院，1992 年），頁 703～728。

54. 李茂肅撰：〈黃宗羲和〈柳敬亭傳〉〉，《山東師大學報》1982 年第 4 期，頁 75～78。

55. 李燃青撰：〈黃宗羲文學思想新探〉，《中共寧波市委黨校學報》2003 年第 2 期，頁 93～96。

56. 李顯裕撰：〈「明儒學案」與明代學術思想史之研究〉，《史匯》1997 年 6 月第 2 期，頁 1～18。

57. 杜維運撰：〈中國傳統史學的經世精神〉，《歷史月刊》1988 年 4 月第 3 期，頁 20～23。

58. 周志文撰：〈鄒守益與劉宗周〉，《佛光人文社會學刊》2001 年 6 月第 1

期，頁 171～196。

59. 周昌龍撰：〈明清之際新自由傳統的建立〉，《二十一世紀》2001 年 10 月
第 67 期，頁 45～50。

60. 屈萬里撰：〈明夷待訪錄論君權〉，《民主評論》1956 年 9 月第 7 卷第 17
期，頁 2～3。

61. 季學原撰：〈新發現的黃宗羲兩篇佚文之重要價值〉，《清史研究》1992
年第 4 期，頁 109～112。

62. 季學原撰：〈黃宗羲教育改革思想的借鑒意義〉，《寧波師院學報（社會科
學版）》1995 年第 3 期，頁 18～23。

63. 季學原撰：〈經世致用：浙東學派的經典性治學原則〉，《中國文化月刊》
2001 年 9 月第 258 期，頁 96～105。

64. 林正珍撰：〈《明夷待訪錄》通識教學的理論根據〉，《通識教育季刊》1997
年 9 月第 4 卷第 3 期，頁 89～109。

65. 林安梧撰：〈實踐之異化與形上的保存——對於宋代理學與心學的一個哲
學解析〉，《聯合文學》1991 年 6 月第 7 卷第 8 期，頁 37～41。

66. 林聰舜撰：〈傳統儒者經世思想的困境——從明清之際的顧、黃、王等人
談起〉，《哲學與文化》1987 年第 14 卷第 7 期，頁 47～58。

67. 林麗月撰：〈晚明「崇奢」思想隅論〉，《國立臺灣師範大學歷史學報》1991
年 10 月第 19 期，頁 215～1234。

68. 洪波撰：〈論蕺山學派對王學的師承與嬗變〉，《浙江學刊》1995 年第 4
期，頁 98～101。

69. 姜廣輝、陳寒鳴撰：〈關於明清之際啓蒙思想的幾個問題〉，《中國史研究》
1992 年第 1 期，頁 115～122。

70. 倪南撰：〈易道象數之維的圖式結構〉，《孔子研究》2004 年第 3 期，頁
35～48。

71. 高準撰：〈黃梨洲明夷待訪錄對象之探索〉，《大陸雜誌》第三十四卷第 6
期，頁 14～19。

72. 高炳生撰：〈黃宗羲啓蒙思想再評價〉，《北京大學學報（哲學社會科學版）》
1993 年第 5 期，頁 61～67。

73. 高洪鈞撰：〈黃宗羲著作匯考補正——記《黃氏續鈔》三種〉，《天津師大
學報》1995 年第 3 期，頁 70～72、59。

74. 高瑋謙撰：〈《明儒學案·浙中王門學案》中錢緒山與王龍溪思想之述評〉，
《鵝湖學誌》2001 年 12 月第 27 期，頁 63～104。

75. 唐明邦撰：〈易學傳統中的象數思維模式〉，《中國哲學史研究》1989 年
第 4 期，頁 64～72。

76. 翁咸新撰:〈黃梨洲的生平及其學術思想〉,《東方雜誌》1976 年第 9 卷第 10、11 期,頁 30〜37、50〜56。

77. 袁家麟、陳伯華撰:〈黃宗羲與周易〉,《蘇州大學學報》1994 年第 3 期,頁 64〜67。

78. 倉修良撰:〈黃宗羲和《明儒學案》〉,《杭州大學學報》1983 年 12 月第 13 卷第 4 期,頁 94〜109。

79. 孫棟苗撰:〈青山埋傲骨——黃梨洲墓散記〉,《浙江檔案》2000 年第 4 期,頁 41。

80. 孫善根撰:〈論清代浙東學派的歷史地位〉,《浙江學刊》1996 年第 2 期,頁 103〜109。

81. 孫寶山撰:〈以「民族性」重構正統論——黃宗羲對方孝孺的正統論的繼承與發展〉,《中國哲學史》2005 年第 3 期,頁 101〜108。

82. 徐進撰:〈黃宗羲的民本思想及其對限制專制君主的構想〉,《文史哲》1992 年第 1 期,頁 36〜39。

83. 徐仲力、諸煥燦撰:〈黃宗羲「梨洲」、「南雷」兩號探微〉,《清史研究通訊》1986 年第 2 期。

84. 徐海松撰:〈論黃宗羲與徐光啓和劉宗周的西學觀〉,《杭州師院學報》1997 年第 4 期,頁 1〜7。

85. 徐國藩撰:〈黃梨洲呂晚村澹生堂評議〉,《國立中央圖書館館刊》1947 年第 1 卷第 3 期。

86. 耿寧撰:〈論王陽明「良知」概念的演變及其雙重涵義〉,《鵝湖學誌》1995 年 12 月第 15 期,頁 71〜92。

87. 容肇祖撰:〈呂留良及其思想〉,《輔仁學誌》1936 年 12 月第 5 卷第 1、2 期,頁 1417〜1501。

88. 張兵撰:〈黃宗羲詩歌理論的傳承與創新〉,《西北師大學報(社會科學版)》1992 年第 5 期,頁 22〜28。

89. 張兵撰:〈黃宗羲的唐宋詩理論與清初詩壇的宗唐和宗宋〉,《西北師大學報(社會科學版)》1993 年第 5 期,頁 45〜51。

90. 張兵撰:〈論清初三大儒對明七子復古之風的批評〉,《西北師大學報(社會科學版)》1995 年第 32 卷第 5 期,頁 31〜35。

91. 張亨撰:〈試從黃宗羲的思想詮釋其文學視界〉,《中國文哲研究集刊》1994 年 3 月第 4 期,頁 177〜224。

92. 張萍撰:〈也談黃宗羲的戲曲觀〉,《戲文》2002 年第 1 期,頁 11〜13。

93. 張璉撰:〈從自得之學論朱陸異同〉,《漢學研究》1995 年 12 月第 13 卷第 2 期,頁 119〜129。

94. 張文濤撰:〈梨洲史學再檢討〉,《中國社會科學院研究生院學報》2002
年第 4 期,頁 56～62。

95. 張正藩:〈民主大師黃梨洲〉,《中央月刊》1979 年 11 月第 12 卷第 1 期,
頁 146～156。

96. 張安如撰:〈異人諸士奇探究〉,《寧波師院學報(社會科學版)》1989 年
第 4 期。

97. 張安如撰:〈新發現的黃宗羲佚文「邑侯康公救災記」〉,《北京圖書館館
刊》1993 年第 3 期。

98. 張安如撰:〈黃宗羲賦初探〉,《寧波師院學報(社會科學版)》1995 年第
3 期,頁 24～30。

99. 張安如撰:〈黃宗羲著作補考〉,《古籍整理研究學刊》2001 年第 2 期,
頁 53～56。

100. 張安如、皇甫賢昌撰:〈1990～1994 年國內黃宗羲研究綜述〉,《中國史
研究動態》1996 年第 1 期,頁 14～19。

101. 張克偉撰:〈黃宗羲著述存逸考(上)(中)(下)〉,《國立編譯館館刊》
1988 年第 17 卷第 1、2 期,頁 77～109、81～111,及 1989 年第 18 卷第
1 期,頁 251～270。

102. 張新智撰:〈試論黃宗羲易學象數論的得失〉,《孔孟月刊》1997 年 10 月
第 36 卷第 2 期,頁 33～38。

103. 張鴻愷撰:〈清代浙東史學〉,《中國文化月刊》2002 年 5 月第 266 期,
頁 62～93。

104. 張懷承撰:〈蕺山心論及其對傳統心學的總結〉,《中國文化月刊》1990
年 6 月第 128 期,頁 4～19。

105. 崔大華撰:〈《易傳》的宇宙圖景與三個理論層面〉,《中州學刊》1994 年
第 1 期,頁 71～77。

106. 陳允成撰:〈晚明顧黃二儒經世思想之比較〉,《臺中商專學報(文史、社
會篇)》1994 年 6 第 26 期,頁 129～149。

107. 陳文章撰:〈黃宗羲之工夫論評述〉,《鵝湖》1998 年 8 月第 24 卷第 2 期,
頁 30～38。

108. 陳永明撰:〈論黃宗羲的政治思想〉,《新亞學術集刊》1979 年第 2 期,
頁 49～55。

109. 陳郁夫撰:〈劉蕺山與黃梨洲對禪佛的批評〉,《國文學報》1988 年 6 月
第 17 期,頁 153～163。

110. 陳祖武撰:〈孫夏峰和黃梨洲〉,《清史研究通訊》1983 年第 2 期,頁 8～
11。

111. 陳訓慈撰:〈清代浙東之學〉,《史學雜誌》1931 年第 2 卷第 6 期。

112. 陳弱水撰：〈「內聖外王」觀念的原始糾結與儒家政治思想的根本疑難〉，《史學評論》1981 年 3 月第 3 期，頁 79～116。

113. 陳恭祿撰：〈弘光實錄妙的作者及其史料價值〉，《南京大學學報（人文科學）》1963 年第 3～4 期，頁 82～86。

114. 陳熙遠撰：〈黃梨洲對陽明「心體無善無惡」說的疏解與其在思想史上的意涵〉，《鵝湖》1990 年 3 月第 15 卷第 9 期，頁 11～26。

115. 陳錦忠撰：〈黃宗羲「明儒學案」著成因緣與其體例性質略探〉，《東海學報》1984 年 6 月第 25 期，頁 111～139。

116. 陳瓊瑩撰：〈清初士大夫反滿之探討〉，《中正嶺學術研究集刊》1987 年第 6 期，頁 19～45。

117. 曹江紅撰：〈黃宗羲與《明史·道學傳》的廢置〉，《中國社會科學院研究生學報》2002 年第 1 期，頁 98～103。

118. 曹美秀撰：〈論黃宗羲晚年思想之轉變〉，《中國文哲研究通訊》2001 年 6 月第 11 卷第 2 期，頁 223～248。

119. 郭齊撰：〈說黃宗羲《明儒學案》晚年定本〉，《史學史研究》2003 年第 2 期，頁 43～50。

120. 郭亞珮撰：〈羅整菴與朱子思想的距離——對梨洲「學案」的反駁與檢討〉，《史繹》1990 年 5 月第 21 期，頁 29～55。

121. 郭英德撰：〈黃宗羲明文總集的編纂與流傳〉，《鄭州大學學報（社會科學版）》2000 年第 4 期，頁 88～93。

122. 郭厚安撰：〈論明清之際對君主專制的批評〉，《西北師大學報（社會科學版）》1995 年第 32 卷第 5 期，頁 1～8。

123. 許珠武撰：〈海峽兩岸劉蕺山思想研究綜述〉，《中國文哲研究通訊》2001 年 12 月第 11 卷第 4 期，頁 83～94。

124. 莊萬壽撰：〈明代華夏主義與王陽明〉，《國文學報》1996 年 6 月第 25 期，頁 77～100。

125. 華山、王賡唐撰：〈黃梨洲哲學思想剖析〉，《文史哲》1964 年第 3 期，頁 73～79。

126. 黃翔撰：〈黃梨洲晚年思想轉變說試探〉，《中國文學研究》2000 年 5 月第 14 期，頁 273～306。

127. 黃文樹撰：〈論明末教育〉，《人文及社會學科教學通訊》2000 年 2 月第 59 期，頁 109～123。

128. 黃克武撰：〈理學與經世——清初「切問齋文鈔」學術立場之分析〉，《中央研究院近代史研究所集刊》1987 年 6 月第 16 期，頁 37～65。

129. 黃尚信撰：〈黃梨洲思想淵源探索——明代王學對黃梨洲思想的影響〉，《新竹師院學報》1990 年 12 月第 4 期，頁 23～39。

130. 黃進興撰：〈「學案」體裁產生的思想背景——從李紱「陸子學譜」談起〉，《漢學研究》1984 年第 2 卷第 1 期，頁 201～221。

131. 黃進興撰：〈「學案」體裁補論〉，《食貨月刊》1987 年 12 月第 16 卷第 9、10 期，頁 372～375。

132. 黃進興撰：〈清初政權意識形態之探究：政治化的「道統觀」〉，《中央研究院歷史語言研究所集刊》1987 年 3 月第 58 本第 1 分，頁 105～131。

133. 曾春海撰：〈明儒學案〉，《哲學與文化》1992 年 4 月第 19 卷第 4 期，頁 371～374。

134. 程運撰：〈晚明學術風氣之分析〉，《中華文化復興月刊》1971 年 6 月第 4 卷第 6 期，頁 4～8。

135. 程志華撰：〈黃宗羲民主思想成因初探〉，《河北大學學報（哲學社會科學版）》1998 年第 3 期，頁 83～87。

136. 程志華撰：〈經史才之藪澤也——黃宗羲的經學思想〉，《河北大學學報（哲學社會科學版）》2004 年第 2 期，頁 30～34。

137. 程志華、馮秀軍、楊鳳蘭撰：〈「自然視界」與意義世界——關於黃宗羲「盈天地皆氣」與「盈天地皆心」關係的新詮〉，《河北大學學報（哲學社會科學版）》2005 年第 5 期，頁 39～44。

138. 彭國翔撰：〈周海門的學派歸屬與《明儒學案》相關問題之檢討〉，《清華學報》2001 年 9 月新 31 卷第 3 期，頁 339～374。

139. 楊小明撰：〈黃宗羲與邢雲路——明清之際授時曆傳承的一條線索〉，《華僑大學學報（哲學社會科學版）》1997 年第 4 期，頁 94～98。

140. 楊小明撰：〈黃宗羲的科學研究〉，《中國科技史料》1997 年第 4 期，頁 20～27。

141. 楊小明撰：〈黃宗羲與醫學〉，《中華醫史雜誌》2002 年第 4 期。

142. 楊志遠撰：〈章學誠與浙東學派〉，《吳鳳學報》2002 年 5 月第 10 期，頁 157～163。

143. 楊松年撰：〈杜詩爲詩史說析評〉，《古典文學》第七集（台北：學生書局，1985 年 8 月初版），頁 371～399。

144. 楊培桂撰：〈清初之反清運動〉，《銘傳學報》1985 年 3 月第 22 期，頁 251～263。

145. 楊培桂撰：〈清初樸學之啓蒙大師：顧炎武、黃宗羲、王夫之、顏習齋〉，《銘傳學報》1986 年 3 月第 23 期，頁 499～512。

146. 楊國榮撰：〈人格境界與成人之道——理學的人格理論及其內蘊〉，《孔孟月刊》1993 年 6 月第 31 卷第 10 期，頁 14～21。

147. 楊國榮撰：〈儒家價值觀的歷史轉換——明清之際的儒學〉，《孔孟學報》1994 年 9 月第 68 期，頁 173～189。

148. 楊儒賓撰：〈羅欽順與貝原益軒——東亞近世儒學詮釋傳統中的氣論問題〉，《漢學研究》2005 年 6 月第 23 卷第 1 期，頁 261～290。

149. 董金裕撰：〈理學的名義與範疇〉，《孔孟月刊》1982 年 5 月第 20 卷第 9 期，頁 22～27。

150. 董根洪撰：〈論黃宗羲實學與朱舜水實學的區別〉，《上海社會科學院學術季刊》1997 年第 4 期，頁 100～107。

151. 董根洪撰：〈論黃宗羲傑出的無神論〉，《中共寧波市委黨校學報》2003 年第 6 期，頁 83～88。

152. 葉世昌撰：〈關於黃宗羲的工商皆本論〉，《復旦學報》1983 年第 4 期，頁 108～110。

153. 葉樹望撰：〈黃梨洲與化安山〉，《中國典籍與文化》1997 年第 4 期，頁 118。

154. 溝口雄三撰：〈論明末清初時期在思想史上的歷史意義〉，《史學評論》1986 年 7 月第 12 期，頁 99～140。

155. 裴世俊撰：〈由來聚散屬篇章——談黃宗羲的懷友詩〉，《蘇州大學學報》1984 年第 4 期，頁 37～41。

156. 裴世俊撰：〈論黃宗羲和錢謙益的關係〉，《寧夏社會科學》1992 年第 3 期，頁 89～94。

157. 熊月之撰：〈論黃宗羲、唐甄反對封建專制主義的民主思想〉，《上海師範大學學報》1979 年第 3 期，頁 27～31。

158. 趙連穩撰：〈黃宗羲史學初探〉，《齊魯學刊》1997 年第 1 期，頁 108～114。

159. 路新生撰：〈從援佛入儒和儒釋之辨看理學的興衰與乾嘉考據學風的形成〉，《哲學與文化》1994 年 5 月第 21 卷第 5 期，頁 443～460。

160. 廖肇亨撰：〈金堡之節義觀與歷史評價探析〉，《中國文哲研究通訊》1999 年 12 月第 9 卷第 4 期，頁 95～116。

161. 鄭吉雄撰：〈論全祖望「去短集長」的治學方法〉，《臺大中文學報》1999 年 5 月第 11 期，頁 339～362。

162. 鄭吉雄撰：〈乾嘉學者經典詮釋的歷史背景與觀念〉，《臺大中文學報》2001 年 12 月第 15 期，頁 241～282。

163. 鄭吉雄撰：〈清代儒學中的會通思想〉，《中華學苑》2001 年 2 月第 55 期，頁 61～95。

164. 鄭宗義撰：〈黃宗羲與陳確的思想因緣之分析——以〈陳乾初先生墓誌銘〉爲中心〉，《漢學研究》1996 年 2 月第 14 卷第 2 期。

165. 鄭慈宏撰：〈元代「授時曆」定朔算解〉，《中國文化大學中文學報》1995 年 7 月第 3 期，頁 235～268。

166. 鄧名瑛撰：〈論黃宗羲的兩個哲學命題〉，《船山學刊》2002 年第 2 期，頁 67～70、131。

167. 鄧克銘撰：〈羅欽順「理氣爲一物」說之理論效果〉，《漢學研究》2001 年 12 月第 19 卷第 2 期，頁 33～57。

168. 鄧樂群撰：〈黃宗羲的史學特徵〉，《學術月刊》1999 年第 7 期，頁 89～92。

169. 劉述先撰：〈黃宗羲晚節保不保──「黃宗羲討論會」之後的省思〉，《文星》1987 年 4 月第 106 期，156～159。

170. 劉述先撰：〈論儒家「內聖外王」之理想〉，《哲學與文化》1988 年 2 月第 15 卷第 2 期，頁 26～34。

171. 劉述先撰：〈論王陽明的最後定見〉，《中國文哲研究集刊》1997 年 9 月第 11 期，頁 165～188。

172. 劉述先撰：〈論黃宗羲對於孟子的理解〉，《鵝湖》2000 年 1 月第 25 卷第 7 期，頁 2～11。

173. 劉祚昌撰：〈中國的專制制度與中國的孟德斯鳩〉，《山東師大學報》1983 年第 4 期，頁 10～15。

174. 劉眞倫撰：〈詩史詮義〉，《大陸雜誌》1995 年 6 月第 90 卷第 6 期，頁 46～48。

175. 劉振仁撰：〈明代軍隊職掌初探〉，《人文學報》2003 年 8 月第 6 卷第 27 期，頁 31～67。

176. 劉操南撰：〈授時曆術述要〉，《寧波師院學報》1985 年第 2 期。

177. 蔡師振念撰：〈杜詩在唐代的接受效果及影響〉，《第四屆兩岸中山大學中國文學學術研討會論文集》（高雄：中山大學中文系，2000 年），頁 4－1～4－37。

178. 錢明撰：〈黃梨洲朱舜水關係辨──兼與白砥民先生商榷〉，《杭州大學學報》1986 年 12 月第 16 卷第 4 期，頁 28～34。

179. 錢茂偉撰：〈黃宗羲研究二題〉，《寧波師院學報（社會科學版）》1995 年第 3 期，頁 31～33。

180. 錢新祖撰、林聰舜譯：〈新儒家之闢佛──結構與歷史的分析〉，《鵝湖》1984 年 2 月第 104 期，頁 10～17。

181. 駱浪萍撰：〈黃宗羲經濟思想之我見〉，《杭州大學學報》1987 年 6 月第 17 卷第 2 期，頁 14～18。

182. 謝剛撰：〈明夷待訪錄與明清文字獄〉，《中國史研究》1983 年第 3 期，頁 71～84。

183. 謝正光撰：〈從明遺民史家對崇禎帝的評價看清初對君權態度〉，《新亞學術集刊》1979 年第 2 期，頁 39～48。

184. 謝正光撰:〈顧炎武、曹溶論交始末——明遺民與清初大吏交遊初探〉,《中國文化研究所學報》1995 年第 4 期,頁 205～222。

185. 謝正光撰:〈清初的遺民與貳臣——顧炎武、孫承澤、朱彝尊交遊考論〉,《漢學研究》1999 年 12 月第 17 卷第 2 期,頁 31～60。

186. 簡良如撰:〈黃宗羲《明夷待訪錄》之公私觀——兼與盧梭《社會契約論》之比較〉,《中國文哲研究集刊》2005 年 9 月第 27 期,頁 215～242。

187. 薄忠信撰:〈陰陽探微〉,《錦州師院學報(哲社版)》1992 年第 3 期,頁 51～54。

188. 戴師景賢撰:〈論姚江學脈中之龍溪、心齋與其影響〉,《臺大中文學報》2005 年 6 月第 22 期,頁 359～411。

189. 鍾彩鈞撰:〈羅整菴的理氣論〉,《中國文哲研究集刊》1995 年 3 月第 6 期,頁 199～218。

190. 鍾彩鈞撰:〈來知德哲學思想研究〉,《中國文哲研究集刊》2004 年 3 月第 24 期,頁 217～251。

191. 蕭啟慶撰:〈宋元之際的遺民與貳臣〉,《歷史月刊》1996 年 4 月第 99 期,頁 56～64。

192. 魏偉森撰、何雋譯:〈宋明清儒學派別爭論與《明史》的編纂〉,《杭州大學學報》1994 年 3 月第 24 卷第 1 期,頁 66～72。

193. 韓學宏撰:〈明末清初經世思想興起因素平議〉,《中華學苑》1994 年 4 月第 44 期,頁 135～149。

194. 羅友松、蕭林來撰:〈黃宗羲藏書考〉,《華東師大學報》1980 年第 4 期,頁 85～89。

195. 羅永樺撰:〈從清初經學「回歸原典」運動看黃宗羲與道教之關係〉,《孔孟月刊》1999 年 10 月第 38 卷第 2 期,頁 19～30。

196. 蘇鳳格撰:〈黃宗羲法律思想評述〉,《廣西師範大學學報(哲學社會科學版)》2002 年 10 月第 38 卷第 4 期,頁 120～123。

197. 顧頡剛撰:〈清初學者的政治思想〉,《國文天地》1991 年 1 月第 68 期,頁 66～73。

(三)學位論文

1. 李東三撰:《黃梨洲及其明夷待訪錄之研究》(台北:台灣大學中文所碩士論文,1983 年)。

2. 李慧琪撰:《黃梨洲思想與明清之際儒學焦點的轉移》(桃園縣中壢市:中央大學中文所碩士論文,2004 年)。

3. 林于盛撰:《陸象山心學研究》(高雄:中山大學中文系碩士論文,1998 年)。

4. 林朝和撰：《黃梨洲政治哲學之研究》（台北：文化大學哲學所碩士論文，1986 年）。

5. 林煌崇撰：《明末清初之經世學風與史學思想》（台北：政治大學歷史所碩士論文，1991 年）。

6. 胡森永撰：《從理本論到氣本論──明清儒學理氣觀念的轉變》（台北：台灣大學中文所博士論文，1990 年）。

7. 南鐘鎬撰：《黃梨洲的政治思想》（台北：台灣大學政治所碩士論文，1991 年）。

8. 翁瑞廷撰：《清初三大儒之政治思想》（台北：政治大學政治所碩士論文，1974 年）。

9. 康長健撰：《黃宗羲政治思想之研究》（台北：政治大學政治所碩士論文，1985 年）。

10. 陳昭鈞撰：《黃宗羲《明夷待訪錄》民本思想之研究》（台北：臺灣師範大學政治所碩士論文，2004 年）。

11. 黃尚信撰：《黃梨洲經世之學研究》（台北：文化大學中文所博士論文，1991 年）。

12. 黃啓霖撰：《黃梨洲與孫中山經世思想之比較研究》（台北：台灣大學三民主義所碩士論文，1985 年）。

13. 黃齡瑤撰：《黃宗羲的詩文觀與明清之際的文學思潮》（台北：靜宜大學中文所碩士論文，2000 年）。

14. 楊自平撰：《梨洲歷史性儒學之建立》（桃園縣中壢市：中央大學中文所碩士論文，1995 年）。

15. 廖俊裕撰：《道德實踐性與歷史性──關於蕺山學之討論》（嘉義：中正大學中文所博士論文，2002 年）。

16. 廖淑慧撰：《清初唐宋詩之爭研究》（嘉義：中正大學中文所博士論文，2002 年）。

17. 齊婉先撰：《黃宗羲之經世思想研究》（台北：政治大學中文所碩士論文，1991 年）。

18. 鄭文嵐撰：《黃宗羲教育思想之探討》（台北：台灣師範大學教育所碩士論文，1988 年）。

19. 蔡淑閔撰：《王陽明四句教之開展與衍化》（台北：政治大學中文所碩士論文，1998 年）。

20. 韓學宏撰：《黃宗羲與明儒學案之研究》（台北：政治大學中文所博士論文，1998 年）。